世界史から見た新宿騒乱事件

全共闘とロシア革命

柴田潤一

彩流社

プロローグ

かつて、アラン・ドロンというフランスの二枚目映画スターがいた。

さまざまな役を演じたが、犯罪映画ではギャングの役をやり、うまく警官から逃れればよいがとハラハラしながら見ていた。刑事役のときは、はやく犯人を逮捕してくれと願いながら見ていた。観客は役の違いによって、こうした矛盾した心理状態に陥るものだが、それは観客が登場人物の一人に成り切ってしまうからにほかならない。これを感情移入という。普通、映画の中でいちばん登場時間の長い人物に強く惹かれる。映画の主人公とは、そうした人物のことだ。このことは、立場や視点によって世界は違って見えることを意味する。

いま、ロシアがウクライナへ侵攻し戦争が激化している。

これは日本などG7国から見ると、独裁的ロシア対民主的ウクライナという構図なり、ウクライナへの支援という形になっている。私の学生時代には、ベトナム戦争があり、ソ連、中国が支援する北ベトナム対アメリカなどが支援する民主的南ベトナムという構図になり、日本政府は南ベトナムとそれを支援するアメリカ側に立っていた。

しかし、視点を変えて、ロシアやアメリカという大国からの支配を脱する弱小国の独立への運動と理解すると、今のウクライナと、当時のベトナムは同じ立場におかれていると理解できるであろう。

当時のベトナム独立運動の中心勢力は「共産主義者」であり、それを支援するソ連も中国も、いわゆる「共産国」であり、日本国内での強力な反戦勢力も、マルクス・レーニン主義などと「共産主義」を名乗る勢力だった。このため、民主対独裁という単純な構図にならず、事態を複雑にしていた。

イングランドからの独立闘争を行っていたアイルランドでは、第二次世界大戦では、ナチス・ドイツ側についた。イングランドの敵は味方である。中世イタリアの都市国家における勢力争いにおいても、みずからの政治的立場を有利にするため、敵の敵のローマ法王側についたり、神聖ローマ皇帝側についたりした。一見、イデオロギー対立に見えることも、視点を変えると別の見方もできる。政治とはそういうことだ。

ベトナム戦争当時、東京や大阪の大空襲を経験した人も多数残っていたし、地上戦が行われた沖縄での惨禍も知られていた。イデオロギー抜きに戦争下での民衆の苦難を知り、ベトナムの人々への思いをはせる者は、ベトナム反戦運動を展開していた。ベトナムでの空襲、地上戦でやりたい放題のアメリカ軍の武器、燃料、弾薬の日本国内での鉄道輸送を阻止する運動が各地で行われていた。

そのピークが一九六八年十月二十一日の「新宿騒乱事件」である。そして、あの時代の学生運動のピークもその日である。あの日私たちは完璧に勝利した。

しかし残念なことに、今のウクライナ戦争に関しては、ロシア国内の反戦運動は抑え込まれ、そこまでの運動の高揚は望めそうもない。

しかし希望もある。あのロシア革命時と同じような軍隊内での厭戦《えんせん》気分である。歴史的にみてロシアの軍隊は祖国防衛戦では驚異的な粘りを発揮するが、侵略戦争ではそうでもない。

日本にもし革命が起こっても、日本人はやはり、おにぎりやお茶漬けを食べながら生活するだろう。伝統、文化、習慣は変化しづらいと。そうした習慣ができるためには、米作が始まらなければならなかったし、その米作による水争いが起きたり、逆に村の団結があったりするだろう。つまり、物事を考えるとき、歴史的時間軸も使用しなければならないだろう。

本書では、私の体験した全共闘運動を中心に学生運動の高揚期の考察にあたって、世界史的に少々古い歴史をたどることとする。その歴史から考えてゆくことは、観念的ではなく、現実的な事柄を素材にして考えてゆくことでもある。なぜ、ヨーロッパの西側に近代市民社会が成立したのか。なぜ、ロシアに成立しなかったのか。よく考えてゆくと、ロシア革命に対しても新たな光を投ずることができるだろう。そしてベトナム反戦運動の時代へも新たなる光を投影できると信じる。

本書は、ヨーロッパの歴史を書く本ではない。しかし、われわれの党派運動を含む全共闘運動に影響を与えたロシア革命、ベトナム戦争を考えるためには、どうしても歴史を追わなければならない。私は歴史の専門家ではない。その筆者の思いが、なぜここまでくどくど書くことになったのか最後の方になって、お分かりになるはずだ。

ゴッホという天才画家がいる。彼が生きている間、一枚の絵も売れなかった。生活は弟のテオに支えられていた。他の職業を選んだなら、もっとよい生活を送れたかもしれない。でも彼は絵を描くことをやめなかった。おそらく彼には、内に吐き出したい、表現したい何かがあったのだ。それはお金に換えられなかった。

あの学生運動の高揚期、私たちの側にも死者が出た。末期になると各党派間でも死者を出すほどの党派闘争が起こり、爆弾で一般市民にも死傷者が出た。その渦中で言いたいことと発表したいことが胸中にあった。私の才能はゴッホの何万分の一もないかもしれない。しかし、その思いは同じだと思いたい。やっといつ死んでもおかしくない年になって、その思いが実現しそうである。

そして、若い世代の人々が私たちの経験を知り、それを少しでもこれからのことに役立ててほしい。

それが願いである。

目　次／世界史から見た新宿騒乱事件――全共闘とロシア革命

第一章　新宿騒乱事件とロシア革命

一九六八年十月二十一日、国際反戦デー

一九六八年十月二十一日、国際反戦デーの日の夕方、われわれは代々木駅に結集した。着いた電車からは次から次へとヘルメット姿の男女が降り、ホーム上は、座り込んだ学生でいっぱいになり、向かい側のホーム上も学生で混雑していた。駅の中はどこもかしこもヘルメット姿の若者で溢れていた。しばらくすると武器運搬チームによる角材が到着。歓声の中、バケツリレーのように一人ひとりの手に角材が手渡されていく。インターナショナルなどの歌声とともに角材でホーム上をドンドンと上下にリズムよくたたき、もはや異様な盛り上がりだった。笛の合図とともに立ち上がり一斉にホームから線路上におり、線路づたいに新宿駅に向かった。その時点で山手線はもちろんのこと、電車のダイヤは、ハチャメチャに狂ったであろう。

新宿駅に到着した時、ホーム上には誰一人として人影はなく、すべての電車は止まっていて、電気はついていたが、いつもの新宿駅よりも心のなしか暗いような感じがした。今でもあの瞬間は映画のワンシーンのように鮮明に脳裏に焼き付いている。最終的にわれわれは駅外にいた野次馬、一般市民

などを巻き込み出動してきた機動隊をすべて排除して、駅構内を占拠した。結果として投石などによって新宿駅は破壊されていた。今の時代では、決して起こりえない事件だろう。われわれはなぜ、新宿駅を破壊したのか？　なぜ、何千人もの若者がそれに参加したのか？

　最大の要因はベトナム戦争にあった。少なくとも私自身にとってはそうであった……。


　一九四一年、ベトナム独立同盟《ベトミン》創立。同じ年十二月、太平洋戦争が始まる。以来ベトナムは最初はフランス、次はアメリカに対し、民族独立闘争を続けてきた。一九六八年とはベトナム戦争のどういう年だったのか。

　一九六八年一月三十日、北ベトナムと南ベトナム解放戦線が旧正月《テト》攻勢開始。南部主要都市を一斉攻撃。二月一日、国家警察本部長官グエン・ゴック・ロアンが路上で、連行されてきた解放戦線の幹部の頭を、ピストルでいきなり撃ち殺害した。その瞬間はＡＰ通信のエディ・アダムスによって撮影され、その写真は全世界に瞬く間に広がり、世界中のベトナム反戦運動に火をつけた。テト攻勢は、解放戦線側からすれば軍事的には失敗だったといわれる。しかし政治的には成功だった。アメリカはベトナムでは勝てない、勝っていないことを、アメリカ国民、いや全世界の人々に印象づけた。

　つい最近、見ていたテレビにベトナムの寺院で団扇《うちわ》のお土産品が写っていたが、その団扇には二人の女性の絵が描かれていた。「ああ、これはハイ・バ・チュンだな」と思って見ていた。ハイ・バ・チュンとは「チュン姉妹」という意味で、紀元四〇～四三年に中国からの独立闘争を指揮した姉妹である。

　『物語ベトナムの歴史』（小倉貞男著）によると、現代のベトナムで最も国民的英雄とされるのはグエン・フエ（阮恵）、別名クァンチュン（光中）帝だそうである。南からのシャム勢力、北からの清の大軍を撃退し、独立を保った人物だそうである。いずれにしても、ベトナムで、昔から今でもあがめられているのはベトナムの独立の英雄たちである。元（蒙古）が日本に侵攻した前後にベトナムへも三度侵攻して、ベトナムは三度とも撃退している。

「フランス侵略以前には、ただ中華あるを知っておったのみでありましたが、フランス禍以後はまたただフランス一国あるを知るのみで……」。突如、脳裏の中に電光のように、日本の国が光った。日露戦争である。アジアにこのような国があるのか！　青年を日本に留学させるファン・ボイ・チャウの「東遊運動」が熱狂的に開始された。日本人として、これらのことから、何かを感じないだろうか？

しかし一九六八年十月二十一日、当日、北ベトナム、南ベトナム解放戦線側に立って、権力に実力行使するわれわれは、日本国民全体からみれば圧倒的に少数派だった。何よりも、日米安全保障条約を結び、アメリカに基地を提供し、後方支援する自由民主党政権は、選挙で過半数を獲得する盤石な政府だった。同年代の一部はもとより、特に親の世代は、極めてわれわれに批判的だった。

アメリカ側が言い出した「ドミノ理論」。これはベトナムが共産化すればドミノが倒れるように、周辺国が次々と共産化するというものだが、これを信じてがなり立てる者もいた。なかには反マルクス主義の本からアンチョコでも見るように引用して、理論的に反論してくる知ったかぶりもいた。

確かに民主主義という面から考えれば、選挙で選ばれ過半数を制している政府に従うというのが、妥当な判断だろう。だからこの本では、民主主義とは何か、当時の自民党政権とは何か、などを考えてゆかざるを得ない。そして、それらを考えるために、フランス革命、ロシア革命、中国革命とは何かまでさかのぼる必要がある。

自分史の中のベトナム戦争

その前に、あの当時の自分に返えろう。私みたいなつまらない人間の物語には、興味はわかないかもしれない。でも、あの当時の運動の渦中にいた一学生の体験談として何かに役立てていただければ、ありがたい。

私は最初、市民的な、穏やかな、ベトナム反戦運動に参加していた。当時、高度経済成長期で自民党政権は安定多数を誇り盤石だった。平和的デモを何度やっても、政権側にとっては、痛くもかゆくもないと感じられた。当時スペインはまだフランコのファシズム独裁政権で、その政権に労働者数人が処刑されそうになり、フランスでサルトルらが、抗議集会を開いた。そこでサルトルは「結局は彼らは死刑になるだろう。しかし、ここでそれに抗議したという事実は、永遠に残る」という意味のような演説をした。私は、それでは駄目だと思った。これでは自己満足にしかならない。しかも、スペインと違ってベトナムでは数十万、数百万単位の人間が死んでいる。政治は一人ではできない。多数の力を結集しないと力は発揮できないだろう。

当時、全学連（全日本学生自治会総連合）各派の中で暴力的実力行使＝ゲバルトで最強といわれ、あの疾風怒濤《しっぷうどとう》の学生運動の高揚を引っ張り、つくり上げてきた党派があった。私はその党派に参加した。しかし思考の核心には、常に市民運動的発想があった。アメリカのベトナム戦争に協力している日本政府に微弱ながら少しでも打撃を加えること。少しでもよいから、アメリカ軍がベトナムから撤退するよう、もっていくこと。これが私にとっての行動の基準であった。

私が参加した当時は、学生運動の別々の党派が勢力争いをしていても、暴力闘争をすること（以後、内ゲバと表記する）は、それほど激しくはなかったが、以後次第に、死者を出すまでになった。私には当時、友人が何人かいたが、その中の特に親しくしている数人は、その敵対している組織に属していた。逆に、同じ党派の人間だから親しいかというと、あまり近付きたくない人間もいた。会社も人間のつくる組織だから、相性が合う人間もいるし、そうでない人間もいる、それと同じである。だから、私の周囲の人間は、私の行動、人間関係を理解できず、変なやつだと思っていた連中もいただろう。私の最大の目的は、ベトナム戦争の阻止だ。党派は二の次だった。

当時、敵対していた党派の、同じ大学の幹部らしき学生から「気を付けろよ！」と、脅しのような言葉をいわれたことがあった。私は当時こう思っていた。「この人たちは、何のために学生運動に入ってきたのか。その党派を大きくするために運動に入ってきたわけではないだろう。党派というのは手段に過ぎない。最初、その党派に加入した動機を忘れ、いつの間にか、その党派を増大することが自己目的になってしまう。初心に返れ」と。

また、その党派の別の人間が、私の部屋に遊びに来て、理論的な質問をしてきたときがあった。あこれは、マルクス経済学者、宇野弘蔵の理論のことを言ってるのだなと気付いて、それなりの返事をしたら、相手は「合ってるな」と言った。何が「合ってるな」だ。ああ、これは受験勉強からくる思考の癖だなと感じたが、そのときは黙っていた。答えはＡＢＣＤの中に一つあって、その正しいものから一つ選べば「合ってる」のである。もしくは空欄にあらかじめ決まった正しい答えを書けば「合ってる」のである。また、その党派の中には、二言目には、おそらく「ヘーゲル弁証法」からきたと思われる「のりこえる」と口癖のように言ってる人間もいた。

この受験勉強症候群もそうだが、どんな思想も、その地域の伝統、習慣、時代背景などの知的土壌から生まれる。マルクスの思想は、青年ヘーゲル派から出発し、そのヘーゲルは『エセー』を書いたモンテーニュなどと比べると、この世界は、ある法則によって成立しており、自然科学は１＋１＝２

から高度な宇宙の成り立ちまで理論構築されており、人間の社会も、そのように理路整然と説明できるとした考えを持っているように思われる。

われわれに敵対していた党派も、その核心に、私の頭では到底理解できない、極めて難解なありがたい理論を持っているらしかった。経典というのは、難解であればあるほど、ありがたみが増すらしい。この世の森羅万象ことごとく秩序立っていて、その経典で説明できぬものはない、という感じだった。

あのころの活動家の演説でも、ちょうど仏教のお経や、キリスト教の神学のような、ちょっと一般学生が聞いたら理解できないような様式化した演説がはやっていた。私はさっぱり理解できなかったが、よくこのような理解できない、お経のような演説ができるものだなあと感心していた。

その後の人生で、いわゆる新興宗教の人間に何人か会ったが、彼らがいうことに共通しているのは「人類救済」である。しかし、具体的にどういうことになると「人類救済」になるのか、さっぱり分からない。結局、ああ自分たちの宗派が大きくなることが「人類救済」なのだなと、私なりに解釈して、私なりに納得している。ちょっと大げさに書いてしまったが、われわれに敵対していたのは、そんな傾向の強い党派だった。

一つだけエピソードを挙げたい。

立川米軍基地に反対、抗議する全学連各派も集まる集会が開かれた。そのときは分からなかったが、わが派は、一番遅く行ったらしい。集会が開かれている広場には向かわず、警備陣の隙を突くように、駅に着いたら真っすぐに米軍基地に向かった。そして米軍基地に突入した。以後は、わが大学最大の党派で、当然、自治会を握っている派とともに参加した、あまり党派性のない、当時の言葉ではノンセクト・ラジカルの学友の話である。

そのとき、敵対していた党派の代表が「（わが派）〇〇を粉砕するために集まってきた学友諸君！」というような演説をしていたそうである。そこへ、わが派が米軍基地に突入したというニュースが飛び込んできた。全学連各派は、はっと目が覚めるように、俺たちは今、何をしているのだ、わが派へ続けとばかり、先を争ってデモに出発したそうである。

あの時代、短期間にあまりに多くの出来事があり、一つ一つのことは映画の一シーンのように覚えているのだが、例えばＡＢＣＤという出来事の起こった順序とか、月日とかは、ごちゃごちゃになってよく分からなくなっている。

一九六八年九月二十二日、東京地区反戦青年委連絡会議主催による、「反安保、米軍ガソリンタンク輸送（米軍ジェット燃料輸送タンク車）拒否、国鉄五万人合理化粉砕総決起集会」。調べてみたが、多分これだ。この闘争で学生らが立川基地に突入をはかり、一九五人逮捕とある。何十年ぶりに何の集会だか分かった。そして、報道写真を見ると、わが派は写っていない。

この後、その対立していた党派とは、死者を出すほどの党派闘争を繰り返すようになり、対権力闘争では爆弾も登場するようになるのだが、そのころはまだ牧歌的で、誰も言葉に出していわなかったが、決して人を殺してはいけないという不文律があるようだった。私は心の中では、人間には決して越えてはならない一線があり、反戦運動している者が、人を殺すようなら、それは思想の死だと考えていた。

わが大学で自治会を握っていた最大の党派は、あまりセクト主義（党派性）が強くないグループだったが、その後、大きく三派に分裂してしまった。全学連各派が小難しい理論をひねくり回して、大きくまとまらないで、別の言い方をすると、大局を見失って、同じ方向にエネルギーが集中できずにいるのを、いつも失望していた私は、それを聞いてがくぜんとして落胆したのを覚えている。

「△△派、お前もか！」。

その分裂前の党派のはやり言葉に、私もいわれたが「もっと勉強しろよ」というのがあった。これも一種の受験勉強症候群だが、いっぱい勉強している人ほど、物事をよく知っている者、正しい者という感じで、それで自分を上げ、相手を卑下しているつもりらしかった。マルクスの口癖もエンゲルスによく「〇〇はどうしようもないやつだ」などと言って、口が悪かったらしいが、もしかしてそれでマルクスを気取っていたのかもしれない。

相手にレッテルを張り、それで全てを言い尽しているつもりの人々もいた。トロツキスト、反動、保守、軍国主義者、スターリニスト、赤、共産主義者、反革命、ファシスト等々である。これでは会話は成立しないだろう。

例えば、音楽会でモーツァルトを演奏した音楽家がいたとしよう。その感想を述べるのに、あの音楽家はトロツキストだから、あの演奏は駄目だ、と言ったならば、それは焦点が合っていないだろう。つまり、どこかで視点がずらされているのだ。ベトナム反戦運動をしている人に「ソ連には市場経済がない、だから君たちは誤っている」と言ったならば、やはりそれもどこかで視点がずらされているのだ。これは無意識的には、ベトナム戦争ではアメリカ側を支持していて、本人はそれを高度に、知的に言い返しているつもりなのだろう。

これらの党派のエピソードは、反代々木系（日本共産党本部の所在地が代々木にあることから、反対派のグループはこう呼ばれていた）諸派のエピソードである。私は、大きくくくれば、この反代々木系諸派も同志だったと思っている。それを、具体的な映像イメージで表わしたい。

あの一九六八年十月二十一日、騒乱罪が適用された当日、新宿駅に一番先に到達したのは、確かにわが党派だった。そのせいかもしれないが、機動隊との衝突のため、わが派が弱体化、弱小化し始めたころ、あの敵対していた党派の大部隊が長い竹竿を持って登場した。同じ大学の、その党派の学生と「来たな！」などとあいさつを交わしたのを、はっきり覚えている。そのときの報道写真を見ると、その後から来た党派のヘルメットばかり写っていて、われわれは、ほとんど写っていない。知らない人が見ると、あの「新宿騒闘争」は、その党派が起こした闘争だと思うだろう。

ここまで話したことと前後してしまうが、われわれに最大の重圧を加え、最大の障害として立ちはだかったのは、日本共産党の青年組織、日本民主青年同盟だった。その民青のゲバルト部隊の指揮を取っていた『突破者』なる者が書いた本を読んだことがあるが、民青がなぜ、われわれの運動の障害として立ち向かってきたのか、よく分からない。つまり日本共産党がなぜそういう路線を決定したのか、説明されていないのである。しかも『突破者』本人は、あの全共闘運動の勃興を担った一員と自覚しているようだ。しかし、私の皮膚感覚では、民青は、第二の機動隊であり、好戦勢力の手先としか感じられなかった。むしろ彼らは運動の盛り上がりを抑える役目をしていた。

ここで唐突だが、スペイン人民戦線の勢力図を簡易にしたものを提供したい（スペイン内戦と全共闘運動当時の類似性についてのは、第七章で詳しく述べたい）。

Ⓐ反ファシズム人民戦線中央政府。

この中に共産主義者が、国際旅団などの大勢力として参加。

Ⓑ市民軍。ヘミングウェイやジョージ・オーウェルなどの義勇軍。民主主義者やアナーキスト。

ソ連からの武器援助。

Ⓒファシズム軍。

ドイツ、イタリアなどのファシズム国家からの武器援助。

スペイン人民戦線では、敵でないはずの市民的義勇軍に対し、共産党系の部隊が敵対し、血の粛清を行い、このⒶとⒷが闘うという内ゲバが、結果としてⒸのファシズム側に有利に作用し、ファシズム勝利の道を開いた。

そして、全共闘時代を図式化（図１）するとこんなふうになるか。

アメリカ軍・オーストラリア軍・ニュージーランド軍・韓国軍・南ベトナム政府軍・タイ政府　及び大部分の西側政府

警察・機動隊・右翼・体育系学生

日本各界の保守的国民

日本共産党系の民主青年同盟ゲバルト部隊（代々木）

米国基地・王子野戦病院反対などでエプロンデモなどする反対派市民

ベトナムに平和を市民連合（べ平連）

声なき声の会などの市民的平和運動

高校生の反戦組織・反戦高協

反代々木系諸派全学連

◎構造改革諸派・フロント・共学同・民学同

◎社会主義青年同盟（社青同）・反帝学評

◎共産主義者同盟（ブント）諸派

社学同・ML派（毛沢東派）

◎革命的共産主義者同盟（革共同）諸派

中核・革マル・プロレタリア軍団

第四インター等

◎アナーキスト諸派

アメリカをはじめとする世界各国の

反戦派によるベトナム戦争への抗議活動

南ベトナム民族解放戦線・北ベトナム軍

ソ連・中国

図１　全共闘時代の世界の状況

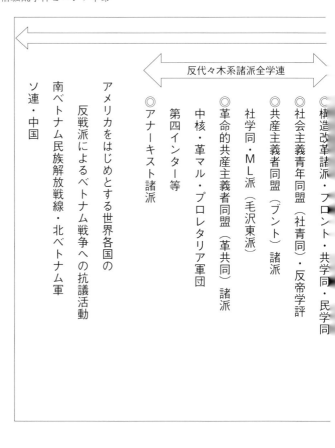

問題は日本共産党下部組織の民青の位置付けだろう。この位置付けに不満の人もいるだろう。私はあえて、アメリカ軍側に置いた。彼らの行ったことは、結果として反戦運動の障害になったと私は思っている。

その後、何年かして日本と中国が国交回復して、民青の代表団が中国に行ったことがあった。北京空港で彼らが飛行機から降りると、中国ではまだ文化大革命の激震が残っていて、代表団が紅衛兵に取り囲まれて袋たたきに合い、そのますぐ同じ飛行機に乗って帰って来た。このことは、中国側が日本におけるベトナム反戦運動において、民青がどのような役割を果たしたのかという点に関して、私と同じ認識に達していたというのを示している。そのニュースを聞いたとき、なぜ彼らは中国に行ったのか、こうなるのは、なぜ分からなかったのか、と感じた。彼らはおそらく、自分たちのやっていることの意味を理解できなかったのだ。

東大全共闘メンバーで一九六九年一月十八日、十九日の安田講堂攻防戦の折、本郷学生隊長として指揮をとった島泰三が書いた『安田講堂』には次のような一節がある。

「ひとつの仮定をここで置く。もしも、東大闘争の最終局面、つまり、一九六八年十二月の段階で、日本共産党と全共闘が合流していたとしたなら、事態はどうなっただろうか？と。あるいは、日大では右翼・体育会と日大全共闘が合流したとする。」

実は私も当時、同じような夢を少し持っていた。ある年齢に達してからの、特に親しい友人に、日本共産党系の友人が何人かいる。同年代には共産党を毛嫌いしている人もいるが、私はなぜか彼らとは馬が合う。彼らは大枠では、やはり平和勢力なのだ。当時、ゲバルトでぶつかったとき感じた彼らのイメージは、強固に一塊になっている狂信集団というものだった。たとえ上部の指令がどうであれ、変だなと思い、われらの側に付く人が少しはいても、よさそうなのに、と。

当時、反代々木系諸派には友人がいた。しかし、民青にはなぜか一人も友人がいなかった。そのせいか、彼らには〝一人ひとりが独立して考えていない人々〟といったイメージがある。想像を逞しくすれば、当時の言葉で言えば「ヘゲモニーを握る」、もっと分かりやすく言えば、全学生運動をコントロールする、指導権を握る、という目的が民青にあったのかもしれない。

同じ傾向が派によって強弱はあるが、反代々木系各派にもあった。それが理論闘争を伴うから小《こ》面倒くさくなる。要するに、皆頭でっかちだったのだ。

もし、日本の政治勢力という面から考えると、われわれ学生運動全勢力を糾合しても、やはり弱小勢力だろう。多分、一人も国政選挙には当選させることはできないだろう。日本やアメリカの政策を変更させるには巨大なエネルギーを必要とし、小さな力を結集させて、皆で同じ方向に向かうしかない。私の友人などは「皆一緒にやればいいのだ」と口癖のように言っていた。

ここで格調ある文章を紹介しょう。

「ホ・チ・ミンは、全国抗戦アピールを発した。
『われわれは、平和を切望して妥協を重ねてきたが、妥協を重ねれば重ねるほどフランスはわが国を征服しようとしている。われわれは犠牲を辞さない。われわれは奴隷とはならない。すべての老若男女に訴える。主義主張、政治性向、民族を問わず、立ち上がり、フランス植民地主義者と戦い、国を救おう。』」(『ドキュメント ヴェトナム戦争全史』(小倉貞男著)

これが世界史に登場する人物の言葉というものだろう。

ではあの時代、どうすればよかったのか。元々はロシア革命時の言葉なのだが、われわれ全共闘時代にはやっていた言葉の一つに「別個に進んで同時に討つ」というのがあった。この言葉の意味は、別々の方法論や性格を持った団体が、それぞれ違った方法で運動を行えば、結局は、別々の小さな流れが集まって大きな奔流となるように、同じ一つの目的を達成するための、大きな強い運動になる、というぐらいの意味だろう。

われわれのように暴力的実力行使も辞さない党派もあれば、ガンジー主義のような非暴力不服従運動の団体もあった。私は参加したことがないが、フォーク・ゲリラなどという新宿駅西口で反戦歌を歌うグループもあった。演劇など芸術の分野でも、前衛、実験的な運動があったと聞いている。これら、自分の得意で納得できる方法で意志表示し、それらが集積すれば、全体として大きな力になる。社会が目的の方向へ少しでも変わるようにすればよいのだ。

できれば、別々の団体を結ぶ連絡会議なるものをつくればよいが、別になくても構わないだろう。組織同士が小難しい理論を言い合って足を引っ張らなければよいのだ。残念ながら、非暴力的市民運動に対し、攻撃を仕掛けた反代々木系全学連もあった。それを聞いたとき「何てことをするんだ、彼らは狂っている。これが最高学府にいる者のすることか」と驚いた。彼らは反スターリン主義を唱えている。これこそがスターリンのやったことではないか。

「私はユダヤ人を一人も殺していない」

一九六五年にソ連で製作され、一九七〇年代に日本で公開された、ミハイル・ロンム監督によるドキュメンタリー映画「ありふれたファシズム　野獣たちのバラード」という映画を見た人もいるであろう。この手のドキュメンタリー映画は、われわれの時代には「十三階段への道」とか、いろいろあった。中でもこの「ありふれたファシズム」は強烈な印象を受けた映画だった。あのユダヤ人大量虐殺や、ロマ（シプシー）、反戦主義者、共産主義者（特にロシア人）などの処刑を実行したナチス高官たちは、狂気な殺人鬼のような人間ではなく、家に帰ると平凡な良き夫、良き父親であり、どこにでもいる普通の真面目な人間だった、というのだった。

この映画に相当する本は、『エレサレムのアイヒマン――悪の陳腐さについての報告』（ハンナ・アーレント著、大久保和郎訳）だろう。これは、ヤスパース、フッサール、ハイデッガーに哲学を学んだユダヤ人であるアーレントが、ナチス政権下でユダヤ人を絶滅収容所へ送る輸送の最高責任者だったアイヒマンが、戦後、アルゼンチンに逃亡していたのを、イスラエルの秘密警察に逮捕され、イスラエルのエレサレムで裁判を受けるのを傍聴し書いた報告である（二〇二二年十二月十二日放送のNHK「映像の世紀 バタフライエフェクト――ナチハンター」で裁判の模様を見た人もいると思う）。

最初、この本は、ナチス抵抗運動関係の人々や、ユダヤ人同胞から激しい批判があったらしいが、ときが立つに従って評価が高まり、今では名著の一つとなっている。アイヒマンは拍子抜けするほど凡庸な人物であり、物事全体を深く考察することはできず、ちょうど役所の中間管理職の仕事を忠実に執行したにすぎない、と本人は思っている。彼は、凶悪な殺人狂などではなく、ナチスの他のメンバーとも違ってユダヤ人に対して偏見さえもなかった、というのだった。

それは、そうだろう。彼は、当時のドイツ国内の法は何一つ犯してはいず、むしろ法には忠実だった。彼は与えられた命令の中でしか、考えることができなかった。しかし彼は、もっと大きな法、「人道に対する罪」よりももっと重いと考えられる「人類に対する罪」を犯している。「人類に対する罪」とは、アーレントによれば、あたかも特定の人間が、この世界に誰が住み、誰が住んではならないかを決定する権利があるように思い込み、それを政策として実行することだ。彼はドイツ国内の法の源泉、その大本を考えることができなかった。

同書より引用しよう。

「アイヒマンの性格にある、より特殊な、しかもより決定的な欠陥は、ある事柄を他人の立場に立って見るということがほとんどまったくできないということだった。」

裁判におけるアイヒマンのもっとも有名な言葉はおそらく、「私はユダヤ人を一人も殺していない」だろう。このことの意味は、ただの日常の仕事、平凡な生活をしているだけでも、殺害に荷担していることがありうるということである。

当時、沖縄から直接ベトナムへ空爆が行われていたと聞いている。ベトナム特需による日本の高度成長への恩恵もある。第一次世界大戦、朝鮮戦争時にも特需によって日本は景気がよくなった。何もしない、中立であるということは、ベトナム人民の血によって繁栄を謳歌していることでもある。

あの一九六八年十月二十一日、私たちが新宿駅へ向かった直接的理由は、その前から続いていた運動、すなわちアメリカ軍の燃料を運ぶタンク列車、略して米タンの輸送を阻止する運動の一環としてである。新宿駅を米タンが通るというのは、前から広く知られていて、東口の鉄の壁の落書きには「この壁の向こうはベトナムだ！」と、大きく書かれていた。結果としてわれわれは日本国内の法を大きく破った。しかし、もっと根源的な法のため「人道に対する罪」、「人類に対する罪」と闘ったのだ。

オランダ国内で第二次世界大戦中、ナチスに対する抵抗運動をしていた人が回想するドキュメンタリーフィルムを見たことがある。収容所へ輸送されるユダヤ人を救出しようとして駅まで行ったが、ドイツ兵がうようよいて、自分は一人、しかも武器は自分が持っているピストル一丁だけ。何もできなくて、そのまま、すごすごと帰ってきたという話だった。しかし、あの日、私たちには大勢仲間がいた。自分一人ではなかった。

しかもその日は、「国際反戦デー」で、われわれのように新宿に集まった人々のみだけではなく、全世界で抗議運動が行われた。東京都内だけでも国会や防衛庁に向かった集団、渋谷方面に結集した党派などがあり、各市民団体、全学連各派、反戦労働者、高校生までもが都内各地で決起し、結果として機動隊、警察力を分散化したのが大きい。新宿に結集したわれわれの党派に好意的なやじ馬だけでは、あれだけの騒乱にはならなかったろう。深く考えれば、ベトナム戦争に反対する各団体、個人が日本各地で立ち上がったからこそ、新宿では勝利したのであり、何も新宿に集まった党派のみで勝利したのではない。

一九六六年二月二十六日、韓国軍はビンアン村において、老人、女性、子供を含む、二八八人を虐殺した。

一九六六年三月二十四日のアメリカ海兵隊によるファンディ村で一六七人全員の殺害や、有名なところでは、よく大きく報道写真が取り上げられるソンミ村虐殺事件がある。発生は一九六八年三月十六日で、犠牲者は五百人以上だ。とにかく、ベトナム戦争における死者は約三百万人といわれる。これは、フランス、アメリカが介入しなければ発生しなかった死者である。

この数字をどう見るか。

この数字は、第二次世界大戦時の日本人の死者数とほぼ同じである。

同大戦で殺害されたユダヤ人は、資料によって異同があるが、六百万人説を採ると、その約半数である。

カンボジアのポルポト政権に拷問のうえ殺害された犠牲者は、約百万人である。フランス、特にアメリカはポルポト派の三倍の人間を殺害したことになる。

あの当時、学生のデモ隊が、大学教授を隊列に引っ張り込み、無理やり一緒にデモさせるということがあった。これは傍観者になるな、中立という立場をとり、何もしないということは同罪だ、という意味だ。

どんな時代になっても、どんな体制になっても、警察というのはあるだろう。彼らの役目は治安を守ることだ。彼らは一人ひとりが思想を持つと組織が維持できなくなり、彼らはロボットでいるしかない。だから、彼らの実力行使は、しょうがないところがある。あの時代、彼らにも死者、負傷者が出た。ある意味、あの時代、彼らも被害者だったと思っている。戦場で死ぬ兵士は、何人という人数でしか報道されない。いわば顔のない死者だ。警察官の死は、兵士の死と同じ顔のない制服の死だ。いつの時代にも、兵士や最前線に出る下部の人間に犠牲者が出る。

しかし、自らの裁量権を持つ検察官、裁判官の責任は重大である。ヒトラーの暗殺計画に参加した人物の裁判の記録フィルムを見たことがあるが、その裁判官は閻魔《えんま》大王よろしく被告を大声で怒鳴っていた。当時、私はそんな検事に当たったことがある。あの時代、警察力との闘いはあったが、ごく少数の例外を除いて、裁判官、検事に対するテロはほとんどなかった。あのころ反体制諸派にも、日本の司法の根幹は破壊しないという自制が働いていたと推測できる。

そしてあの当時、政権を担っていて、アメリカに協力体制をとっていた政治家にも責任がある。そして、その政治家に投票し、社会の組織の一員として静かに生活している国民にも。われわれの闘いは「〈われわれ一人一人のうちなるアイヒマン〉」（『エルサレムのアイヒマン』）との闘いであった。

同じことを、バートランド・ラッセルは次のように言っている。

「『アイヒマンは人間の堕落を象徴している。なにも知らない人びとを、考えない人びとを、なにごとにも関心をもたぬ人びとを象徴している』と書いたラッセルは、ホセ・マルティを引用して、『犯罪を無関心に見まもっていることは、犯罪をおかすのと同断である』とも言っている。」（『ラッセル法廷』ベトナムにおける戦争犯罪調査日本委員会編）

ロシア革命の混乱の中で発生したポーランドの孤児、シベリアで孤立したロシア人児童、それらを救出した日本人。第二次世界大戦中、ユダヤ人を救った日本人。われわれの中には、そうした日本人と同じ血が流れていた。

新宿闘争にしても、もし日本の労働者に、米タン阻止のために、ゼネストをやる力があったなら、われわれはあそこまでやる必要はなかったであろう。もしベトナム戦争反対の野党があり、それが政権交代可能だったら、あそこまでならなかったかもしれない。

世界大恐慌の時代、その対策で最も成功したのは、ナチス政権下におけるドイツである。その時期、経済相やライヒスバンク総裁などを歴任した、天才的財政家シャハトの存在が大きい。彼は単に偉大な経済政策家というだけで、ナチス党員ではなかったから、戦後、戦犯に問われるが無罪となる。ドイツの失業者は開戦間際にはゼロとなる。ヒトラーが熱狂的支持者に囲まれて開戦に踏み切れたのは、この経済政策に負うところが大きいだろう。

フランスにおける二月革命後の六月暴動や、普仏戦争後のパリ・コミューンの直接的きっかけも国立作業場の閉鎖や移転である。国立作業場とは失業者のための施設である。あの全共闘の時代は、高度成長期の時代でもある。日々豊かになっていくのを実感できる時代でもあった。待っているのは明るい未来だった。当時の自民党政権が盤石だったのも、その経済成長に負うところが大であろう。しかも、農村地帯は農地改革によって、自分の土地を所有するようになった農民が、自分の土地を守ろうとして反共になり、堅い保守地盤を形成していた。

都市部のプチ・ブルジョアジー、すなわち商店主、小事業主や、高度成長によって中産階級意識を持つようになったサラリーマン層も、政治的保守を形成していた。中でも、免許で守られている商店主、小事業主は超保守層を形成していただろう。彼らは意識として反共であり、選挙時には、自民党に分厚い組織票を提供していた。そして、日本の経済界が潤ったのも、ベトナム戦争における、アメリカの特需があったというのも、忘れてはならない。

戦争が続けば続くほど、もうかる日本企業があったのである。そこから自民党に政治資金がいくであろう。そんな時代のわれわれのはやり言葉の一つに「学生は資本主義に足元をすくわれていない」というのがあった。この意味するところは「社会人は、まず生活のことを第一に考えなければならないが、学生は経済的条件にとらわれることなく純粋に思想的に問題を考えることができる」というぐらいの意味であろう。

ナチスの例から分かる通り、経済政策、経済的条件のみだけでの投票行動は危険でもある。日々、運動が大きな盛り上がりを見せながらも、日本全体から見れば、われわれがいまだ少数派だったのも、そうした経済的条件が理由の一つとしてあるだろう。

軍備という面から考えてみると、もしAという国が、Bという国に侵攻して必ず勝てると確信したなら戦争は起こりやすいだろう。それを防止するために、B国は軍備を増強し、軍事力を均衡させなければならないだろう。ここに均衡論が出てくる。この均衡論、べつに否定するわけではない。しかし、第一次世界大戦開始前、戦った双方の戦力は均衡していたというのが定説になっているらしい。それにもかかわらず戦争は起きてしまった。もし戦力を経済力、同盟関係、地勢などの総合力として考えると第二次世界大戦前も、やはり均衡していた、と私は思う。

最初に開戦した方が、第一次大戦と同じように、最終的には負けたということからそれは推測できる。やはり均衡論のみでは駄目なのだ。では何が必要なのか？ 世界中の人類が、違う国の人々を知り、友情を結び、戦争は誤りであるというのを共通認識とすること。つまり、人々が国際的になるということが重要なのだ。そして、そのための国際機関も必要であり、そこで決められたことを各国が守っていくということも必要であろう。

共産主義の宗教性とあの日々

プロローグでも書いたが、もし、日本に革命が起こっても、やはり日本人は、おにぎりや、お茶漬けを食い続けるだろう。つまり、その民族の伝統、考え方、習慣などというものは、なかなか変化しづらいだろう。それは、ロシア革命を経験したロシア人にとっても、フランス人やドイツ人にとっても同じであろう。覚えているだろうか、ロシアは東方正教会（ロシア正教）だということを。そして、そのロシア正教の最高位の聖職者は、ローマ法王並みの精神的権威を持たず、ロシア皇帝が、世俗的権威と精神的権威を併せ持つ、ということを。

その絶大な権威はスターリンが受け継いだ。スターリンの粛清の猛威が吹き荒れているころ、海外に赴任していたソ連の外交官が、スターリンから呼ばれ、国に帰ると処刑されると分かっていながら、わざわざ帰り、刑死するというような事件もあった。これなども信仰という精神を理解しない限り、不思議としかいいようがないことだろう。日本人にしてみれば、前の戦争中に、国家神道下にあった民衆が、天皇の名の下に、バンザイ突撃し、死に至った精神性を考えてみれば、理解できるだろう。

確かに、この信仰に対する帰依、特に一神教に対するそれは、狂信性を帯びた場合、不合理な人権侵害、粛清の起こる一因にはなるだろう。同時に、その犠牲を厭《いと》わない強い精神性は、強大な力を持つ、先進諸国に対する被植民地諸国の民族解放のための強力な武器となるだろう。よく「共産主義は一種の信仰だ」という人がいる。今そのことを考察している。

徳川時代の初め、九州北西部の原城に、天草四郎時貞を首領とするキリシタンが立てこもる島原の乱が起った。この周辺は、日本でのキリスト教信仰の普及度が高く、キリスト教による信仰反乱の形をとったが、もしこの周辺が、一向宗の地盤であったなら、一向一揆になったと容易に考えることができるだろう。キリスト教とか仏教の宗教戦争の形をとりながら私の好きな秘密の原因でいえば、封建的抑圧に対する反乱である。

　秘密の原因とは、言葉に出されている表面上のことに対し、隠された根本要因、もしくはそれに匹敵するぐらいの見えない要因のことである。たとえばフィリピンのイスラムゲリラは宗教戦争の形をとりながらも、農地改革が行われず、少数の資産家に農地が独占されているのが、見えない根本原因である。

　もし、その地域が強い力を持った帝国主義的抑圧下であったなら、個々バラバラの抵抗運動では、あっけなく粉砕されて終わるだろう。現実の植民地独立運動では、実際にそうした例はいっぱいある。現にベトナムではそうだった。しかし、何か強い宗教的団結力、精神性を持った場合、それは強力な武器となるはずだ。しかも、現実に反植民地イデオロギーを持ったソ連という国の援助が受けられるなら、それは一層力強いものとなるだろう。

　今、共産主義というものの宗教性、イデオロギー性を問題にしているのだが、これを中国の例から考えてみたい。

　内戦時、共産党側の人民解放軍総司令を務め、全国統一後は、国家副主席になった朱徳の例で考えてみよう。彼は、中国共産党要人としては、珍しく清朝の科挙《かきょ》に合格した人間である。しかも哥老会《かろうかい》という秘密結社に加入していた。この秘密結社、一種の互助会である。政府は人を助ける組織ではなくて、弱い者を食い物にする組織である、という認識は、中国人にとって伝統的にある。

　それなら、庶民はいかにして自分の身を守るのか。それが助け合う組織、家族、客家《ハッカ》のような拡大家族か宗族という男系氏族共同体、同じ地方出身者という同胞意識、そして、この秘密結社などである。種類は数多い。清朝末期からの激動の時代に、アヘン戦争などの舞台に、武器を持って一つの軍団として、この秘密結社が登場する。

この典型的な中国知識人である朱徳は、最初、国民党に属した。おそらく、中国の近代化のためには、国民党の道しかないと考えたのであろう。

しかし、国民党中央から指令され、反国民党軍を征伐に出発したA軍は、途中の地点で留まり、その周辺一帯を支配するようになる。そのA軍を討伐するために出発したB軍は、また別の地点に留まり、これもまた軍閥化する。またA軍から命令されて出陣したC軍は、またまた別の地帯で軍閥化したりする。国民党そのものも軍閥だという人もいる。このように、中国全土が戦国時代のようになり、いつまでたっても収拾がつかない。それで国民党に見切りをつけて、朱徳は留学する。パリで周恩来ら中国共産党のメンバーに接触し、入党する。

国民党と共産党の内戦時、こんなことがあった。内戦の最終局面、中国北部一帯は共産党優位で、国民党支配下にあったのは南部で、国民党は次第に南へ南へと追い詰められていった。そのころ、中国北東部の共産軍司令官が奇妙な動きを見せる。その司令官、何を勘違いしたのか、共産党中央の意向も聞かず、外国と独断で条約を結ぼうとした。本来なら、そんな外交判断は中央の役割であろう。中央からしたらこの司令官、軍閥的独立の動きをとっているとしか考えられない。共産党中央に呼び出され、処刑されてしまう。これを、中国共産党最初の粛清と書いている学者もいる。

しかし私は、こうした民主集中制があったからこそ、国民党に対して優位に立ち、結果として早く中国に平和をもたらしたと考えている。この民主集中という党中央に命令権を与え、その命令下に全党員が従うという宗教的ともいえる団結力が、ときには国民にとって救いにもなる。しかしそれが、緊急事態でない平和的再建時にも同じことを続けると、それは独裁になるだろう。

しかし、強固に鍛えられた党の体質は簡単には変わらない。「正しいことでも誤ったタイミングで行うと過ったことになる」これは、天安門事件の際の中国人の言葉なのだが。夏に冬物を着て歩くと変人と思われるように、時代や情勢によって、正しいこと、やるべきことは変化する。逆に言えば、今やっていることが変だから、過去にやったことも全て間違いだというのも、やはり誤りであろう。

われらが日々、マルクス・レーニン主義や共産主義を名のる党派が運動を引っ張っていた。しかし、その党派を含め、それに参加している大部分の人々も、現に存在している共産主義国家、つまり一党独裁国家を目指していたかというと、そうでないと思う。私自身そうではないし、あの運動に参加していた大部分の人々も、その後の人生を見れば、そうでないというのが分かるであろう。

宗教改革も表面上は、小難しい神学論争の形をとりながらも、そこには階級闘争や、都市の自治のための闘い、つまり社会構造の変化と同時平衡《へいこう》的に進む、住民の意識構造の変化を反映したものだ。

ロシア革命も共産主義革命と言いながら、日本の明治維新と同じように、急速に近代化＝工業化し、少し歪んだ形であるが、資本制生産様式の確立をしないと、他国に侵略されてしまうという恐怖からきたという意味もある。なにしろロシアのすぐ近くにはドイツという強烈な国があった。

われらが日々のことをいうと、こういうことになるだろう。政府の決定したことに暴力的に立ち向かうこと、つまり多数決という民主主義を否定するようなことをしながらも、実は本当の民主主義を実現するための闘いでもあったということである。

一番分かりやすい例は、日大全共闘であろう。日大には満足な学生自治もなく、言論の自由も、集会の自由もなかったと聞く。それは、軍国主義時代の日本社会をそのまま反映したような大学だった。そのピークは、日大当局の使途不明金事件から発した一九六八年九月三十日、日大両国講堂（旧国技館）での大衆団交であろう。しかし、十月一日の当時の佐藤栄作首相の「日大の大衆団交は認めぬ」発言で、日大民主化の千載一遇《せんざいいちぐう》のチャンスを逃がした。あの当時から、今振り返ってみても、あの困難の中での日大全共闘の英雄的闘いには頭が下がる思いである。

三里塚農民による土地収用反対闘争も同じである。それまでに開拓し、生活の基盤としてきた農地を、住民に対する丁寧な説明もなく、権威、権力主義的に強引に土地を奪い取る。これは戦前の方法である。民主的な憲法があるから、民主主義国家なのではない。一人ひとりの国民の意識、習慣が、民主主義的になって初めて、民主主義国家になったといえるのだ。民主主義というのは、自治の集積である。日大などの問題だけでなく、そうした自治の問題は各地にあった。あの日々は、戦前の軍国主義時代に生きた人々と、戦後の民主教育を受けた世代との世代間闘争でもあった。

軍国主義時代の思考様式は、日本人以外の他の民族の立場に立って考えることができない傾向がある。何かの事件で日本人が死ぬのは、大きな話題になるが、他の民族、ベトナム人が多数死んでも無関心、彼らがどんなに不幸になってもわれ関せず、どこか遠い遠い場所の出来事なのだ。明治維新の前後、西欧に踏みにじられるアジアを思い、危機意識を持ち、日本の変革に奮い立った志士と、ベトナムとその周辺の人々が、同じ思いを共有しているということに、思い至らなかったのだ。

われわれに国を愛するようにしなければ駄目だという反対勢力に、私はあのころ、心の片隅に常にこう思っていた。「自分が国を愛するように、ベトナムやその周辺の人々も、国を愛しているというのが、なぜ分からないのか？」と。

このように、口で言っている表面上の理由と、その本当の理由、つまりその運動は本当はどの方向に向かって進んでいるのかというのを、見極める必要がある。これを、カッコよくソシュール言語学ふうに表現すると「意味することと、意味されること」の乖離《かいり》、とでもなるか。私にとって、中国の文化大革命も、何でも古いものが良いといって、進歩、自発性を否定する儒教世代と戦後の世代とのあつれきも原因の一つと思われ、今でも文化大革命を全否定することは、私にはできない。

老人や目上の人を大切にし、礼儀を重んずるという教えは、確かに間違ってはいない。重要ではあるけれども、結果として儒教は家父長的支配を強化する教義を持っており、支配階級にとって都合のよいイデオロギーである。権利意識を持つのを防ぎ、旧例ばかり重んじ、発明、創造、創意工夫など、新規な行為に価値を見いださず、一人ひとりが独立して考えるのを阻害する。高貴な身分の人ほど、ダブダブの服を着る。これは肉体労働をしなくていい人という意味であり、「労働価値説」を否定するものである。儒教は、変化の少ない停滞している社会には親和性のあるイデオロギーであろう。

近代市民社会とロシア革命の特殊性

一九七五年四月三十日、北ベトナム正規軍の戦車がサイゴン（現ホーチミン市）の南ベトナム大統領官邸に突入し、二階のバルコニーで旗を振り「永遠に平和を！」と叫んだのは、忘れられないシーンとなった。ああこれで学生運動は終わる、と心の中で感慨深く感じられた。

確かに、確信的な党派の中心メンバーは残るであろう。しかし、その周辺の幅広い一般学生は離れてゆくだろう。要するに、学生運動全体の動員力は落ちるであろう。一部の急進勢力による無謀な武力蜂起を謀《はか》るかもしれない。しかし、大波は去ったのだ。

しかも、その前から死者を出すほどの党派闘争を繰り返していた。政治活動とは、自分の意見に賛同する人間を少しでも周辺に集めることが重要なのだ。世の人間とは、それほどバカではない。これでは、自分らを支持する人間を、わざわざ遠ざけているようなものではないか。しかし、それらのことも結局は終わるだろう。なにか深い安堵感が訪れたような感じがした。

私の思考の骨太い大本に、「史的唯物論」というものがある。これを精密に論理立てて説明しろといわれても、私にはできない。大ざっぱな言い方をすれば「なるようになる」とでも表現しようか。よく知り合いに説明するとき、こんな言い方をする。水は低い方に流れる、それがたまれば池・湖になる。川に流れれば海に至る。砂漠に至れば地下水になる。一部は蒸発する。これは止められない自然のおきてだ。

人間の社会も大きな流れは同じようなものだ。人間の社会は一人ひとりの自由な行動の集積から成っている。一人ひとりは自由に行動しているように思えても、その集団にある法則、規則ができ上がり、その全体の法則に逆に自分で気付かず縛られてしまうのだ。例えば、今ではお祭りとか、特殊な場合を除き、刀を差して歩けば犯罪になるだろう。人間は押し合い、へし合いしながら進み、後ろから押されて曲がることも戻ることも、できなくなるのだ。そして、ある一定の方向に流れてゆく。

西側の国々に民主主義が拡大し、そうした国々が多くなってきたのも、そのための社会条件が整い、それが合理的な方法だからだ。人間の歴史を大きな流れのように見る。それを学んだのは、トルストイの小説『戦争と平和』からだ。

「もしナポレオンが、ギースラ河の対岸へ撤退せよという要求に腹を立てないで、軍隊に進撃を命じなかったら、戦争は起らなかったに違いない。しかし、もしすべての軍曹が悉《ことごと》く、再度の服従を望まなかったとしても、やはり戦争は起こり得なかっただろう。またイギリスの陰謀がなく、オルデンブルグ公がなく、アレクサンドル帝が侮辱されたという感じを抱かず、ロシヤに君主独裁権がなく、フランス革命とそれにつづく独裁政治と帝制が起らず、更にフランス革命を誘したすべての事情がなかったら、やはり戦争は起こり得なかったであろう。こういう多くの原因が一つでも欠けたら、何事も起らずにすんだのである。ところが、これらすべての原因が――幾千億の原因が――かの大事件を誘発するために一致したのである。従って、事件の絶対的原因というものは何もなく、事件はただ行われるべくして行われたのである。……

どんな人にも二面の生活がある。一つは生活興味が抽象的であればあるだけ、それだけ自由になる個人生活と、いま一つは人間が自己に予定された法則を、否応なしに実行する本然的、集団的生活である。

人間は意識的に自己のために生活している。けれど歴史的、全人類的目的を達するためには、無意識的な道具となって働いている。一たんおこなわれた行為は二度とかえらない。そして時《とき》の中で、他人の数限りなき行為と合して、一つの歴史的な意義をおびてくる。人間は社会的階段の高みに昇れば昇るだけ、また多くの人に結び合わされればされるだけ、ますます他人に対して権力を持ち、その行為の決定性と必然性がますます明瞭になる。」（米川正夫訳）

ここで言っている「かの大事件」とは、ロシアでは祖国戦争といい、チャイコフスキーの音楽にもなっている一八一二年のナポレオンによるロシア侵攻のことである。ちなみに、第二次世界大戦におけるヒトラーのソ連侵攻は「大祖国戦争」という。

この本の隠されたテーマは、近代市民社会とは何か、そしてなぜ、ヨーロッパの西側部分では近代市民社会は成立し、東側では成立しなかったただ。

よく共産主義社会は、市場経済なしで、資本主義経済は市場経済と表現される。マルクスは『資本論』で分析の対象にしたのは、当時、最先端の経済社会構造を成していたイギリスだ。当然、市場経済を成しており、それは疑うことなしの大前提だった。よって、ロシア革命後のソ連社会を考える場合、マルクスではなく、その教祖レーニンを考えなくてはならないだろう。その思想なり政策は、その国の社会的土壌、文化的伝統から生まれる。ソ連はその近代市民社会前のアジア的専制というツァーリ風土から生じたと考えるのが自然だろう。

こう考えてゆくと、近代市民社会というのは、民主主義とロシア革命を理解するためのキーワードになっていると私は考えるのだ。それを解明しようとして書いてゆくつもりだ。

それで近代市民社会の成立の話題に移る。最初の問題、なぜロシアでは近代市民社会が成立しなかったのか、そもそも近代市民社会とは何か？　である。その近代市民社会の説で、日本で一番有名な説は、経済史学者の大塚久雄（一九〇七〜一九九六年）の説であろう。十五世紀のイギリスにおける「ヨーマンの成立説」である。

このヨーマン、地主から安い金額で土地を借り、農業と主に毛織物工業を営む半農半工の独立自営農民、私にいわせれば農村企業家である。このヨーマンの成立をもって近代市民社会の成立とするのが、大塚久雄の説である。この説は日本の学会の総批判を浴びたそうである。どんな批判だったのか、私は知らない。大塚久雄も病気のため、積極的な反論がなされなかったらしい。

私もこの説は、イギリスの特殊な例のため、世界的な普遍性を持たず、ちょっと無理ではないかと考えていた。しかし、最近になっても、ある書物の中でこの説が書かれていた。この説はやはり力がある。そこで、その普遍性について考えてみた。ヨーマンの成立にどんな普遍性があるのか？

①まず、社会学者がいうところの経済外強制がある。主君と家来、騎士道や武士道、身分的差別、命令と服従など精神的上下関係から、企業家精神へと、経営者と従業員という金銭的契約関係へと移行する。つまり、中世的人間関係から、近代的人間関係へ移行する。

東大闘争の最初のきっかけが、医学部における人間関係が、師匠と弟子みたいな前近代的な人間関係の打破にあったように、あの時代の運動も、その権威主義打倒の側面があった。

もしヨーマンの成立のような身分制を破壊するような動きがない場合、つまり、戦前の日本の農村や、ドイツのユンカーのように農奴制的な社会構造が社会の根底に根強く残っている場合、それは軍国主義やファシズムの発生基盤となるだろう。

② そういう企業家精神の営みが農村地帯に成り立つためには、社会全体の雰囲気が、投資と利益、会計と決算、もうけと赤字などの概念に満たされなければ、ならないだろう。そこでは、小さな工場だけでなく、国家運営までもが、そうならなければならないだろう。

皇帝制や王制が近代化するための条件の一つとして、国家予算と王室予算が分離するというのがある。古代になればなるほど、皇帝の家庭予算と国家予算が、ごちゃごちゃになっていて、例えば中国なら中国という国全体が皇帝の大きな所有物になる。地方に派遣される高級官僚は、その地方の小皇帝になるのだ。こうした私服を肥やす、中国の官僚に似ている存在としては、ヨーロッパでは「徴税請負人」だろう。彼らは字義通り、税金を集める仕事を請け負い、その徴税請負人の仕事を何年か勤めると、一財産できるそうだ。

その徴税請負人を廃止し、会計監査による精密な会計の基に正確な税を徴収するシステムができているかが、その国が近代化しているかどうかを計る一つの目安になるだろう。そのためにも帳簿の記載内容が平準化し、誰が書いても、誰が見ても同じ基準で書かれていなければならない。そのためにも、会計学校が各地になければならず、この会計学校の数も、その国の近代化の一つのバロメーターになるだろう。そして、その予算や会計が、いかに国民に公開されているかも、民主化の一つのバロメーターにもなる。あの時代の、日大全共闘による、大学当局に対する使途不明金の追及も、その近代化の流れの中で見なければならないと思う。

ちなみに、世界初の複式簿記の教科書といわれる、ルカ・パチョーリ（一四四五〜一五一七年）著の『算術、幾何、比及び比例全書』＝略して『スムマ』がイタリアで出たのは一四九四年である。資本制生産様式が発展するというのは、国民一人ひとりが商品経済に巻き込まれ、商人的になることを意味する。

資本制生産様式というのは、工業・農業の生産力が爆発的に増え、その上に乗っかかる新たな職業が、量、種類とも増大することをいう。弁護士、会計士、それらの事務所、スポーツ、観劇、映画、テーマパーク、旅行などの娯楽産業、鉄道、自動車、飛行機などの運送の仕事、製造業だけでなく保守、修理産業、それらの学校などなど。これからますます物質としての商品だけでなく、エンターテインメント、旅行など、参加する、体験するなどへの消費が増大してゆくに違いない。

中世というのは、人生の選択肢の種類が少なく、現代になるにつれて、職業の種類が増え、もし結婚というものが人生の選択と関連しているとすれば、家と家の結び付きではなく、ますます独立した個人同士の結び付きとなるだろう。そして人間の住む場所、別の職業への移動が増大し、一人ひとりの職業間の流動性が高まるだろう。ますます個人主義、移動の自由、個人の権利意識の高まりがあるだろう。

とまあ、大塚久雄の説を軸に、私の考えを加えて書いてきたが、くどくて重なる部分もあるが、私の独断を強く出すと、次のようになるだろう。

その前の時代、封建社会といわれる社会を倒すほどのエネルギーを持ったものは何だったのか。具体的にいうと農奴制、奴隷制、徒弟制度などを破壊したのは、何だったのか。これを社会学的にいうと、生産現場に、身分の違い、主人と家来、親方と弟子などという経済外強制がかつてあり、それを打倒して進んだのは何だったのかと考えてゆくと、解明しやすいだろう。

一番分かりやすい例はアメリカの南北戦争だろう。南北戦争とは、工業的北部と農業的南部との闘争である。大工場で働く労働者は農村からくる。だから、職業選択の自由、移動の自由のない奴隷制、農奴制を打倒しながら初期産業資本はまい進したのである。都市部では、ギルドと闘い、経営規模の拡大、営業の自由、創造の自由などを勝ち取り、古い支配階級に勝る勢いを増し、それらを圧倒しながら現在につながる社会構造を構築してきたのである。一言でいうと、中世的奴隷制、農奴制、徒弟制を打倒しながらまい進したのは近代産業資本である。

しかし、それに伴って、公害やエンゲルスの『イギリスにおける労働者階級の状態』に見られるような深刻な労働問題などの副作用があったことも忘れてはならない。それらと苦闘した良心的な人々も、近代市民社会をつくった重要な要素だろう。火は人類にとって便利であるが、火事などの副作用を伴う。だからといって火を使用すべきでない、という人は、まずいないだろう。ここではあまり触れなかったが、村落農業共同体や宗族内における階級も、忘れてはならないだろう。

しかし、何といっても、民衆に最大の苦難を与えた副作用は、植民地問題と戦争であろう。われわれの闘いは、そうした副作用と闘った人々の意志を継ぐことでもあった。

これまで見てきたことを総合的に考えると、近代市民社会というのは、産業革命以降の高度な産業社会のことをいう。ヨーロッパの西側では、経済の自然な変動として下からマグマが隆起するようにして、支配構造、社会習慣が変化していった。

しかるに、その近代産業資本、別の言い方では、ブルジョアジーの勢力が古い勢力よりあまりにも弱いならば、近代化のためには、支配階級に属してはいるが進歩的イデオロギーを持った者が、上からの改革として、それを行わなければならないだろう。その一つが、南北戦争と同時期に行われたロシアにおける農奴解放令である。これにより農民の出稼ぎが増え、ロシアにおける工業の飛躍の時期を迎える。それにより若い農民所帯が独立した家計を持つことが可能になり、大家族が崩壊し始めた。

現代に近づくにしたがって家族は核家族になる。

近代化＝近代市民社会の成立というのは、日本の村八分のように農村共同体における古い習慣やおきてを破壊することでもある。それが、もっと広い空間で行われたと考えられるのが宗教改革であろう。宗教改革の必要条件は二つある。一つは聖書を一人ひとりが直接読めるようになるための識字率の向上である。もう一つは、聖書を一人ひとりが直接手にすることができるための印刷術の発展である。こうして一人ひとりが独立した考えを持つことが重要である。ロシア革命当時、ロシア国民はほとんど文盲だったことは知っているであろう。

ブルジョアジーも弱く、近代化の条件は極めて弱かった。だからロシアの改革は、常に上から行わなければならなかった。ロシア革命もその一つだと私は考える。確かに、ロシア革命時、うねるような大衆のエネルギーの奔流があった。ロシアの民族性として、熱狂的な民衆の動きがあると思うと、いつの間にか眠りに就き、すべてに受身になってしまうというのがある。ロシア正教の崇拝の対象が革命政府の主席に移ったと考えると分かりやすいのではないか。これが宗教改革のなかった国というものだろう。

ここまで見てきたことの重要なことの一つは、ヨーロッパの西側部分では、商業＝流通が盛んである。したがって、商業資本の蓄積が盛んで、産業革命が起こり、その振動による囲い込み運動によって農業共同体が解体し、しかも大家族制も次第に核家族に近くなり、それによって個人主義、近代的自我の確立などが進んだ。

ヨーロッパの西側では、都市の自治、宗教改革、産業革命などによって、自然な形で近代市民社会が成立してきた。しかるにロシアでは、その条件がなかった。そして、そのロシアから生まれたソ連の援助によって独立した被抑圧国が、ソ連が唯一のモデルのように思い至り「社会主義による国つくり」を始め、その教条主義から抜け出すにあたり、混乱したりする。ソ連というのは、ある特定の条件から生まれた体制であって、絶対的な体制ではなかったのだ。

第二章　ヨーロッパの農業形態と産業革命

三圃制農法の成立

もし、この世に人間が自分一人しかいないならば、自分は頭がよいのか悪いのか、背が高いのか低いのか、美人なのかハンサムなのか、貧乏なのか金持ちなのか、何国人なのか、自分が何なのか、分からないであろう。自分以外の人間がいることによって自分というものがわかる。自分以外の他人は自分にとって鏡であり、だからここでは、国と国、地方と地方との比較の方法をとる。ロシアとヨーロッパの西側にある国々との比較、農耕民族とその他の民族との比較というふうにである。

この場合注意しなければならないことは、Aの側は正しくて、Bの側は間違っている、というふうに考えてはいけないということだ。絶対的な基軸はないということである。

ロシアに何があって何がなかったか、逆にヨーロッパの西側の国々に何があって何がなかったか。それらを比較することで、なぜ、ロシアに革命が起こったのか、なぜ、ヨーロッパの西側の国々にロシア革命型の革命が起こらなかったのか、というようなことが分かるというものである。

ヨーロッパに農業以外の、工業、商業に従事する人間がこれほど増えたのは産業革命以降である。

それまで圧倒的大多数の人間は農業人として、農業を基盤として生きてきた。それ故、まず最初にヨーロッパの農業形態の基本をとらえる必要がある。

ここに格好の本がある。『フランス農村史の基本性格』（マルク・ブロック著）である。この本をもとにして、できるだけサラリとゆきたい。私は大学人でもなく、なおさら学界の人間でもない。専門的に細かいところに入ってゆくと私には手に負えなくなる。ここの箇所だけではないが、あくまでも、大筋を捉えるようにするので、読者の方も、そのつもりでお願いしたい。

ヨーロッパの農業史を大きく分けると、三圃《さんぽ》制農法の成立（九五〇～一一五〇年の二百年間）――囲い込み運動による三圃制の崩壊（十八～十九世紀）となるであろう。簡単に図式化するとこうなる。

三圃制以前――三圃制――三圃制以後

ということは、三圃制とは何かを説明すれば、大ざっぱなヨーロッパ農業史がわかるというものだ。後々まで残る最も強固な三圃制である開放・長形耕地で説明しよう。ヨーロッパ人は麦と肉を食べる。そして麦は栽培すると一年で、著しく地力を損なう。そこで、土地を三つの耕区に分け、第一の耕区は冬穀（小麦・ライ麦など）、第二の耕区は夏穀（大麦・エンバクなど）、第三の耕区は休耕とし、家畜の共同放牧をして雑草を食べさせる。家畜の排泄物は肥料になる。そして地力を回復させる。麦は地面から高く刈り取られる。下の方を家畜に食べさせるためである。その次の年は第一の耕区は夏穀、第二は休耕、第三は冬穀というようにずらしていく。三年で一回転する。

【図1】これはあくまでも基本形であって、二圃制だったり、それの混合だったり、他にも派生形があるようだ。くどいようだが、大筋でいく。

そして次ページの【図2】を見れば分かるように、細長い耕区をAの家の部分、別の部分をBの家の部分にする。同じようにC…D…Eとなる。

なぜ、一つの耕区が細長いかというと有輪鉄製重量犂《すき》を使用するからである。有輪鉄製重量犂とは、牛とか馬、数頭に犂を引かせて、土地を掘り起こす。車輪がついているので真っすぐは何の問題もないが、方向転換する場合曲がりにくい。それでなるべく直線を長く、方向転換は少なくなるよう、長方形の長形耕地になる。

ちなみに車輪が付いてない犂を使う地方は不規則耕地になる。馬や牛を一頭も所有していない農家もあるし、数頭所有している農家もあるだろう。その場合、Aさんの家は二頭とか、Bさんの家は一頭とか、家畜を出し合い、共同で作業する。家畜の数で農家の貧富の差が出るであろう。

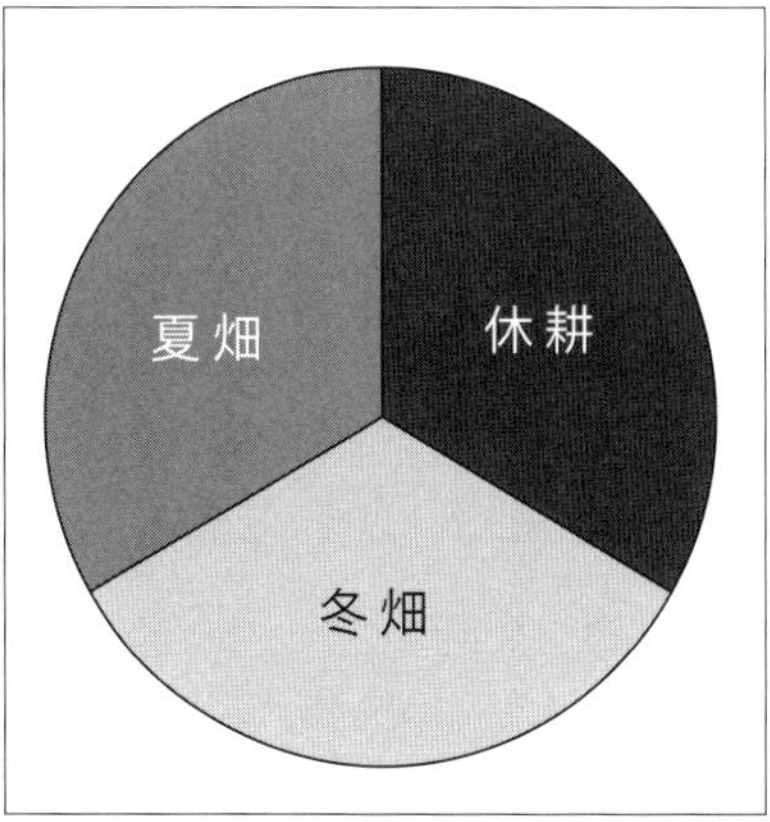

図1　三圃制農法

なぜ、Aさんの家の割り当て地が点々と離れているかというと、自然災害や盗難にあった場合、同時に一挙に全滅しないようにしているである。それは災難を軽くするためである。また土地によって肥えていたりいなかったり、ある作物に適していたりいなかったりするので、こうした位置による不平等をなるべくなくする。条件を平等にするという意味もある。

そして、地方によっては毎年、所によっては数年ごと、Aさんの家、Bさんの家、Cさん……の家の土地の場所と広さを変える。これを割り替えという。口数に応じて、つ

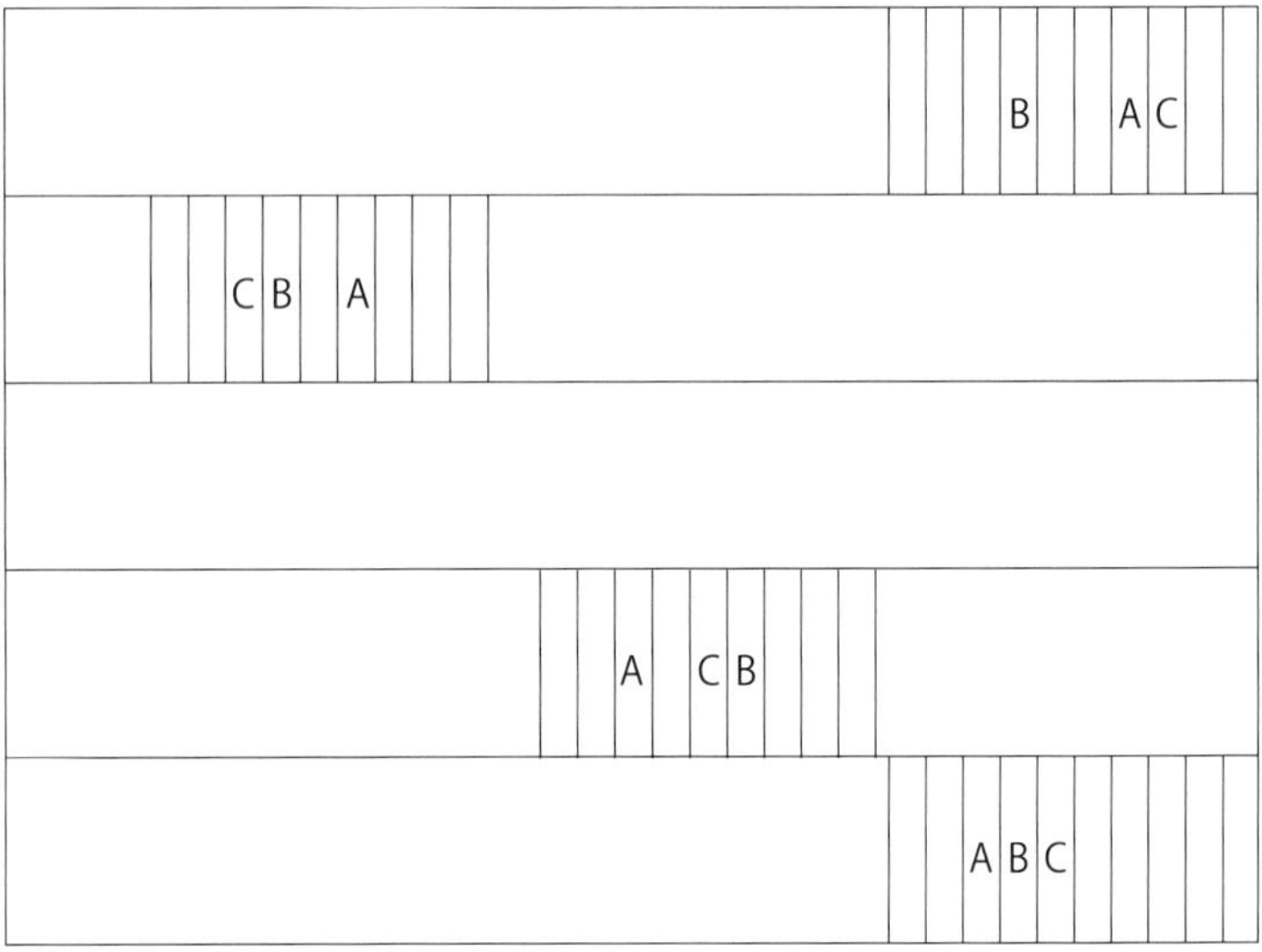

図２ 土地を A,B,C…と場所と広さを変える

まり幼児でも働けない老人でも、食べる人数を基本として土地を分配する地方もあり、働ける人数を基本にして土地を分配する地方もある。また何年も全く割り替えしない地方もあり、その地方では農民は代々、その土地を保有している気分になってしまう。煩雑に割り替えする地方は、ほとんど施肥しない。次の年も、その土地部分が自分のものであるか保証がないからである。

なぜ、「開放」というかというと、さえぎる物がないという意味である。柵や石垣で耕区一つ一つが、囲われていないということである。もし柵を作る人がいるなら、たちまち隣近所の人によって引き抜かれるであろう。「ここは、俺のもの」と主張できないわけである。また人間の手が加えられない場所、つまり耕作などしない場所、山林、荒無地、沼沢地などは共有地として共同で利用する。日本でいえば入会地に当たるであろう。また時と所によっては、一つ屋根の下に数世代が住み、一つ所帯に数組の夫婦と数十人の個人が住んだ。つまり、一所帯に今では考えられないぐらいの大人数が住んでいたことになる。このことは、ロシアの農戸を見るとき、再度振り返ることになる。

こういう三圃制では住居部分と耕す部分が明確に分かれて、住居部分が一カ所に集中して、つまり集住の必要がある。三圃制が成立したころに徐々にだろうが、村落というものが成立したと考えられる。また、それによって農業の生産力が上がり、都市が成立、発展しだした。産業の分業というものを考える場合、最大の分業は農業と自分で食料を生産しない人々、つまり都市との分業であろう。

もし村落というものがないとしたら有名な絵画、ブリューゲル（?〜一五六九年）の「農民の踊り」もなかったのではないか。念のため言っておくが、三圃制以前にも都市や氏族的村落共同体などが存在する。ここで述べているのは、あくまでも歴史の骨格であることを了承してほしい。

かつての人々は、大塚久雄的言い方をするならば、封建的＝共同体規制の中に住んでいた。共同放牧、耕地強制、囲い込み禁止などである。つまり集団の一員として生きていたということである。税も個々人、一所帯ごとではなく、一つの集団的まとまりを単位として掛けられていた。道徳、習慣も集団的だった。個々人の自由よりも集団の意志に縛られていた。習慣がいつの間にか法律のように作用するのをマックス・ヴェーバーは習律と言ったが、個々人は集団の習律の中に、がんじがらめに縛られて生きてきた。確かに、共同体的規制というと、横方向からの規制というイメージがあると思う。しかし、これに加えて縦からの規制が加わる。

一番イメージしやすいのは農奴であろう。農奴は結婚も自分の自由にならない。移動も自由ではない。勝手に他の領地に移動すると逃亡とみなされる。そして、何よりも身分的に差別された存在なのだ。誰が権力を握っているかを考える場合、誰が裁判権を握っているかが一つの大きな目安となるであろう。

中世の裁判制度は、大きく三つに分類できる。王立（国王）裁判、宗教裁判、領主裁判（荘園裁判、ロシアでは郷裁判）である。荘園裁判は裁判集会とも呼ばれ、農民自身が陪審員を選び、自分たちで裁判する制度である。領主は、自分が支配権を握っている領地では、自分が裁判権を握っている。罰金として徴収された金は領主のものになる。中世の裁判はもうかるものなのである。しかし領主といえども習律によって行動に規制がかかるから、それほど凶暴なことはできなかったらしい。

ここで中世という言葉が出たが、近世もあるのではないか。中世と近世との境はどう判断するか。何よりも中世の定義とは、となると学術書的になるので、あくまでも読者のイメージのまま、王様がいて、お姫様がいて、騎士がいて、農奴などの貧しい農民がいて……と考えていただきたい。封建的という言葉もおなじである。封建制とはそもそも、王が臣下に封土を与え、みかえりに臣下が王に忠誠を誓う制度のことだが、ポーランドには封土が無く、よって封建制がなかった、などという説もある。またほとんど郡県制だった中国の共産党も封建的という言葉を使っているように、学問的に厳格にすると学術論争的になるので、封建的という言葉は、ここでは映画フーテンの寅さんのいう「おいちゃん、それ、フーケン的じゃねえか」というぐらいの意味に理解するとしよう。

そして、その封建的＝共同体的規制が壊れる日が来る。囲い込み運動である。それをもたらしたのは、産業革命だった。世界で最初に産業革命が興り、世界の工場になり、当時世界で最先端の社会構造をもち、アダム・スミスを生み出し、マルクスも分析の対象にし、一番強烈な囲い込み運動になったイギリスの例で説明しよう。その他の国、例えばフランスでは、イギリスに比べ緩やかな社会変動だった。

イギリスの産業革命と三圃制と村落共同体の解体

産業革命は最初、繊維産業から興った。現在のように産業革命の成果がほぼ全産業に行き渡るには、時間がかかった。羊毛が多量に必要となり、羊毛を多量に生産し、売ればもうかるようになった。領主すなわち本来の地主、もしくは、有力な農民が領主から安く土地を借りて、休耕地、共有地などを利用して羊を大量に飼うようになった。すなわち牧場化したのである。そしてそのために、飼料の栽培を多量に行う必要がある。

別の言い方をすれば、飼料の栽培業は、牧場主に売ればもうかるようになる。休耕地や共有地を飼料の栽培にあてる人も出てくるであろう。そのためにも、共同体による家畜の共同放牧を停止させなければならない。

放牧させる家畜は、本来の地主のみの家畜、もしくは有力農民のみの家畜だと彼らは大もうけする。また麦などの栽培を止めて、全部、羊の牧場にしたり、牧草地などにしようとする人もいるだろう。そのためには、村人を追い出さなくてはならない。人間の代わりに、羊ということである。こうして三圃制と村落共同体は解体した。多数の農民は、都市に流れ込んだ。そこで、貧民窟を形成する。マルクスのいう、資本制生産様式成立のための必要条件の一つである、自由な労働者が出現する。

以後、これら貧民窟の人々は、怠け者、脱落者として人々の目に映るようになる。ただの社会変動の犠牲者なのだが。彼らはやがて偉大な作家などによって光をあてられるようになる。たとえばフランスではヴィクトル・ユゴーの『レ・ミゼラブル』、イギリスではチャールズ・ディケンズの『オリヴァー・トゥイスト』、映画ではD・W・グリフィスの「散りゆく花」などがある。文学などの芸術が社会に与えた影響は深く鋭い。

ここまで読んでなんと粗雑な説明なんだろうと思う人もいるだろう。例えば、共同体は伝統、習慣によって強く守られてきたはずではないか? 領主といえども、習律によって行動を制限されてきたはずではないか? よって共同体解体は、実は長い社会変動によって徐々に準備されてきたはずだ、という考え方である。おそらく専門家の間では、この考え方の方が強いのではないだろうか。しかし、あまりに細かくここで触れると専門的になりすぎるので割愛する。

ただ二つのことは、触れておきたい。一つは、主にイギリスの例だけでなく、大陸側でのことだが、三圃制は農学の進歩よって、休耕地をなくすことによっても、崩れ始めたという事態である。ある種の作物を休耕地に植えることによって次の年の小麦の収穫がむしろ増えることなどが知られるようになった。休耕地をなくし、作物の種類、植える順序の工夫によって、収量を何倍にも増やすことが広まり、これらがなければ、後の時代の都市に大工業が生まれ、多量の労働者が集中することもできなかったといわれる。

この農法が最初に広まったのは、ヨーロッパの先進地帯、現在のベルギーあたりのブルージュを中心とするフランドル地方といわれている。この地方は農業だけではなく、商工業でも先進地帯として重要である。当時まだ後進国で、フランドル地方などへの原料供給地だったイギリスに、一四八八年ごろから規模は小さいが第一次囲い込み運動が起こる。

二つ目は、なぜ、現代工場のはしりのような工場が、都市ではなく農村地帯に広まったのかということだ。さまざまな説があるようだが、最も有力な説は、都市ではギルド規制があまりにも強過ぎ、新しい産業がなかなか割り込んでいけなかったという説である。今でいう、規制緩和ができていなかった。しかも、農村でも既に共同体規制が緩んでいて、大商人の買占めなどに反対する売買自由の闘争などがあり、共同体内外との交易がかなり自由になってきていたとの説だ。

アダム・スミスの『国富論 2』によると、水運の便や、都市から遠い農村地帯では、原生産物の余剰部分を、市場まで運ぶ費用が掛かり過ぎ、それを、かさは小さくてもより洗練改良された商品にして運ぶと、運賃も節約され採算が取れるようになるからだとしている。三圃制による村落共同体とは、ロシアでも触れるが、あくまでも比較的にであるが、現在の私たちよりも自給自足的色彩が濃い。歴史を図太い素描で描くと、三圃制と村落共同体の崩壊とは、個人主義と売買習慣の勝利といってよい。そのためには、裁判や議会などで最終的に、売買自由、個人主義勝利などの決定が行わなければならない。裁判や議会などは持てる者が握っていた。

ともかく、囲い込みとは、柵や石垣などがない開放耕地に、「ここは、俺の物」と柵や石垣を作り「無用の者、立入禁止」とすることである。そのためには、伝統習慣が毎年、粘り強く、徐々に、確実に変化していくことが必要であり、それは正に生き方そのもの、人生観そのものの激変と言ってよい。むろん、その中にも、「いつの世にも、変わらぬものがある」ということも含んでであるが。

「わが国（ロシア）には、中世の都市文明はなかった。宗教改革もなかった」。実はこの文章はトロツキーの『ロシア革命史』の中にあって、それを引用するため、正しい文章を確認しようと思って探したが見つからなかった文章である。そこで、次のことに思い至った。『ロシア革命史』の内容を自分なりに解釈して、自分で作った文章ではないか。だとしても、われながらよい文章なので、そのまま使う。ちなみに私が持っている『ロシア革命史（全六巻）』は角川文庫版（山西英一訳）で学生時代に買った。今は、新しい訳で岩波文庫で読めるが、それは読んでいない。

ここでいう、中世の都市文明とは何か。これは商人、手工業者が同職組合＝ギルドをつくり、都市を自分たちで治める、つまり自治都市のことである。イメージとして、わが国の戦国時代の堺を思い浮かべるとよい。そうなるには、商人、手工業者が力をつけなければならず、そして、都市領主とも闘わなければならず、簡単に自治が確立したわけではない。また領主と闘うには、領主の力を抑え、また商工業者から特許状などの形で税を取り、領主のライバルである国王と結びつくなど、政治的にもうまく立ち回らなければならない。

「都市の空気は自由にする」。これは中世の言葉だが、ギルドは同業者の水平的な横のつながりが強く、縦の封建的な抑圧が弱いということであろう。こういう自治都市は、独立、自治を守るために、外部のそれを脅かす勢力と闘わなければならなかった。私が注目しているのは、一千年以上にわたり、地中海貿易の覇者として君臨し、以来、君主制ではなく共和制を最後まで貫いたベネチア共和国である。詳しくは、『海の都の物語・ヴェネツィア共和国の一千年（上下）』（塩野七生著）を読まれたし。これは大変よい本だ。

産業革命以前、つまり鉄道が登場する以前、いやもしかして今でもそうかもしれないが、人、荷物を運搬するのに最も便利なのは水運、すなわち船であろう。地中海というのは太平洋・大西洋などと比べ、波や風が穏やかで海というより湖に近く、海運に適している。むろん、ヨーロッパには、川幅が広く、高低差が小さく船の行き来に便利な川もあり、それらが人の交流、物資の流通に役立ったのはいうまでもない。イタリアを思い浮かべると、地中海にニョッキリ足を突っ込んでいる。この地の利がイタリアに自治的海洋都市国家を栄えさせた原因であろう。

ヨーロッパ全体を俯瞰して見ると、イタリアのイメージは、日本でいうと史上常に先進地帯であった畿内のイメージであろう。そして、海洋都市国家として、常にベネチアのライバルであり続けたジェノバ、その二大海洋都市国家に挟まれた地帯であるミラノを中心とするロンバルディア地方、ここはイタリアの、いやヨーロッパの先進地帯であったといわれる。鉄製農具の普及度も最高だった。農奴制がヨーロッパで最初に崩れ始めたのも、ここロンバルディア地方だといわれる。

ここがなぜ、先進地帯となりえたか。私は、ベネチアとジェノバという二大海洋通商都市の後背地だったことが大きいと思う。ベネチアで最も大きな力を持っていたのは、遠隔地商人だ。今でもミラノコレクションが有名であるように、遠くオリエントまで持っていく商品を作ったり、またヨーロッパ内陸への輸送路にもあたり、いくつもの運河がポー川水系と結ばれ、またミラノ以外でも小さな都市が点在する。

一一七六年、ミラノを中心とするロンバルディア都市同盟の市民軍が神聖ローマ皇帝（バルバロッサ）軍を破った戦いはオランダの独立、フランス革命などの先駆となったもので、いわゆる市民層（第三身分）が、土地を基盤とする上層身分を打ち破った歴史的出来事だった。アダム・スミス著の『国富論 4』の注に、こうある。

「ロンバルト Lombart は、ここでは質屋の別名だが、ドイツだけでなくイギリスでもフランスでも金融業一般についての名称がつかわれる。一三世紀のロンバルディアに業種の起源があるという理由からである。ロンドンのロンバード・ストリートも、同じ性質の名称である。」（水田洋監・杉山忠平訳）

ヨーロッパ北部では、ハンザ同盟が有名だが、なぜこうした商人・手工業者の都市が、農業を地盤とする勢力とは別世界をつくったのか。

ここで視点を変えて、農業共同体から発生し、次第に専業化し、まるで別民族のようになってしまった遊牧民族の例で考えると、分かりやすいのではないか。手工業者も同じように、農業共同体内で手工業をしていた人が、次第に専業化し、商品を作るようになり、都市に集住するようになったと考えられている。都市が衰退し、農村地帯に逆流した時代もあると考えられるが、大ざっぱに捉えてほしい。

遊牧民族と農耕民族の違いは何か。まず遊牧民族は一時的な土地の占有にはこだわるが、所有はあまり問題にしない。農耕民族は、どのくらい広い土地を所有し、子孫に相続させるかが最大の問題となるであろう。それによって、政治的力、身分、貧富の差が決まり、一寸の土地でも争い、奪い合い、その土地を守るために、もっと広い土地を所有している強い力の者と連合し、臣従し、相続を受けた子孫が頭が弱くても、それを支える宰相、丞相《じょうしょう》などが、優れていればよい。つまり、土地の相続が重要なのだ。

遊牧民族はそうはいかない。彼らは常に動いていて、家畜の病、移動中の安全、農耕民族との摩擦、他部族との争いなどで、危険と隣り合わせであり、リーダーの統率力、判断力、経験、知識などが、彼らの運命を決定するであろう。財産も常に持ち歩くようにして、腕輪、イヤリング、首輪などが重宝される。宗教も仏像やマリア像など、大きくて重い偶像を持ち運ぶものはなかなか根づかない。何もない所で聖地の方向に拝跪するのが便利だ。貧富の差は家畜の数によって決まると考えられるが、それでも限りがあり、それほど貧富の差はない。

農耕民族は、地主、小作人などと、階級に分かれるが、遊牧民族は、仕事の内容も老若男女の別はあろうが、ほぼ平等の仕事である。彼らは身分的にも、ほぼ平等に近い。こういう社会は宗教的にも、僧侶階級というのは存在しずらい。農耕民族は一定の場所にとどまっているので、人間関係も地縁でまとまる。動き回っている遊牧民族は血縁でまとまるし、氏族的つながりで部族を構成する。ここでいう氏族とは、「共通の先祖を持つと信じられている血縁的集団」とでも、捉えてほしい。それに土地の相続より、家畜の相続が重要になる。

テレビでカシミール地方の遊牧民族が移動するのに、カメラマンが同行するドキュメントを見たことがある。彼らは夏と冬に放牧地を変えるので、毎年必ず行き来しなければならない。途中リーダーがカメラマンに向かって「もっと安易に考えていたんじゃないかい。命がけなんじゃよ」などと言っていた。確かにそれは命がけだった。特に幼い子供にとっては。引き返すか、別ルートを辿るか、強行突破するか、一瞬の判断の誤りが彼らの命取りになる。だから部族長は一種の選挙制で選ぶ。ジンギスカンも部族長会議《クリルタイ》で選ばれてリーダーになった。米軍などがアフガニスタンに侵攻し、かつての政府を倒し、新しい大統領を選ぶ際に、伝統的なロヤ・ジルガ（国民大会議）なるものを開いていた。

彼らは、穀物の大部分、その他身近に使用するものは自分たちでは作らない。農耕民族と交易する。人類史上、最初に交易を始めたのは彼らだろうと言う人もいる。中国の歴史で漢民族は自分たちは何でも作れるから遊牧民もそうだと思い、遊牧民との交易を禁止した時代がある。結果として交易を要求した北方民族に何度も侵略され悩まされた時期がある。これなども交易を認めさえすれば収まることなのにと思ってしまう。

彼らが馬を乗りこなすようになってから管理できる家畜の数が格段に増え、軍事的にも多数の兵を素早く集中できるようになった。駅伝などで大帝国を築くようになり、農耕民族を悩ますようになったが、最終的には物を作る、作らないかが運命を決した。銃をはじめとする武器である。

国民国家の時代になり国境ができると、彼らも自由に移動できなくなった。物を作らないと書いたが、小さい畑を持っている人々もあり、移動する時は小《こ》人数を留守番として残しておく。かつての匈奴《きょうど》は精工な工芸品を持っていた。あくまでも〝比較として〟と考えたい。あまりに農耕民族と放牧民族との違いの記述が長くなりすぎたようだが、農業を基盤とする人々と商工業を基盤とする人々の違いを分かりやすくするために、明らかに別民族と考えられている農耕民族と放牧民族を例にしてみた。

つまり、商工業に従事している人々が、産業革命後、爆発的に増え、新たな商工業民族というものが社会の主人公になったと考えると、現代の社会を考えるうえで分かりやすいのではないかということである。

なぜ、ロシアに近代市民社会は成立しなかったのか

本題に入る前に、ちょっと横道に入りたい。私は、学生時代にある理由から、あるセクト（党派）に同盟員として入っていたが、別のセクトの学生や、反対の立場の学生から、いろいろ論争を吹っかけられた。これも、ある理由から、面倒くさいなと思いながら適当に答えていた。ある理由とは後に明らかにするが、それでも特に、ロシア革命とは何か、スターリン時代とは何か、とは自分にとっても重要な問題だった。「ロシアには近代市民社会の成立はなかった、それがスターリン時代を生んだ」と答えると、相手は何となく納得しているようだが、実はこの答えは、全てを言ってるようで、何も言ってないのと同じである。

近代市民社会とは何か、なぜ、ヨーロッパの西側部分に近代市民社会が成立し、なぜ、ロシアに近代市民社会は成立しなかったのか、というようなことを述べないと答えにならない。それを説明するために、長々と本稿を書いている。

さて本題に移る。

「都市の空気は自由にする」とは中世の言葉だが、農村の不自由さと都市の自由さは、どこが違うのか、分かりやすくした方がよいと思う。以下は主にいずれもジョゼフ・ギース／フランシス・ギースの『中世ヨーロッパの都市の生活』、『中世ヨーロッパの農村の生活』、『中世ヨーロッパの城の生活』、『中世ヨーロッパの家族』、『中世ヨーロッパの騎士』などを参考にした。

農民に掛かる税は、もともとは地代である。その地代は税の形となって、必ず支払わなければいけない義務となる。「地代は税と呼ばれる」と言った方が分かりやすいかもしれない。大きく年代順に

分けると三つになる。労働地代⇩現物地代⇩貨幣地代である。これを日本に例えて歴史的に古い順にいうと、賦役《ふえき》⇩年貢⇩所得税とすると分かりやすい。しかし、現実の歴史は、このようにきれいに順序だっては進まない。むしろ中世では、これらの三つの税が、ごちゃ混ぜになっていると思った方がよい。そして一見地代に見えないものも、人頭税みたいに農奴、農民に課せられる。緊急に臨時だという税が次の年にも課せられ、それがいつの間にか習慣的に恒常的な税になってしまった例もある。

結婚するには承認料が必要だし、相続税としては、金のほかに一番上等な家畜を納めなくてはならない。死亡税としては領主への上納金のほかに、故人が飼っていた二番目によい家畜を教会の司祭に納めなくてはならない。中には荘園外居住税、農奴の保有物のあらゆる移動に対して課税する権利というものもある。日本でもヨーロッパでも農民一揆が要求するものはさまざまであるが、しばしば争いの種になるのが賦役である。週に何日かは領主直営の畑を犁耕《りこう》しなければならないし、刈り入れ、脱穀、選別の奉仕、道路、橋、屋根、壁、城の修理、羊を洗い、毛を刈り、糞を提供するなど、ありとあらゆる細々とした賦役がある。

そのほかにも、製粉するには、領主の管轄する水車小屋にある製粉業者を使わなければならず、パンを食べるにも決められたパン製造業者に頼まなければならない。むろん、それによって領主のポケットに金が入る。だいたい農奴などは、勝手に荘園外に出ると逃亡とみなされ犯罪となる。結婚も自由にできない。荘園外の人と結婚した場合、その子供がどちらの荘園に属するか問題になるし、嫁に出した方は農奴が一人減ることになるであろう。農奴＝人間家畜と考えると分かりやすい。

都市で商工業をする場合、最初は領主が個々人に特許状を与えていたが、次第に商工人全体を一塊とみなして特許状を与えるようになった。しかし、一年に一回、特許状という税を払うと、農村地帯にみられるようなありとあらゆる税からは自由になれる。特許状イコール税と考えると分かりやすい。

細々とした規則やルール、リーダーなどは商人たちが自分たちで習慣的に決め、いわゆる自治が行われるようになる。自治を求めるため闘わなければならなかったり、容易ではなかったが、最終的に自治を勝ち取ることができたのは、隠された大きな理由が二つあると思う。

一つは、商工業者は都市にまとまって生活しているから、兵力の結集が容易であること。都市と都市が連絡しあうと大兵力も可能だ。豊かになった都市は傭兵を雇うこともできるようになる。都市の上層民にしてみれば、傭兵を雇った方が、下層民に武装されるより安全と思ったかもしれない。商工業のプロにしてみれば、軍人もプロにした方が良いと思ったかもしれない。

二つ目は、それまでの土地や農業を基盤とする支配層にとって、商工業を支配する困難さである。アラビア数字を使い、複式帳簿が普及し始めると、それらをチェックするためには、字を読み、書き、計算でき、帳簿を理解できる人間を多数用意しなければならない。その他にも、ちょっと考えただけでも、複雑怪奇なことはいっぱいある。まず度量衡《こう》である。今みたいに国際的なメートル法などはない。地方、地方、地区、地区によって度量衡が違うし、都市と都市によっても違ったりするであろう。通貨鋳造の権利を持っている都市もあちこちにあり、それぞれに違った通貨を交換するには、国際標準通貨なるものを考え出さなければならず、交換比率を知っていなければならない。

遠隔地商業ともなるとさまざまな言語が飛び交い、当時ヨーロッパの共通語とでもいえるラテン語や、はては異教徒のアラビア語なども話されていただろう。契約書などは、どの言語で書かれていたのだろうか。契約書の日付もある。

今みたいに国際標準時などない。同じヨーロッパの中でも、各地方によって、今年は何年という年数が違うし、いわんや月日も違う。ましてや遠いアラビア方面では商習慣も違う。そうした別々の商習慣を知らなければならない。さまざまな分割払いもできてくるし、短期的な会社組織の原型のような「コメンダ」、ベネチアでは「コレガンツァ」と呼ばれるような商売の仕方も出てくる。現在の銀行の原型みたいなのも出てくるし、ベネチアでは、貨幣の出し入れをしない、「バンコ・ディ・スクリッタ」（書く銀行）といわれる帳簿に数字を書き入れるだけの銀行も出現する。手形の割引きの原型も出てくる。海上保険なども普及してくるし、今では裁判になるような、遠く離れた商人同士のトラブルなどは、どうするのだろうか。ちょっと考えただけでも、単純な頭では到底都市を支配しきれるものではない。

農村から都市に逃亡し、一年と一日住むと農奴身分から解放され、都市住民と認められるというような習慣も定着し、特にイタリアでは、その富と人口増によって次第に自治による都市国家になってゆく。だいたい、商人は各国を自由に動き回れないと、商売はできない。逆に商工業者の自由な自治があったからこそ、高度な商工業技術が発展したと言えないこともない。かつての土地を基盤とする支配層が、もし商工業をも支配していたら、このような発展がなかったに違いない。商売をなんにも知らない人が、商法をつくるようなものだ。

かつてのソ連において官僚が商工業を支配しようとして、うまくいかなかったのも、同じようなものか。官僚に適している人と、商人・経営者に適している人は違う。歌手に適している人と、スポーツに適している人が違うように。商人には抜け目なさ、才覚が必要である。官僚には官僚として別の能力が必要であろう。農業に適している人と、商業に適している人も違うであろう。

前にも書いたように、市民層が自治を勝ち取る場合、国王が味方したりした。領主層の力を弱めるためである。敵の敵は味方である。特にイタリアの場合、有名な『ロミオとジュリエット』にみるように、都市内外の党派闘争が激しくて、イデオロギー上の対立より、敵の敵は味方のような動きが激しい。

中世における自治都市のことを書いたが、注意しておきたいのは、同じ自治都市でも成立の仕方、歴史が違っており、全ての自治都市に、ここに書いたことが、そっくりそのまま当てはまるわけではないということである。例えば、北方のハンザ諸都市では、最初は貴族などが住む政治・消費都市の都市外壁にひばりつくように、商人・工人が居住区を作り始めたのが出発点であったのに対し、イタリアの諸都市では初期のころから商工人らと貴族などが市内で協力、同盟し合って自治都市をつくり始めた。おそらくこれは、イタリアの貴族などが起業家精神が旺盛だったからではないか。

そして裕福な商人が土地に投資し、農村地帯に進出し始め、領土を広げ都市国家になってゆく。フランスの場合などは、パリなどのように国王の威信が直接届く所と、遠く離れて国王の威信が届きにくい地方などは都市の姿も違ってくる。国王が都市の味方をしたと書いたが、「ドイツにとって国王に当たるのは神聖ローマ皇帝である」と捉えると、宗教改革にも絡んできて、神聖ローマ皇帝は都市の自治には、むしろマイナスに作用した。都市に敗れて自治を認めなければならなくなると逆にプラスに作用するようになるが。興味のある方は中世の都市の研究書が各種出ているので、そちらの方を参考にお願いしたい。

「支配には、何らかの精神的権威が伴う」。これはマックス・ヴェーバーの言葉だが、ヨーロッパ世界最大の精神的権威とは、ローマ法王を頂点とするカトリック教会であろう。地獄、破門、告解などの恐怖や奇跡、病の治癒などによって、人々を精神的に支配し、世俗的支配層も王や皇帝に即位するとき、聖職者による戴冠・塗油などで宗教界の権利を利用した。即位するときには、神の祝福・承認が必要だった。王権神授説は、それのイデオロギー化したものであろう。宗教界と世俗支配層とは持ちつ持たれつだった。

恐怖と書いたが、それもあるが、人類には自然と何かを崇める心理があるのではないか。フランス革命を思い浮かべてほしい。第三身分が打ち倒そうとしたのは、僧侶、貴族階級ではないか。インドでのヒンズー教におけるカースト制度の最高位はバラモンという僧侶階級である。中国を長い間支配したのは科挙に合格した進士だ。古代に祭政を司ったのはシャーマン、巫女などの数珠士である。神秘的な、何かあり難いことを知っている者、宇宙の真理に通じている者、読み書きができて、自分の知らない知識を持っている者、そうした者を崇める心が、自然に人類に備わっているのではないか。学識ある者への畏敬の念といったところか。

中世ヨーロッパ世界の最高のインテリとは神学者だろう。人文学者といわれる者も、何らかの形でキリスト教義と絡んでいる。その後は哲学に移行するようで、今でも「フランスの最高」学府に進むには、三科目の試験を受けるそうで、その一科目は哲学である。司馬遼太郎の『街道をゆく〈30〉愛蘭土紀行1』の文中で、イギリスについて「『この国には、ふしぎなところがあります』……英国における第一級の秀才は……ギリシア・ローマの古典学を専攻するというのである。」という文章がある。伝統は続いているのである。

武士階級のない中国では読書階級が統治を担い、中国の科挙の試験では、孔子の儒教の文献が出る。孔子の後の時代、それに注を付ける者が現われ、その注にまた注を付ける者が現われ、最後の朱子の注に至ると、注だけで十二、十三になった。科挙を受ける者は、それらを全部暗記していなければならず、そんなものより、水利のための土木技術とか、何の薬草はどのような病に効くとか、そっちの方がよっぽど大切だと思ってしまう。

ヨーロッパでも各国で言葉が違うように、中国は広いから、地方によって言葉は通じない。しかし、漢字を書くと通じる。あの広い中国を一つにまとめているのは漢字だと考えると、科挙の試験というのは、誰でも知っているテキストを使った漢字の試験と考えた方がよいかもしれない。このテキストが国家の正式文章の形式見本になるであろう。漢の武帝の時代、儒教が国教になった。以来、道教・仏教などの民間信仰もあるが、統治理念は儒教である。儒教は民主主義ではない。読書階級がどう民を治めていくかという、上から目線である。官僚の心得といったところか。朱子の時代になると難解な哲学というふうになっていくが。

少し横道にそれたが、ヨーロッパに戻ろう。

ともかく、それまで宗教の権威とともに歩んできた封建社会は、縦の支配と服従の世界である。それに対して自治都市とは水平、平衡、仲間意識の世界である。当然、それまでの考え方、人生観とはぶつかる。

ここで、先に紹介した『中世ヨーロッパの都市の生活』（青島淑子訳）から引用しよう。

「だが、とくに聖職者においては、コミューンの評判はさんざんだった。彼らはコミューン運動（自治運動・筆者）のなかに社会秩序を脅かすにおいを嗅《か》ぎ取っており、その嗅覚《きゅうかく》は確かに正しかった。ある枢機卿はコミューンについて、異端をけしかけるものであり、聖職者への宣戦布告であり、神を恐れぬ仕業《しわざ》だと批判している。また、北フランスの都市ランスでのコミューン結成を見聞きした神学者ギルベール・ド・ノジャンは、舌鋒《ぜっぽう》鋭く次のように綴っている。『コミューン！　聞きなれない、唾棄《だき》すべき名称である！　コミューンによって人々は毎年一回税を払うだけであらゆる農奴の身分から解放される。彼らは法律を破っても定められた罰金を払うだけですみ、農奴に課せられていたほかのあらゆる負担を支払わないのだ』」

ついでにもう一つ『ヨーロッパ封建都市』（鯖田豊之著）から引用しよう。

「修道士は『正邪を決するのに法規によらずして習慣をもってし、このことは皇帝の特許状によって公認されていると主張している』とか、『かねを集めて、毎年一定の時期に宴会を催している』」とか、あまり好意的でない叙述を残している。

『法規によらず慣習で正邪を決している』というのは、おそらく商取引上の紛争を仲間うちで自主的に解決していることを指すのだろうが、当時すでに商人居住区は商人独自の慣習によって運営されていたのであろう。」

その他にも、似たようなことが書かれている本があるが、あまりに引用だらけになるので、この二つだけにする。いずれにしても、それまでのカトリックとは、われわれが封建社会と呼ぶ世界に親和性があり、支配する側に都合のよいイデオロギーであり、社会が変わると、それによってイデオロギーも変わってこざるをえない。

第一、中世の教会、修道院は大土地所有者である。日本でも、かつての東大寺、延暦寺など大宗教勢力は大荘園を所有していた。日本もヨーロッパも、宗教勢力が大荘園を所有するに至った経緯は、驚くほどよく似ている。それは宗教的権威からくる政治力である。現代国家では、個人の土地・財産は法により国家権力が守ってくれるであろう。

しかし、国民国家が現われる前には、そうはいかない。大きな力を持っている者は、自分の力で自分の土地を守ることができるだろうが、中、小の力の者は、拡大家族（一族・一門）で団結するとか、もっと大きな力を頼るとかしなければならない。一つの方法は、大宗教勢力とか権門家といわれる政治力ある者へ土地を寄進する方法である。寄進といっても、土地を差し上げることではない。名義上、寺や県門家の所有にしておくことである。もちろん、年に何らかの謝礼はあるであろう。これとて万全ではない。政争に敗れるとか、何らかの変動があり、寄進先が失脚したりすると、元も子もなくなる。従って寄進先を分けておいたりする。とにかく不安定である。

鎌倉幕府とは、農場経営者である武士が、それまでの政治勢力に頼まないで、自分たちで自分たちの土地を守ろうとして造った権力装置である。「問注所」や「御成敗式目」なるものも、それらの法的表現であろう。その際、京都側に対抗できる旗が必要だった。幸い近くに頼朝という貴種がいた。マックス・ヴェーバーにいわせると、日本は血縁カリスマだそうである。天皇に血筋が近ければ近いほど尊い。平家も源氏も、もとはといえば、昔に天皇家から枝分かれした一族である。昔枝分かれした者よりも、最近枝分かれした方が尊い。将軍は、旗《シンボル》であるから三代で途絶えても、別に困らない。摂関家から適当な人を連れてきて将軍にしておけばよい。あとは、執権なる武士協同組合長が治めていけばよい。

ヨーロッパの中世の教会などは古文書偽造までして土地の所有を主張しようとした。「ここに教会を建てた後、人々が集まってきた」類の文書である。ちょっと考えれば、最初人々が住み、その人々が協力し合って教会を建てたと考えるのが自然である。これらの文書は今では考古学によって偽造と証明されている。フランスでも、農奴制は自然に徐々に崩れていったが、最後に農奴制の息の根を止めたのは、フランス革命である。最後まで農奴制が残っていたのは、教会、修道院などの宗教領であった。

フランス革命とヨーロッパの宗教革命

正確には覚えていないが、こんな新聞記事を読んだことがある。南の島に、日本人が行って魚の捕り方を教えたという話である。発動機を付けて網をこういうふうにとでも教えたのであろう。何年かして戻ってみると、魚を捕らないで、ゴロゴロ寝転がっている。どうしたんだと聞くと。「それまで毎日漁に出ていたが、今は一日で一週間分捕れる。だから残りの日は、何もしないでよい」と答えたそうである。

この話を、マックス・ヴェーバーが聞いたら、日本人は資本主義精神の持ち主、南の島の人はそうでない人というかもしれない。しかし、この話は地理的条件などを考慮に入れていない、という人がいるかもしれない。魚を必要以上に捕っても、それを売る市場がないかもしれず、南の方は自然の産物が豊富で飢餓を経験せず、燻製や干物など、いざというときのための食物の保存技術が発展しなかったという人がいるかもしれない。しかし、同質文化圏のこんな二つの例は、どうだろうか。

①「財産を取得できない人は、できるだけ多く食い、できるだけ少なく労働すること以外に、利害関係をもちえない。奴隷自身の生活資料を購買するにたりるだけの量以上の仕事は、暴力によって彼からしぼりとることしかできないのであって、彼自身の利害関心によってではない。」（アダム・スミス『国富論 2』（水田洋監訳、杉山忠平訳）

②「オハイオ州のある都市の有力な雑貨商の（ドイツから移住してきた）女婿は、彼の岳父の人柄について次のように要約している。『この老人は年々七五、〇〇〇ドルの収入があるのに、仕事を休めないのだろうか。――できないのだ。こんどは倉庫の表を四〇〇フィートに拡げなければならない。なぜだろう。――それで何もかも善くなるからだ、と彼は考える。――夕刻に妻や、娘たちが集まって読書しているのに、彼はいそいで寝床に入るし、日曜日には五分ごとに時計を眺め、一日がいつ終わるかと待っている。――まあ、人生の敗残者だ』――この批評は『老人』の側からみれば、まったく不可解である、ドイツ人の無気力の兆候と思われるにちがいない。」（マックス・ヴェーバー著『プロテスタンティズムの倫理と資本主義の精神（下）』（注）（梶山力・大塚久雄訳）。

これらの例が示していることは、社会構造が違えば、その中にいる人間の精神構造も違うし、逆に、その精神が社会構造を変える起動力にもなりうるということである。

ヨーロッパの農奴制という大海の中に、点々と生活規範、精神が違う民族ともいえる、商工業者の島、自治都市が現われ始めた。それらが量・質とも大きくなり始めると、それまでの支配階級との思想闘争が始まった。中世のヨーロッパ人は、キリスト教という大枠の中でしかものを考えられない。だからその思想闘争は宗教改革という名の、ローマを中心としたカトリックとの闘いになる。おそらく、同じような考えの人もかつてはいたに違いない。しかし、それを受け入れる層がまだ少数である場合、それは大きな力にならず異端として排斥され、歴史の小さなエピソードとして終わるか、カトリック内の宗派、修正派として穏やかに変質して留まるかであろう。

その思想が大きく広がり、物理的な大きな力を持ち、歴史の教科書に記録されるぐらいになるためには、その思想を広く受け入れる土壌がなくてはならない。発する側と受け取る側との大いなる共鳴といったところか。発する側も、そういう土壌がないと芽が出ない＝そういう思想が出てこない、ということもあるが。社会構造が違えば、その中にいる人間の精神構造も違うし、逆にその精神が、社会構造を変える起動力にもなりうるということである。ジャン・カルバンがジュネーブという都市を拠点としたことを思い起こしてほしい。いや都市しか拠点にできなかったと言った方がよいかもしれない。

私は、クリスチャンではないし、キリスト教の神学にはほとんど興味がない。例えば、長老派とかクエーカー教徒とかいっても、周囲にそんな人間はいないし、具体的イメージがつかみにくい。有名な神学者カール・バルトに関する本を読んだこともあるが、ただ読んだというだけで、何も頭に入らなかった。今でも、どんなことが書いてあったと聞かれても、何一つ覚えていないから、答えられない。クリスチャンにいわせれば、私は地獄に落ちるであろう。だから、本当は私には、宗教改革のことを書く資格がないのかもしれない。

しかし、宗教改革はヨーロッパの中世から現代への道を考えると、とても重要だと思えるし、民主主義や、ドイツでなぜナチスが台頭したのかも関係していると思う。もちろん、民主主義やなぜナチスが台頭したかは、多方面から考えなければいけない問題だから、ここでは触れないが。宗教改革とは大ざっぱに、ほぼこうではないか、というふうに書いていく。

当時、改革の武器も力強く発達してきた。印刷技術と識字率の向上である。宗教改革派に共通しているのは、聖書に返れということである。聖書も当時の現地語である、ドイツ語、フランス語、英語などに訳され、今でいうパンフレット類も印刷された。たんに教会から教えを乞うというのではなく、聖書にもとづき、一人ひとりに強く神が内面化され、救いのためには現世的行為も宗教的にならざるを得ない。「神の栄光のための職業・労働」という考えが強まり、それは約束を守る、金の無駄遣いをしない、などの生活信条にもなった。「労働価値説」ではないの？という疑問がないではないが、「労働価値説」は重要なので後でまた触れたい。また、今までの教会の教えが聖書の解釈に妥当であるかという疑念を生み、聖書解釈をめぐり、さまざまな宗派を生むようになった。

ドイツでのマルティン・ルターのアジテーションによって、当時の支配のための精神的権威というべきカトリックの威信がゆらぎ、支配階級に対する反乱が拡大し、ドイツ農民戦争へと発展した。ルターは動揺し一転して農民への弾圧の側へ回った。ルター派の弟子たちが後にルーテル教会を建て、ドイツでは一大勢力になっているそうである。ルター派は、世界最大のプロテスタンティズムの宗派である。私は宗教改革の発生原因の隠された秘密の一つに、国民意識の高揚があると思う。

①ローマへの献金の流れを断ち切る。
②高位聖職者の任命権をローマから奪う。
③旧教の宗教施設が所有している土地を奪う。そこでは、ほぼ農奴制が行われていたので、それ

によって出る余剰労働力は別の方面に向かう。よって大きく見れば近代化の一つ。

④ 国民国家成立の途上における国家共同体幻想成立のエネルギーによる全ヨーロッパ的権威、ローマ法王の排除。つまり国民的権威成立のための障害物の除去。

などである。

ドイツではルター派、イギリスではカルバン派の流れをくむ宗派がある。これは国民性や社会構造の違いにより分かれたのか、それともそういう宗派が国民性の違いをつくったのか、ここでは触れない。

ただ、農民戦争時の農民側の綱領は、当時ドイツがどのような状態にあったか、当時の人々がいかにキリスト教にもとづいて物を考えるか、わかるので一、二例をあげたい。メンシンゲン市の皮なめし職人ロッカー（一四九〇年〜？）が書いたもので、二十五通りの版本が現存している有名なものだそうである。

「第三条――これまでわれわれを自分の財産として所有することが、ひとびとの習慣であったが、このことはクリストがその貴い血を流し給うことによってわれわれすべてを、身分の低いものも高いものも例外なく解放し救い給うたことを思えば大いに卑しむべきことである。したがってわれわれが自由であるべきこと、そして自由であろうとのぞむことは聖書に合致している。……それゆえわれわれは、福音書によってわれわれが農奴であるということがしめされない以上は、汝等が真のクリスト教信者としてわれわれを農奴の地位から救いだしてくれることはとうぜんと考える。……

第六条――われわれの第六の不満は、われわれに要求される日々に増加するところの過度の賦役にかんしてである。われわれはこのことが適当に考慮され、われわれがこのようなやり方で圧迫されつづけるのではなく、むしろわれわれに親切な願慮が払われることを要求する。けだしわれわれの先祖はただ神の言葉にしたがって賦役を要求されたにすぎなかったのだから。」

これは、エンゲルスの『ドイツ農民戦争』（大内力訳）よりとった。付録には農民の十二カ条として載っている。この十二カ条を読むだけで、当時の農民の状態が分かる。ぜひ読んでもらいたい。

農民の状態だけでなく、真面目なドイツ人であるルターがバチカンへ行って驚愕したローマの様子を書いた方がよいと思う。先に紹介した塩野七生の『チェーザレ・ボルジアあるいは優雅なる冷酷』（『塩野七生ルネサンス著作集 3』）からの引用である。時代もそれほど離れていない。

「その中で、十月三十日の夜に開かれた彼の宮殿での宴は、ブルガルドをはじめとして年代記作者たちを興奮させたものだ。法王も臨席し、枢機卿、各国大使がひしめくその夜は、ブルガルドの言葉を借りれば、五十人の『世界で最も古い職業の女たち』も招かれていた。豪勢な食事から始まった宴は、夜半すぎには羽目をはずした無礼講となった。

チェーザレは、女たちに服を脱ぐように命じた。」

この本のはじめの方に、ボルジア家の系図が載っているが、チェーザレ・ボルジアとは当時の法王の息子である。その系図には聖職者が他に何人もいるが、変だとは思わないか。カトリックの聖職者は結婚もできず、それどころか、本来は異性との肌の触れ合いもできないはずだ。だから本来は、子供はいないはずなのである。だいたい系図があること自体、変なことなのだ。当時のイタリア人は変だともなんとも思わなかったのか。そればかりでなく、おそらくルターは高位聖職者の衣食住の貴族的豪華絢爛さに目をまるくしたに違いない。発火点は、サンピエトロ大寺院の改築資金のための贖宥符《しょくゆうふ》販売に憤慨したことだが、「資金集めのためと称して、安物のつぼを高く売りつけるどっかの新興宗教と同じだ」と思ったかは、定かではない。

特に初期のころの宗教改革は都市を拠点に行われた、都市の運動であり、自治都市と宗教改革は別々のものではなくワンセットと考えるべきである。それが農民へと広がったときルターは狼狽した。宗教改革が農民一揆の形をとりはじめると、ルターは一揆に批判的になった。「農民の子」というのがルターの自己紹介だったが、確かにルターの祖父と父は農民出身だった。しかし父は相続の関連で鉱夫になり、最終的には経営者になるという上昇市民に属することを忘れてはならない。

カルバン派の農村地帯への浸透は弱かったが、なぜ都市の運動たりえたかは、確かに識字率は都市部の方が高いという面もあるが、私の好きな隠された秘密でいうと、それは軍事力であると思う。初期のころの宗教改革者は、その思想がときの支配階級の利害とぶつかるため、ほとんど異端として悲惨な最後を遂げている。その教祖の同調者が、ただ大きな層になるだけでは不十分で、やはり最終的には軍事力が必要となる。当時、思想信条の自由などという考えは、まだ大きな社会的合意として確立していなかった。

当時、都市には城塞とみがまうばかりの都市壁があり、周囲の地理的条件によって天然要塞化しているとなおよい（ベネチア、ノブゴロド、ジュネーブ）。いざというときに、市民軍として組織される都市もあり、その富によって傭兵を雇える都市もある。軍事には外交も含む、戦略、戦術を立てられる知性、ずる賢さが必要で、それはトップだけでなく、それを理解し実行に移す中堅層も必要だ。

農民戦争の歴史を読むと農民の方が兵数では圧倒的に多いのにもかかわらず、支配階級の狡猾さに、いいようにやられているという印象を受ける。農民は純朴さ信心深さで、自ら敗れた。あくまでも比較としてであるが、支配階級と接する機会も多く、彼らをよく知り、常に駆け引きが必要な商売に従事している都市住民は、農民よりは戦争に長けていたに違いない。やはり「敵を知りおのれを知れば百戦危うからず」（孫子）なのである。都市は自治を守るために、宗教改革として理論武装したとも言えなくもない。

もちろん、宗教改革だけが、キリスト教世界の現代化に貢献したとは思わない。宗教改革とほぼ同時期にイタリアでおこったルネサンスや人文主義の流れが、宗教改革の流れと大きく合流し、啓蒙主義となったが、その流れはイギリスの社会主義思想とでもいえるフェビアン協会ともつながっていると思う。最終的には寛容という精神が大きくなり、国家と宗教は分離し、さまざまな宗派が平和共存し、ちょうど自分の好きな演劇や映画でも見にいくように、自分に合う宗派の説教を聞きにいくようになるのだが、近代社会というものを考える場合、その意味は、大変大きいと思う。近代市民社会が生み出した啓蒙思想。そして啓蒙思想が促進した近代市民社会といったところか。

この自治都市は、絶対主義⇩国民国家への大きな流れの中で消滅してしまうのであるが、その精神は宗教改革として残る。しかもその自治精神は、商人組合や地区の親睦会、クラブなどさまざまな自律した社会団体として受け継がれていった。

絶対主義とは何か

絶対主義とは何か。これを説明することが、自治都市消滅の理由を説明することになると思う。歴史は生きているし、同じヨーロッパでも、地方地方によって違っているし、時として逆流していると見えたり、正反対と思えるものが、ごっちゃに混ざり合ったりする。もし、正確を期するならば、一国の歴史を起こったまま時系列に記すしかないであろう。ここでは、それは意味のないことだと思えるので、くどいようだが、大局でいきたい。

絶対主義とは一言でいえば流通である。いや交通と言った方がよいかもしれない。マルクスは、『ドイツ・イデオロギー』の中で交通という言葉を使用しているが、意味は単に船、道路、馬といった物や人や商品の移動のことだけでなく、もっと広く、今で言う手紙、電話、新聞、メール、テレビといったコミュニケーションも含んだ、人間と人間との交流といった意味で使っている。

絶対主義の時代とは大ざっぱに言ってマニファクチャーと重商主義＝大航海時代のことである。マニファクチャーなどと書くと、それを説明するためには、経済発達史的なことを書かねばならず、あまりに煩雑になりすぎ、本来いわんとすることから注意がそれてしまうので、中世のギルド的手工業と産業革命以後の蒸気などの動力を利用した近代工場の中間の時代の工業と考えてほしい。覚えているだろうか。なぜ現代工業のはしりのような工場が都市ではなく農村地帯に広まったかということを。

ギルドとは親方の組合のことである。金細工とか靴製造業者とか、あらかじめ決められた親方がいて、徒弟一人もしくは二人と決められた弟子がいて、その徒弟が決められた年数の年季奉公をしてやっと親方になることができる。弟子入りするとき、お金を払ったりして、その額で修業の年月が違ったりする。親方と認められるためには、商品をつくり、その製品が合格のレベルに達しているか試験がある。パン屋などは量をごまかしていないか、時々、抜き打ち検査がある。職種によって弟子にできる人数が違うが、たいていは一人か二人である。

最初は誰でも弟子入りして親方になれたが、最後には正式に結婚して生まれた親方の子しか弟子になれなかったりした。新技術に対しても保守的だった。建具生産でも、新しい方法で生産することはできなかった。つまり品質については厳しかったが、量の競争に対しては、強い制限が加えられていた。新しい職種がなかなか入りこめなかった。自由競争が極端に制限されていた時代である。「都市の空気は人間を自由にする」とは、あくまでも当時の農村に比べれば、ということであろう。逆に考えれば、当時の農村はいかに不自由であったかわかるというものだ。

ここで、アダム・スミスの『国富論 1』の中の有名な分業を説明しているピン製造のところを引用しよう。おそらく従来の手工業では、一日、一人で二〇本のピンも、おそらくは一本のピンも作ることができないのに、分業の結果、一日で十人で四万八〇〇〇本以上のピン、一人にならすと四八〇〇本のピンを作れるようになったと書いている。ここで十人となっているが、初期の「工場」はほぼこれぐらいの人数である。

中世の自治都市を構成していた主要勢力はギルドである。マニファクチャーなどはギルドと闘い、それを打ち破りながら発展してきた。つまり工業が新しい発展段階に進むには、ギルドが邪魔であり、しかも、工業生産力が上がって、今までとは考えられないほどの量の商品が流通し始めたということである。しかもアジア、新大陸方面からも、東インド会社などによって、コーヒー、砂糖、香辛料などの大量の商品が流入し始めた。すると、各地に割拠している領主が邪魔になる。橋、道路、川を通るたびに通行税をとられ、品物を持ち込むたびごとに物品税をとられる。

私は絶対主義を説明するのは、わが国の明治維新で説明するのが一番分かりやすいと思う。特に日本人にとっては。明治維新が日本における絶対主義国家の成立と考えるのは短絡的で、あくまでも説明しやすいからと考えてほしい。

各地に関所を設け、その藩内でのみ使用できる藩札を発行する、長州や薩摩などの独立採算制の強い藩の存在は、日本国内流通ということを考えると、すこぶる障害だ。その藩を取り払い、言葉も標準語なるものを制定し、度量衡も統一し、通貨も発券銀行がつくられたり国内統一通貨とする。裁判、法も、全国同一にし、商法の全国共通化を図る。関所を廃止し、郵便制度を設け、人と人との通信・移動をスムーズにする。日本にとって運が良かったのは、当時、一般国民にとってはほとんど忘れられたような存在だった、日本の統一のための天皇というシンボルがあったことであろう。こういったシンボル的な存在がない国は、苦しむし、統一が遅れる。ドイツをその例として挙げてもよいかもしれない。エンゲルスにいわせると経済的遅れが、ドイツの統一国家の形成の遅れにつながったということだが。

絶対主義というのは、国王など国の統一のためのシンボルになることができるような人に力を集中させ、群雄割拠しているような領主、諸侯を抑え、ほぼ同じ言語圏でまとまり、幅広い経済圏をつくりだし、対外的にも都市よりも、もっと広い国単位で経済競争していく体制である。この体制は、われわれが封建時代という時代の最後に登場する。土地を地盤とする領主層がまだ力を失っていず、かといって商工業者、いわゆるブルジョアジーが彼らを圧倒するほどの力を持っていない時代である。商工業者と領主層の危うい均衡で成り立つ体制である。

フランスを例にとると、この時代、全長四万キロメートルにわたる王立道路がつくられたそうである。裁判も上告制度がつくられて領主裁判も次第に形骸化していく。ともかくも、自治都市はギルドの粉砕とともに消滅した。

現在、スペインとポルトガルがあるイベリア半島は、かつてイスラム勢力が支配していた。イスラム支配の間、文芸が盛んになり、古代ギリシャの古典が読まれ、ヨーロッパ中から学者が集まり、それがイタリアにも伝わり、ルネサンスの発生の一大要因になったのは、知っての通りである。

つまりイスラム世界のイベリア半島では、イスラム教徒、キリスト教徒、ユダヤ教徒が混在し、学問、産業が盛んに行われていた。キリスト教徒が国土回復運動《レコンキスタ》として、十字軍並みに使命感に燃え、イスラム教徒を軍事力で破って、しだいしだいにイベリア半島の端に追いやり、最後にはイスラム国を半島から追放し、成立したのがポルトガル、スペインである。そのエネルギーが消滅しきらず、そのまま海外へ噴出したのが、大航海時代の始まりといってもよいかもしれない。

ポルトガル人のバスコ・ダ・ガマが喜望峰を越え、アフリカ大陸東岸を北上し、インドに到着する途中の海上で、老若男女、家族連れが乗ったイスラム教徒の巡礼船を発見、直ちに拿捕《だほ》、貴金属を奪う。その後、巡礼団が乗った船に火をつけ、乗客もろとも海に沈める。イスラム教徒から国土を奪還したポルトガル人にとって、イスラム教徒というのは人間ではないらしい。現在のメキシコにはアステカ文明、ユカタン半島にはマヤ文明、南アメリカにはインカ文明があったが、いずれもスペイン人に滅ぼされた。

インカ文明の滅亡、ユダヤ人迫害の背景

インカ文明の滅亡の経過については、いまではかなり詳しく分かっている。その話を少ししたい。最初、インディオたちは、スペイン人を目撃したとき、彼らの信仰の中にあるテクシ・ビラコチャンだと思ったという。略してビラコチャとは、万物の創造主、つまり神とでも思ったのだろうか。威風堂々として容貌が立派で、彼らが知らなかった火縄銃を持っており、それを天に轟く雷鳴だと思ったのだそうだ。それに、彼らは馬を知らなかった。馬を見ただけで逃げだしたというふうに書いてある本もあった。最初、馬に乗っているスペイン人を、馬と人間、別々の生き物ではなく、人馬一体の一つの生き物だと思ったインディオもいたらしい。実は、馬の発生はアメリカ大陸なのだが、それが他の大陸に渡り、本家本元のアメリカ大陸では、なぜか滅亡したらしい。

最初にスペイン人に接触したインディオは、大変な歓待をしたらしい。今でも、テレビの番組で辺地に行った出演者が客人として丁寧な対応を受けるが、それと同じであろう。ちょうど王や神官と同じように遇したのではないか。そして、金でできたさまざまな道具、装飾品をインディオが持っているのを見てそれを要求、インディオは喜んでそれを差し出す。しばらくして突如、首長を捕らえ、自

由になりたくば、金を持ってくるよう要求。族、部下の者も、首長のためを思って金でできた品を集めて差し出す。人のよい彼らは、これで安心と思っていると、またまたスペイン人は、首長を捕らえ金を要求。拒むと火焙りで拷問、足などは骨が見えるほど焼かれ、最後は悶絶して死に至る。

スペイン人は領主になり、インディオを奴隷として売ったり、過酷な労働に追いやった。倒れたインディオの首枷を外すのが面倒なので、首を刃物で切断した。飼い犬をけしかけ、食いちぎらせた例もある。これらは、『インカの反乱』(ティトゥ・クシ・ユパンギ著、染田秀藤訳)、および、『インディアスの破壊についての簡潔な報告』(ラス・カサス著、染田秀藤訳)に詳しい。特に後者の『報告』は「反スペイン者が書いた捏造《ねつぞう》本」だとして、スペイン愛国者側から執拗な攻撃を受けた書だが、いつの時代でも同じようなことが起こる。ついでながら『報告』の中の比較的残虐でない所をそのまま引用しよう。

「夜が明けそめるころ、つまり、無辜《むこ》のインディオがまだ妻子ともども眠りこんでいたとき、スペイン人は村へ闖入《ちんにゅう》し、大半が藁造りのインディオの家屋に火を放った。インディオが異変に気づいた時はすでに手遅れで、女性、子ども、そのほか大勢のインディオが焼き殺された。スペイン人は手当たり次第にインディオを殺害し、生け捕りにしたインディオに対しては、金を蔵するほかの村の所在地について、すなわち、彼らがその村で見つけた金に満足せず、それ以上の金がないかどうか、白状させようと、さまざまな拷問を加え、挙句の果て、彼らをも殺してしまった。さらに、それでもなお生きながらえた者がいれば、焼印を押して奴隷にした。その後、火勢が弱まるか、火が消えると、スペイン人は家屋の焼け跡で金を探しまわった。」

この本の解説によれば、「メキシコ中央部で征服直前の一五一九年ころから二一年までのおよそ一三年間に八五〇〇万人のインディオが、またペルー副王領では、一五二〇年から七〇年までの五〇年間におよそ七五〇万人のインディオがそれぞれ死亡したと推定されている。」とある。ちなみに正式の王は、あくまでもスペイン王で、ここでいう副王というのは、代理とかスペイン王に次ぐ者という意味であろう。

フランスの植民地の例だが、革命家でポストコロニアル理論で有名なフランツ・ファノンの出身地、マルチニック島では原住民が全滅している。おそらく、西インド諸島では原住民が全滅した島々が、かなりあるのではないか。アメリカ大陸の原住民では、キリスト教に改宗しヨーロッパ人に協力した者もいたことは確かだ。現在においては、インディオの死亡の最大原因は、インディオに免疫性のなかった病原菌をヨーロッパ人が持ち込んだせいと、はっきりしているから、必ずしもその数字全部をヨーロッパ人の残虐性に帰すことはできないが、それにしても、ヨーロッパ人とインディオを比べると、どちらがより高度の精神文明を持っているか分からなくなる。

人口激減による労働力不足のため、アフリカから黒人奴隷が持ち込まれ、この後、奴隷貿易が「世界貿易」の大きな柱になってくる。アフリカの黒人はインディオに比べ体が丈夫だった。当時の航海は現在に比べて格段に危険で、船内の衛生状態も悪く、かなりの確率で奴隷が途中死亡したようだ。イギリス船での出来事だが、病気や衰弱した奴隷を海中に捨てるという事件も起こっている（一七八一年、ゾング号事件）。アメリカ大陸に着いてからも、気候、風土の違いから、最初の一年は、死亡率が高かった。黒人が丈夫だというのは、あくまでもインディオと比べてということだろう。

奴隷貿易は特にこのとき始まったわけではない。ヨーロッパが地中海世界であった太古の昔からあった。途中「キリスト教徒は奴隷にしてはならない」という決まりは、ヨーロッパ共通の認識になっていくが。

とにもかくにも、キューバ革命にしても、中南米に時々登場する強烈な左翼政権も、このような

「民族の記憶」を考慮に入れないと理解できないのではないか。

中南米へのスペインの進出に関連して押さえてほしい二つのことがある。一つは、現在のボリビアとメキシコで銀山が発見され、その銀が大量にヨーロッパに流れ込み、ひどいインフレーションが起きた（これには異説がある。急激な人口増加によって、食料が不足しインフレーションになったという説である）。その銀の五分の一が、スペイン王へと流れ、それがスペインの反宗教改革の軍資金となる。

次の一つは、ユダヤ人への迫害である。一四九二年、スペイン本国でユダヤ人が迫害され、多数のユダヤ人がポルトガルへ亡命する。一五八〇年に、ポルトガルがスペインに併合されると、ユダヤ人がキリスト教に改宗する。その改宗ユダヤ人が多数南米に渡るのだが、その彼らが偽りのキリスト教徒として迫害される。それによって、スペイン本国はもとより、ポルトガル系商人のネットワークが破壊され、南米の商業は大打撃を受ける。

古代の日本に、こんなエピソードがある。奈良に巨大建築物を建てようとして日本各地から職工を集めた。完成後、国に帰る職工に貨幣を渡した。しかし東北方面ではまだ貨幣が流通してなかったため、誰も貨幣を受け取らず、その職工たちは途中で餓死してしまった。小切手や為替なども、紙に書いた数字が貨幣と同じ意味内容を持つと多数の人々が了解していないと、それはただの紙屑と同じだろう。

以下は、私の勝手な推測なのだが、遠隔地商業というのは、ネットワークが生命線だ。前述した「書く銀行」や手形、小切手、契約書「商人は運送状だけ送り、商品は別の業者が送る」などの商売の仕方も、ネットワークがなくては成立しない。ハンザ同盟なども、そのためにあるようなものだし、ユダヤ人が商売に長けているのも、もともと国家を持たなかった彼らは、あちこちに散らばって生きているから、遠く離れた者同士でも、同じユダヤ人としてネットワークを作ることができたのが、一つの理由ではないか。かつて日本が鎖国前に東南アジア各地に日本人街があったのも、同じような理由ではないか。

逆に考えると、よく分かる。「思想・信条の自由」などというものも商業民族からきたものだ。第一、特定の宗教の人間と商売できないなどと考えていると幅広い商売はできない。「思想・信条の自由」度を測る、たとえば一つの物差しとして出版の自由度があげられるが、ヨーロッパが地中海世界だったとき、最も出版の自由度が高かったのは、一千年にわたって地中海貿易の覇者だったベネチアだった。ベネチアにはイスラム教徒の商館も置かれていた。地動説を唱えたガリレオが迫害されそうになったとき、友人に「ベネチアへ逃げろ」と忠告されたのは有名だ。

大航海時代に入ってから、出版の自由度が最も高かったのは交易で栄えたオランダだ。宗教改革の時代に入って、カトリックと新教との激しい争いに胸を痛め、和解と寛容を説いたのは、カトリックに留まったものの、人文主義者のオランダ人のエラスムスだ。『海洋自由論』や『戦争と平和の法』を書いて、国際法学の父といわれるのは、オランダ人のグロティウスだ。

この時代の歴史から二つのことを学びたい。一つは、ナチスのユダヤ人迫害は、突然起こったものではなく、長い歴史的背景があるということ。別の言い方をするならば、ヨーロッパ人は往々にして、なんとかして国を豊かにするということよりも、宗教の違いなどのイデオロギー闘争を優先する傾向があるということである。もう一つは、この時代の人々は、どちらかというと富というものを、人間が労働して生産した物産にあるのではなく、金や銀などの財宝にあると考えていたこと。

この後「日沈むことなき帝国」スペインは衰退していき、オランダとイギリスが勃興する。

なお、イギリスという国は最初からイギリスではなく、イングランドとスコットランドとウェールズなどが一緒になった複雑な歴史があるのだが、煩わしくなるので、イギリスとしておく。オランダ、スペインなども同様である。

第三章　ヨーロッパ 海の宗教戦争

「東インド会社」とアヘン戦争

さて、「東インド会社」である。最初イギリスがつくった。それに対抗するためにオランダが、もともとは別々の貿易会社であったものを国が音頭をとって一つにまとめてつくったのが、「オランダ東インド会社」である。だから本によっては「オランダ連合東インド会社」と書いてあるものもある。後の歴史のイメージから、この「東インド会社」というのは、「国営の会社」と思いがちだが、二つとも純粋の民間会社である。このことは重要だ。注意されたいのは資本である。長い交易の歴史があるオランダは成立当初、イギリスの約十倍の資本で出発した。桁が一つ違う。さすがオランダだ。当時貧しい後進国だったイギリスは、いかにして資本を蓄積していったであろうか。

全部といわないまでも、重要な柱の一つは「海賊」である。半ば国家公認の海賊を「私掠船《しりゃくせん》」という。「私掠船」とはもともとA国とB国が戦争状態に入った場合、A国がB国の国力を削ぐためにA国が自国の民間商船を戦闘艦として、B国の商船を襲うのを認める場合、その戦闘艦を「私掠船」という。国家の海軍ではない。あくまでも民間の船である。後の時代、イギリス海軍は強力になるが、当時イギリスの国力では強力な海軍は持てない。小さな海軍はあった。他の国も似たり寄ったりではないか。半ば国家公認と書いたが、海賊をけしかけているのが、イギリスという国だと分かると、スペイン、ポルトガルという当時の大国と全面戦争になる。これはまずいから表向きは海賊を取り締まっているふうを装わなければいけない。現にスペイン、ポルトガルから何度も取り締まりの抗議を受けている。海賊の主要舞台になったのはカリブ海である。

前に銀山発見のことを書いたが、南米のポトシ銀山の銀のヨーロッパへの通り道になったのが、カリブ海である。当時の商船はほとんど武装していた。つまり、軍艦と商船の区別は今ほどはっきりしているわけではない。海上交通のための国際法があるわけではない。たとえあったとしても、違法行為を取り締まる国際機関がなければならず、しかも、取り締まりのためには、その機関が武力を持っていなければならない。

当時、そんなものがあるわけがない。自分の身は自分で守らなければならない。地区、場所によって濃淡の違いはあると思うが、陸上でも同じようなものだろう。古い時代になればなるほど、物資の輸送には、やりを持ち、ある程度の人数で隊列を組んで移動したのではないか。マルコ・ポーロが中国まで行けたのも、元帝国がヨーロッパまで進出し、その帝国内は、比較的安全に移動できたからだという人もいる。

奴隷貿易にしろ、強力な武力を持たない異民族に対する、やりたい放題の強盗、殺人にしろ、銀山での人間を人間とも思わない過酷な労働にせよ、人類の歴史とは、強い者が弱い者を欲望のおもむくままに、食い物にしてきた歴史といえないことはない。今のヨーロッパ人は民主とか人権とか、偉そうに言っているが、昔は卑しい金に群がる強欲者だった。

海賊が奪ったのは、銀、宝石だけではない。ワイン、黒人奴隷、砂糖、船そのもの。ポルトガル船からは、真珠、ダイヤ、ルビー、絹、更紗《さらさ》、皮革、スパイス、船そのもの。ついに、スペインの堪忍袋の緒が切れて、イギリスと開戦するに至るが、ヨーロッパの「赤壁の戦い」とでもいえるイギリス側の火船攻撃によって、スペインの無敵艦隊が敗れたのも、ドレイク、ホーキンズなど有名海賊が、スペイン、ポルトガルから奪った船などでイギリス側として参戦したことが大きい。むしろ、イギリス海賊連合軍対スペイン軍とでも名づけたい海戦だ。

今更いうまでもないようなことだが、国と国、民族と民族の興亡には、あれが節目だったというような戦争、闘争がある。中世の地中海におけるキリスト教徒側の覇権を決定した、対イスラム戦である「レパントの海戦」、イギリス東インド会社のベンガル支配を決定づけた「プラッシーの戦い」、イギリスのカナダ支配を決定づけた「ケベックの戦い」などがあるが、スペインの無敵艦隊が敗れたのも、その後のイギリスの勃興を決定づけた戦いの一つだろう。そして、スペインがサミットに出席できない国になる変化の始まりだろう。

私は以前から謎に思っていたことがあった。スペイン側には護衛艦隊があったし、商船にしても船によって強弱はあるだろうが、非武装ではなかったはずだ。ではなぜ、かくも海賊が暴れ回ることができたのか、ということである。これは襲う者と襲われる者との違いではないか。襲う側は群れから離れた単船、定期航路から外れた船など、比較的襲いやすい船に見当をつけて、襲う場所、日時を自由に選択できる。泥棒も誰も居ない家、人目に付きにくい場所、時間を選択する。それと同じことではないか。

後に海賊は「貿易商人」や「私掠船」などと、格好よくいわれるようになるが、私の好きな秘密の理由では、海の宗教戦争という側面があると思う。

この海賊の時代は、ほぼエリザベス一世の時代に重なるが、このエリザベス一世の父であるヘンリー八世が一五三四年、国王至上権法（首長令）の交付をし、ローマカトリックから分離し、イギリス国教会の成立へと続くことになる。その同じ年に、ルターによる聖書のドイツ語訳が完成し、二年後の一五三六年にはカルバンがジュネーブに行き「キリスト教綱領」を書いた。

このイギリス宗教改革で押さえておかなければならないポイントは、修道院領を没収し、それを国費を賄うために売り払ったことであろう。先例はある、スウェーデンである。フランスがそれを成すのは、フランス革命まで待たなければならない。エリザベス女王の前の女王メアリーがスペイン王子フェリペ二世と結婚し、イギリスをカトリックに復帰させ、新教の大弾圧を始めるが、次のエリザベス女王の時代、再度イギリス国教会に復帰した。

このエリザベス女王が、海賊の黒幕となる。海賊が襲ったのは、主にスペイン、ポルトガルのカトリックの船である。フランスにおいては一五六二年ユグノー（新教徒）戦争が始まるが、一五七二年にはパリで聖バーソロミューの大虐殺が起こり、新教徒が多数殺害される。カリブ海には、そのフランス新教徒の「ユグノー海賊」もいて、イギリス海賊と共同行動をとったりする。

第一、スペインが無敵艦隊をイギリスに向けたのも、イギリスのカトリック教徒がエリザベス女王を暗殺し、イギリスに亡命中の、スコットランド女王メアリー・スチュアートをイギリス女王にする計画が発覚し、エリザベス女王の命令でメアリー・スチュアートが処刑されたのが直接の原因だ。この事件にはスペイン王フェリペ二世も関わっていたといわれる。

エリザベス女王の側近は、ケンブリッジ大学出身者で固められていたが、当時、ケンブリッジ大学へは国教徒しか入学できなかったといわれる。カトリックのスペインに対し、一五八一年にはオランダが独立宣言するが、イギリスはオランダに援軍を送る。ひそかに資金援助もしていたといわれる。北海など北の海で操業していたオランダの非武装の漁船が海賊に襲われたという話は聞いたことがない。

当時、オランダの北の海での漁業は、大産業だった。漁船を襲っても、あまり金にならないと思ったのかもしれないが。オランダの貿易による繁栄もハンザ同盟諸都市など、北方ルート交易が大黒柱だった。造船のための材料などは、すべて北方からの輸入だったといわれる。その北方の海の海賊の話も聞かない

私が以前から感じていた二つ目の謎は、なぜドレイク、ホーキンズなどの海賊が、イギリス側として、つまり自費で、イギリス海軍として得にもならない戦争に参加したのかということだ。現代のイギリス地域に住む人々がイギリス人として、現代のフランス地域に住む人々がフランス人として自己認識し始めたのは、百年戦争のころからだといわれるが、百年戦争が終わる一四五三年から数えると、無敵艦隊の戦いが起こるのは、それから一三五年後である。生まれもイギリスだし、陸の家、家族、親戚もイギリスにあり、やはり単なる愛国心か。しかし、イギリス領内に住むカトリック教徒は、スペインと謀って、イギリスをカトリック国にしようとしていたし、海賊船に乗り込んでいたのは、けっこう多国籍の人々だったらしい。そう単純ではなさそうだ。

では国教会成立による宗教的情熱か。ホーキンズ一族は、イギリスがカトリックに回帰したとき、カトリックとして振る舞っているし、奴隷の密貿易の際にも、ひそかにカトリック商人とも取引している。どうも「宗教なんて、どうでもよい」と思っているようなところが見受けられる。これも強い説得力を持たない。

では「私掠船」のお墨付きを得た者は、正式な戦争の場合、海軍として参加しなくてはならない、という義務があった、というのはどうか。これが一番有力そうだ。イギリス史の専門家は、どう思われるだろうか、ぜひ教えてもらいたい。

イギリス海賊は奴隷貿易でももうける。現代のブラジル以外の南北アメリカはスペインに、ブラジルとアフリカ以東はポルトガルにというふうに、一四九四年のトルデシラス条約によってスペインとポルトガルというカトリック国によって、勝手に世界を分割した。スペイン領アメリカへの奴隷貿易は、アフリカはポルトガルのものだからポルトガルが独占していた。よってイギリス海賊の奴隷貿易は密貿易である。とにかく、こんな汚い手を使ってイギリスは富を蓄積していったのだ。

そして、オランダ、イギリスは東インド会社をつくってポルトガルのカトリックの海、アジア方面へ進出していったのだが、むろん軍事力を伴ってである。さまざまな闘争があったが、ここでは省略する。

東インド会社の歴史を読んで感じるのは、アジアの物産の豊富なことである。スパイスから始まって、茶、コーヒー、綿織物、絹織物、陶磁器など。特にインド産の綿織物や、日本、中国の陶磁器などは、ヨーロッパでは製造不可能な高度技術を誇っていた。それに比べてヨーロッパ産品でアジア側が買いたい物が少ない。当時の世界通貨に当たるのは銀であるが、中南米で産出される銀がなければ、おそらくヨーロッパへアジアの物産がいくこともなかっただろう。東インド会社による貿易は、ヨーロッパとアジア間よりも、アジア内貿易の方が多かったといわれる。

私はよく友人に、こんなことを言った。「人類の歴史を巨視的に見れば、最も豊かだったのは、中国とインドではないか。人間も動物と同じだ。食糧がいっぱいある所に人口も増える。あれだけ人口が増えたということは、食い物がいっぱいあったということだ。現在のようになってしまったのは、産業革命以降ではないか」と。

この言葉は学術的に正確なものではない。漠然とした感想といったものだが、東インド会社の時代では、食糧だけでなく高度技術による工芸品の分野でも、アジアの方がヨーロッパより、優れていたと思う。しかも、さまざまな宗教、民族、言語が渾然一体となって生活しているという平和度でも、ヨーロッパよりアジアの方が優れていたと思う。

だいたい、アヘン戦争の原因となったのは、イギリスが中国より大量の茶を輸入していたのだが、中国側が買いたい商品があまりないので、銀で払わざるをえず、銀の一方的な中国側への流入が原因だ。イギリスの側からすれば、当時の世界通貨ともいえる銀が、どんどん手元から失われてしまうので、当時イギリスの支配下にあったインドでアヘンを製造し、それを中国に売り銀の流出を抑えようとしたのが発端である。つまり、銀の代わりにアヘンということである。中国側がアヘンの流入を止めようとして戦争になったのだが、現代では中国側の言い分が正しいと誰もが思うであろう。

しかも、大量のアヘン購買のため、逆に中国から銀が流出し、中国国内の銀が不足し、銀の価格が高騰し始めた。当時、中国の農民や商人の納税は銀で行われていたが、普段の生活、商売のための売買は銅銭であった。銅銭を銀に変えて納税するのだが、銀が高騰しているので、税率が増えるのと同じである。農民、商人が困窮し始めた。農民、商人が困窮すると納税が滞り、政府も困窮することになる。

とにもかくにも、中国とイギリスは開戦するのだが、イギリス側のスローガンは「自由貿易を守れ」というものだった。戦争の際、どの国ももっともらしいスローガンを掲げるものだが、このスローガンだけ聞いていると、ごもっともと言いたくなる。しかし、私の好きな秘密の理由は、アヘンを自由に売らせろということだ。秘密でも何でもなかったか。種がバレバレの手品みたいだ。自由と民主主義を守れと宣《のたま》って、貧しく弱小な国に、自分勝手に、空爆、殺りくを繰り返した戦争犯罪超大国がありましたが、歴史は繰り返すということか。この超大国の政治家、軍高官が戦争犯罪に問われたという話は、聞いたことがない。

このアヘン戦争に関して、ぜひ知ってもらいたいことは、この戦争は、イギリス議会の承認のもとで行われたことである。アヘン戦争は一八四〇年のことだが、一八五六年には、第二次アヘン戦争ともいえるアロー号事件が起こるが、そのときは下院に否決され、時の首相が下院を解散し、総選挙までして、新議会に承認された上で起こした戦争ということである。むろん、当時の選挙は今のような男女平等の、財産の制限がつかない秘密投票による普通選挙ではない。一八三二年、三次案の選挙法改正案が通過したばかりで、選挙権が部分的に拡大して、上院に対して下院の権威が少々上昇したばかりである。それでも、議会承認という民主的手続きで行われた戦争に変わりはない。

この戦争は、武器の性能の差によって、イギリス側の圧勝に終わる。アロー号事件の際の条約の批准交換を阻止されたイギリス、フランス連合軍は、北京まで至るのだが、今でも、古美術品のオークションで話題になる、円明園の中国の国宝級の美術品を略奪し、円明園そのものも放火し、破壊してしまった。そして、知ってほしいのは、その一次、二次アヘン戦争の結果として、中国は外国に対して、高額の賠償金を支払わなければならず、領土の割譲も強いられた。このころから、中国領内にもかかわらず、中国の主権の及ばない租界ができ始め、中国が次第に植民地として侵略され始める。

資本主義とマルクスの「労働価値説」

これらの時代は、一般に帝国主義の時代と呼ばれるのだが、帝国とは、そもそも一民族もしくは一国家が他の複数もしくは単独の民族、国民を支配下におくことである。よってローマ帝国やオスマン帝国など昔から帝国はある。しかし、この時代以後の帝国は、資本主義的帝国と呼ぶような型の帝国になる。よって、この時代を理解するためには、資本主義とは何かを知っておくことが必要ではないか。

まず「労働価値説」から述べたい。この「労働価値説」を知らなければ、フランス革命も説明できないだろう。商売をしている人は、一万円の商品を一万円で売ってもうけているのである。十円の値しかない商品は一万円では売れない。十円でしか売れないだろう。一万円の商品は、一万円の値があるから一万円で売れるのである。一万円の商品を一万円で売って、なぜもうけるのか。それが「労働価値説」を理解する鍵である。

ここで、マルクスの図式を引用したい。やはり資本主義を説明するには、マルクスに登場してもらう他にはないと思うからだ。なお、数字、記号は以後、解説書でもある宇野弘蔵の『経済原論』から引用する。『資本論』から直接引用する場合は、その都度、記述するようにする。なお私の読んだ『資本論』は、学生時代に買った、岩波文庫のエンゲルス編、向坂逸郎訳である。銀行に勤めた高校時代の同級生は、『資本論』と同じくらいの分量がある、解説書を、『資本論』と同時並行で読んでいた。どうもそちらの人の方が多いようだが、『資本論』だけでもかなりの分量があるのに、私の場合は、その二倍の量はとても読む気になれず、『資本論』単独で読んだ。経済学部でもないし、誰に習ったわけでもない。だから、自分なりの解釈である。

しかも、マルクスは、ヘーゲル左派から出発したせいか、それとも彼に敵対する「ブルジョワ経済学者」からの論理的攻撃に耐えるための、精密で完璧な理論を構築する必要に迫られたせいか、極めて哲学的で難解な「やめてくれ」と言いたくなるような、くどい内容になっている。ここでは、相変わらず大ざっぱでいく。

さて図式だが、

G――W……p……W′――G′である。

分かりやすくすると、
貨幣――商品……生産過程……′商品――′貨幣となる。

これを、もっと噛み砕いていうと、例えば三千円分の原料を買ってきて、それを加工し、一万円の商品に仕上げて売る、ということである。このように人間の労働のみが新たな価値を生み出すという考え方が「労働価値説」である。この場合の生産過程は価値増殖過程と言い換えてもよい。いや価値増殖過程は流通も伴う。生産過程は生産過程のみでは存在できない。この図式全体が大きな価値増殖過程だ、とかなんとか『資本論』は、こんな論理でくどくど続く。くどいようだが、ここではザックリと、とらえてほしい。最後の貨幣に付いているダッシュは、前の貨幣と同じではない、増えた貨幣という意味である。

「労働価値説」は十三世紀、中世都市繁栄の時代にトマス・アクィナスも「労働価値説」を唱えているそうである。労働価値説をざっくりと知りたい方はマルクスよりも、アダム・スミスの『国富論』の方が分かりやすいと思う。何の本で読んだか忘れてしまったが、丸山真男氏が「労働価値説は仮説に過ぎない」と言ったそうである。もしそうだったら、資源はほとんど何もなく、ただ職人気質の人が大勢いるだけの日本の繁栄は説明がつかないだろう。

さて、資本主義だが、ここでマルクスの「経済表」ともいうべき単純再生産表式を宇野弘蔵の『経済原論』より引用したい。

「Ⅰ 6000 ＝ 4000c＋1000v＋1000m
Ⅱ 3000 ＝ 2000c＋500v＋500m」

この表式は、ローザ・ルクセンブルクによって「マルクスの不朽の功績」と讃えられたものだが、私も、これほど資本主義というものを説明するのに最適なものはないと思う。

Ⅰは、生産手段として生産される部門。

Ⅱは、消費手段として生産される部門。

Ⅰの生産手段とは、工作機械、モーターや内燃機関などの動力機械、各種原料、電気、石油など機械を動かす燃料。工場の建物そのもの、要するに工場で使用する一切のものと考えると分かりやすい。この中には、農業で使用するトラクター、コンバインなどを入れて考えてもよいと思う。

Ⅱの消費手段とは、全人類が生活のために消費する全ての物。衣類、テレビ、自動車、靴、化粧品、歯ブラシ……要するに、われわれが毎日生活するのに必要な物と考えると分かりやすい。その中には、食品、住宅を入れてよいと考える。

この表を分かりやすく書くと、こういうことになるか。

Ⅰ生産された生産手段＝不変資本部分＋可変資本部分＋剰余価値部分。

Ⅱ生産された消費手段＝不変資本部分＋可変資本部分＋剰余価値部分。

この不変資本部分というのは、この部分の価値が新たに生産された製品に価値を移転する部分と考えると分かりやすい。原料、燃料、工作機械の摩耗した部分、すなわち、われわれが減価償却と言っている部分などである。可変資本は新たなる価値を形成する部分である。すなわち労働に投じられる資本である。もっと分かりやすくいうと、労賃に当たる部分である。剰余価値の部分とは、新たに生産された価値の部分である。ざっくりと考えて不払労働と考えてもよいかもしれない。労働しても労賃として支払われなかった部分である。こういう言い方が、お気に召さない方は、価値が増殖した部分と考えるとスッキリするだろう。

ざっくり書き換えるとこうなる。

Ⅰ新生産手段＝（原料・燃料・減価償却部分）＋労賃＋価値増殖部分

Ⅱ 新消費手段＝生産手段＋労賃＋価値増殖部分
再度、単純再生産表式を表示したい。
Ⅰ 6000 ＝ 4000c+1000v+10000m
Ⅱ 3000 ＝ 2000c+500v+500m
ここの数字は、任意である。なにか特別の国、例えばイギリスの具体的な統計からとった数字ではない。この数字の詳しい解説は先にあげた『資本論』では、五分冊目の第二節、社会的生産の二部類、以下、『経済原論』では第三節、社会総資本の再生産過程、以下をお読みいただきたい。ここでは、ポイントとなる数字の部分だけをあげたい。
6000 の新たなる生産手段が生産された。しかし、Ⅱ部類の消費手段の生産には、2000c の生産手段しか使用されていない。残りの 4000c の生産手段はどうしたのか。これが資本主義とは何かを解く鍵である。この 4000c にあたる数字がⅠ部類の生産手段の生産の表にある。このⅠ部類で使用されている 4000c の中には、電気や石油などの燃料や原料も入っているが、機械を作るために使用する工作機械も入っているということである。つまり、こうである。生産手段の生産業者は、お互いに買い合うということである。石油採掘業者は、機械製造業者から採掘機械を買うであろう。機械製造業者は、石油会社から燃料として石油を買うであろう。……というふうにお互いに買い合う。Ⅱの 3000 ＝ 2000c+500v+500m の消費手段の生産のためⅠの 6000 ＝ 4000c+1000v+1000m という生産手段の生産がある。その生産手段 4000c の生産のための新たな表式はないということである。
別の言い方をすれば
Ⅰ……
Ⅱ……

Ⅲ……
Ⅳ……
とはならないことである。このⅠ、Ⅱは並列の表式で完結しているということである。

これを分かりやすく言えば、資本制生産様式の成立というのは、思い切ってひとことで言えば、機械を機械で作るようになって初めて成立したといえるということである。アダム・スミスが産業革命以前の経済学者といわれるのも、このⅠ部類の生産手段の生産というものを強調していないからだろう。彼が全然触れていないわけではないが。

つまり、資本制生産様式というのは、産業革命以後にさまざまな内燃機関や製造機械などが現われて、その内燃機関や製造機械そのものを機械で作る工場が幅広く林立し始め、以前とは比べものにならないほどの生産力が社会全体をおおう状態になることをいう。資本制生産様式というものを正確に定義づけたのは、マルクスであり、少なくとも、私は心の中で、このマルクスの定義にしたがっている。

よく資本主義イコール市場経済とか、資本主義イコール民主主義とか、社会主義イコール非市場経済とか、社会主義イコール非民主主義とか、そんな捉え方をしている文章、発言を見聞きするが、マルクスが分析したのは、当時の最先端の社会構造をなしていたイギリス等だし、自由な流通、すなわち市場経済を当然の前提としており、そういう捉え方というのは誤解だろう。私が疑問に思うのは、社会構造の分析に、なぜ、資本主義の主義などというイデオロギー用語を使用するのかということだ。蒸気機関を発明したのも、優れた力織機を製造したのも、別にそういう主義をもっていたからというわけでもないだろう。

誰が言い始めたのだろうか。やはりマルクスだろうか。大塚久雄著『欧州経済史』によると「『資本主義』が述語として今日のような普及をみるにいたるきっかけをつくったのは、おそらく『近代資本主義』の表題をもつヴェルナー・ゾムバルトの大著、Werner Sombart, *Der moderne Kapitalismus*, I. Aufl., 2 Bde., 1898; 2. vermehrte Aufl, 3 Bde (jeder 2 Halbbande)1916, であったと思われる。」とある。

今、ふと思ったのだが、構造主義という言葉もある。確かに構造主義というのは、一種の考え方だから主義としてもおかしくない。この主義という言葉の中に何か争わなくてもよいのに争ったり、いがみ合わなくてもよいのに、いがみ合ったりする、何ともいえない、理由の一つがあるのではないかと思ったりする。本書では、分かりやすいように従来通り資本主義という言葉を使用してきたが、わざと資本制生産様式などと言い換えたりもしている。

現実の社会は、先に揚げた単純再生産の表式のようには単純ではない。Ⅰの1000m、Ⅱの500mと表わす、剰余価値部分は単純再生産表式では、分かりやすいように、資本家の個人消費に充てられる部分として前提にされている。しかし、われわれが資本主義と言っている社会は、この剰余価値部分が資本として蓄積され、次第、次第に資本が膨れてゆき拡張再生産になる。生産が年々増えるのである。この表では総生産は、6000+3000 = 9000で、9000であるが、次の年には9900になるというがごとくである。つまり、われわれがよく耳にする「成長」という現象がおこる。そして生産が拡張されるには、まずⅠ部類の生産手段の拡張から始まるということである。

自動車の生産を増やそうと思っても、その材料の鉄鋼の生産がまず増えてなければ、拡張生産はできないだろう。よく耳にする「設備投資」という言葉が、社会の経済状態を考える上で重要なのは、この理由による。マルクスは『資本論』の中で、この拡張再生産の表式を数字を使って説明しているが、ここでは、そういうめんどくさいことは省略する。

ただ、ここでぜひ知っておきたいことは、われわれが資本と呼んでいるものは、この剰余価値部分、別の言い方では、価値増殖部分が積み重なったものだということである。資本というのは「蓄積された労働」だということである。ホリエモンなる者が動かす何百億円というお金は、一人ひとりの労働者が働いて、その新しく創造された価値が集まってできたお金だということである。よく、アメリカの最高経営責任者なる者が百億円以上の報酬を得たりするが、これは異常なことだと思わないだろうか。もっとわれわれは声を出すべきだと思う。

さて東インド会社に戻ろう。東インド会社の歴史の最後の方になると、現地社員はインドの封建領主のようになって、地代により目がくらむような大富豪になり、イギリスに帰って豪華な生活をする。アダム・スミスも指摘しているように、こういう独占会社は腐敗が進み、赤字体質が改善されず、ついに廃止される。いわば社員一人ひとりは肥えるが、会社としては赤字なのである。インドはイギリス国家直轄領になる。

前にインド産の綿織物がヨーロッパに流れ込んだと書いたが、これが逆流するのが産業革命以後である。イギリスで安くて品質のよい綿織物が大量に作られるようになり、手工業での綿織物を駆逐する。『資本論（二）』（マルクス著、エンゲルス編、向坂逸郎訳）から引用しよう。

「数十年間にわたって徐々に進行し、ついに一八三八年に至って終りを告げたイギリスの木綿手織工の没落は、世界史上に例のない悲惨な光景を呈した。彼らのうちの多くの者が餓死し、多くの者が、家族とともに長いあいだ一日二ペンス半で、命だけをつないだ。これに反して、イギリスの木綿機械装置によって急激に影響を受けたのは東インドで、その総督は、一八三四―三五年にこう確信した、『この窮乏は、商業史上にほとんど類を見ない。木綿職工の骨は、インドの野をまっ白にしている』と。」

新しい産業形態が、いかに古い産業形態を破壊しながら勃興していくのかよくわかる。それによって社会構造も変化していくのだが。

一九八二年度製作の、リチャード・アッテンボロー監督、ベン・キグズレー主演のインド独立運動の闘士、マハトマ・ガンジーを描いた映画「ガンジー」を見た人も多いのではないだろうか。英国製の衣服を焼く運動が広まり、大勢の人がチャルカー（手紡車）で糸をつぐむ光景が写し出されていた。ガンジーが身にまとっていたのは、インド人が手工業で作った布である。スワデシ運動（外国製品非買運動）である。

ガンジーらの運動も社会学的に見れば、中世の産業に戻れと言ってるのと同じではないか。いわば、インド古来の精神文化・伝統を武器に闘えということであり、一見歴史に逆行しているような復古運動も、実は鋭く先進性を示しているのである。目指すは、インドの独立であり、これ以上インドから富を奪うなということである。無論、カースト制、幼児結婚、サティー（寡婦燃死＝夫の火葬の際、その火中に身を投げ殉死する。インドでは、それは妻の最高の美徳と考えられていた。相続とも関連するといわれる）などの古い因習とは闘ったが。

日本の明治維新でも、開国し、近代化を達成したのも結局は、王政復古や、尊王攘夷などと時代錯誤なことを言っていた連中ではないか。時代に逆行するようなスローガンを掲げながらも、その目指すところは、時代を進ませることだった。広く世界を見渡し、国を拓き、諸外国と交易し、国を富ませ強兵の道しか日本の進む方向はないと洞察していた人物は、むしろ幕府側の高官に多かったのではないか。

彼らの誤りは、彼らの基盤である幕藩体制そのものを、まず倒さなければならないということに、思い至らなかったことにある。歴史は真っ直ぐには進まない。革命・社会運動は、スローガンとは別に、本当はどの方向にエネルギーが向かっているかを見極めることが大切だ。一見、反民主主義的な動きであっても、それは鋭く民主主義へ向かう運動だったりする。それを理解しないと、大きな誤解が生じて、本当は同じ方向に向かっている別々のグループが、相手が正反対の方向に向かっていると勘違いして、無用の争いを起こしたりする。この書では、そうしたことも、解明していきたい。

われわれの時代の全共闘運動も、極めて鋭く先進性を示していたと私は思う。私は黙って聞いていたが、ソ連圏の経済問題を喋りだし、私を理論的に論破したと思って得意がっている軽薄なやつもいた。歴史を生きたものとして捉えていないのだろう。現に今、ベトナムには泣き笑いする生身の人間が生きていて、そして、その人たちが、どんな思いで生活しているかを捉えてないのだ。

もし今、忠臣蔵事件が起こったらどうなるだろうか。マスコミは逆恨みだとか、気持ちは分かるが、集団で殺りくするのは重大な犯罪だとかいうだろう。世間も、それほど同情を寄せないかもしれない。現代のわれわれの生活、道徳、価値観は徳川時代とは、だいぶ違っているのは分かるだろう。それらの価値観は、映画やドラマの中だけなのだ。

百年以上前の明治維新の国家主義エネルギーの消滅は、第二次世界大戦の終息まで待たなくてはならない。その百年以上前の明治維新期のイデオロギーの残り火をいまだ持ち続けている政治家がいる。それは、吉田松陰の松下村塾があった長州、すなわち山口県を地盤とする政治家に脈々と受け継がれているように思える。

六〇年安保のときは岸信介、われわれの時代は佐藤栄作首相と、いずれも山口県出身だった。六〇年安保闘争は、日米安保条約よりも、旧A級戦犯で、国家主義イデオロギーを持ち続けているように思える、ときの岸信介首相に対する反発が強かったように思われる。その証拠に、岸信介首相が退陣すると、運動はピタリと止んだ。いわば、時代を逆回転させるなということだろう。われわれの佐藤首相の時代も、そうした反動の流れがあった。詳しくは最後の方で説明する。

吉田松陰の教えは、その時代では、革新的で時代を動かす原動力になっただろうが、それを現代でも、そのまま現実の政治に生かそうとするのはどうか。仏教やキリスト教と同じように心の指針としてひそかに持ち続けるのは、立派なことだと思うが。こうした吉田松陰の流れをくむような政治家は絶えることはないだろうが、そういう人を総裁に選ぶ自由民主党という政党は何だろうと頭をひねるときがある。いたずらに社会争乱を招くだけではないか。

結局イギリスは、後進国であるフランス、ドイツ、アメリカに製造業としては追いつき、追い抜かれ、それまでに蓄えた資金を元手に、シティーを中心とした金融資本を基礎構造とする国家になってゆくのだが、詳しくはここでは省く。興味のある方は、ヒルファデングの『金融資本論』をお読みいただきたい。レーニンの『帝国主義論』もよい。こちらの方は、各出版社、各種訳が出ている。ただ知っていただきたいのは、剰余価値部分が最終的には金融資本に流れ込み、EU内におけるギリシャ問題のように、国家や社会をコントロールするのが、政治家か、銀行家か、分からなくなってしまうということである。政治家が銀行家の代弁をし始めると言った方が、分かりやすいのかもしれない。資本制生産様式の最高位に君臨するのが、金融資本である。

フランス革命とロシア革命の違い

さて、いよいよわれわれが封建時代と呼ぶ制度に破壊力を加えたフランス革命に思考を移そう。フランス革命とロシア革命の違いを知ることは、われわれの時代を知ることだ。フランス革命とは、それまでの社会の上層に君臨していた王、僧侶、貴族などの特権階級を第三身分（市民層）が下に引き下ろした運動である。「第二身分とは何か……全てである」という、革命に影響を与えたエマニュエル＝ジョゼフ・シエイエスの名言があるが、第三身分とは、先に説明した「労働価値説」を現実に担う人と考えると分かりやすい。　商工業が発達して商工業に従事している層が力を持ち始め、それまでの土地・農業を基盤とした支配階級を打ち倒す運動である。別の言い方をすると商業・工業に都合よく社会をつくり直す運動と言った方がよいかもしれない。フランス革命の評価は、法律専門家、経済学者、歴史学者、文化人類学者など立場の違いによってさまざまである。

私はここで偏見と独断に基づいて最重要と思われることを述べたい。革命政府は、資金難に陥り、修道院などの宗教領、亡命貴族の土地を没収し売り始めた。最初、その土地を、お金の余裕がある層が買ったのだが、フランス革命最左翼、ロベスピエール独裁時代に、農奴、元農奴などの最貧農民層に土地を安く売った。私は、『マルクス・エンゲルス全集』を隅から隅まで読んだわけではない。文庫本になっている有名な本を何冊か読んだだけだが、私の知る限り、マルクスとエンゲルスは農業における土地を生産手段とは定義してはいない。「生産用具」とは書いている。

しかし私は、農業における土地を最重要な生産手段と定義しても構わないと思う。こうしてフランスの貧しい農民は「土地＝生産手段を所有する者」、すなわちプチ・ブルジョアジーになった。こうした土地を所有する農民を、マルクスは、どう捉えているだろうか。少し長いが『資本論（八）』より引用する。

「自営農民の自由な所有は、明らかに小経営にとっての、すなわち、土地の所有が労働者自身の生産物の労働者による所有にたいする一条件であり、また、自由な所有者である隷属民であるとを問わず、耕作者はつねに彼の生活手段を自分自身で、独立に、その家族とともに、孤立した労働者として、生産せねばならない、という一生産様式にとっての、土地所有のもっとも正常な形態である。土地の所有が、この経営様式の完全な発展のために必要であることは、用具の所有が手工業経営の自由な発展のために必要であるのと同様である。土地所有は、ここでは、人格的独立の発展のための基礎をなす。」

ヴェーバー派の社会学者がよく「経済外強制」という言葉を使用するが、これは、地主階級である貴族・僧侶が、宗教的もしくは身分的権威により、下で働く農民を人格的に主人として支配することをいうのだろう。現代の賃金労働者は家来ではない。従って、労働時間内は拘束されるが、あとは自由である。中世の農民は、結婚、移動、日常の振る舞い、どこで自家用のパンを作るかなどの家計のやりくり、副業などで制限を受ける。副業で稼いだ金を没収される場合さえある。すなわち臣民である。

農民が自分で自分の土地を持つということは、そうした経済外強制から逃れることをいう。これは、自分で作った農産物をどのように売るかの自由も含まれる。そして、上からの身分的圧迫のみならず、共同体的しがらみからの解放という意味も含んでいると思う。最初にヨーロッパの農業を三圃《さんぽ》制を軸に説明したが、これを唐突と感じた読者もいるのではないだろうか。重要だと思ったから最初に説明したのであり、今後も何度も振り返ることになるであろう。

フランス革命によって、何百万という農民が自営農民として成立したことは大きい。農民は一旦、生産手段としての土地を所有すると、その私有財産としての土地を守ろうとする。この後、この農民がフランスの歴史に重大な足跡を残す。

一八四八年、二月革命が勃発、それがパリ六月暴動に発展。このころ、実在していた歴史上の人物に、次のような人々がいる。プルードン、ルイ・ブラン、ブランキ、そしてカール・マルクス。六月暴動には、私有財産を否定する社会主義者のグループが参加していた。先の農民は、全ての者の生活が楽だったわけでもない。高利貸しより借りて、やっとやりくりしている人もいたことは確かだ。しかし、自分の土地を得た喜び、自分の土地＝私有財産を守ろうとする思いは強かった。日本における農場経営者としての武士を思い浮かべてもよいであろう。彼ら（革命後のフランス農民）は、自らの土地を守ろうとして、大土地所有者である貴族と同盟してパリの制圧に向かった。（アレクシス・ド・トクヴィル著『フランス二月革命の日々』喜安朗訳、参照）こうして六月暴動は鎮圧される。

一八七一年の、パリ・コミューンの敗北も、よくパリと農村部が連絡が取れなかったのが原因といわれる。パリ・コミューンの最左翼はブランキである。

『われわれはフランス・コンミューンの経験をなめないようにしなければならぬ。フランス・コンミューンのときには、農民はパリを理解しなかったし、パリは、農民を理解しなかった。」（トロツキー著『ロシア革命史（五）』（ソビエトの勝利、上）山西英一訳）

一七八九年のフランス革命はなぜ成立したのか？　それは農民をも巻き込む全国民的運動たり得たからである。パリ・コミューンはなぜ敗北したか。それは、パリが農村から孤立したからである。フランスの農民にとって封建時代からの基本的脱却はフランス革命によって完了した。日本の農民にとってのそれは、第二次世界大戦の終了まで、待たなければならない。

余談ながら、理屈っぽいマルクスに対して、明るいアダム・スミスは、どう言っているだろうか。

「小土地所有者は自分の小所有地を隅から隅まで知っているし、財産、とくに小財産が自然にはぐくむ愛情をもってそのすべてを見つめ、またその理由から、所有地を耕作するだけでなく美化することをも楽しみとするのであって、彼らは一般に、すべての改良者のなかでももっとも勤勉で、もっとも聡明で、もっとも成功する者たちなのである。」（『国富論 2』水田洋監訳、杉山忠平訳）

ついでに余談その②　ボリビアで一九五二年、国民革命運動（ＭＮＲ）による革命が成立。農地改革が行われる。なぜか、あの頭のよいチェ・ゲバラが、そのボリビアの農村でゲリラ闘争を開始。すでに農地改革が済んでいるボリビアの農民の支持を得られず、一九六七年捕らえられ処刑される。なぜ、失敗するのが目に見えているのに、わざわざボリビアを選んでゲリラ闘争を開始したのだろうか？　おそらく農民と土地の関係をよく知らなかったのではないか、と思わざるを得ない。

余談その③　第二次世界大戦後、GHQによって、日本で農地改革が行われたのだが、その農村で日本共産党が山村工作隊なるものをつくって、毛沢東の農村に根拠地をつくり「農村で都市を包囲する」作戦の真似ではないかと思われるような戦術をとった時代があった。農地改革後の農民の支持が得られず、短期間で終わったようだが、これなども農民と土地の関係を知らないためではないか。ちなみに農地改革は一九四七～五〇年の間に行われ、日本共産党による山村工作隊は一九五二年のできごとである。

フランス革命によって、フランスの農地がすべて小土地所有に分割されたわけではない。亡命しなかった貴族の大土地所有は生き残った。有名なのでは、前にあげた『フランス二月革命の日々』や『アメリカのデモクラシー』を書いた貴族のトクヴィルの一族がある。彼の両親は、危うく処刑されそうな寸前、幸運にもテルミドール反動が起こり、間一髪で助かったそうである。今もフランスの農業生産高はヨーロッパでも一、二位を争うそうであるが、この大土地所有と小土地所有の混在が関連しているのではないだろうか。

フランス農民が保守＝反革命と図式的に捉えてはならない。むしろ、歴史の節目にバランスよく登場したと考える方がよい。むろん立場によって見方は変わるであろうが。その特徴がよく表われているのが、フランス人民戦線である。

一九三三年、六月、ドイツでナチス党以外の政党が禁止され、ナチス独裁が成立。フランスでも、火の十字団、愛国青年団、フランス連帯団、フランシストなど極右政治団体が勢力を伸ばし始めた。それに危機を感じ始めた、知識人、芸術家、労働界、政党など各種団体が結集し始め、ついに一九三五年七月十四日、パリで四十八団体、四十万人が結集する反ファシズムの大デモンストレーションが行われた。共産党、社会党、急進社会党の三党首がともに行進した。その瞬間、反ファシズム人民戦線が成立したといわれる。

一九三六年の総選挙で、社会党、急進社会党、共和社会同盟の連立による人民戦線政府が成立。共産党は閣外協力にとどまった。注目すべきは、この中の急進社会党という政党である。この政党はよく中産階級の政党といわれる。わたくし的言い方をするならば、プチ・ブルジョアジーの政党と言い換えてもよいだろう。プチ・ブルジョアジーとは、「生産手段を自ら所有している階層」と考えると分かりやすい。つまり賃金労働者にならなくても生活できる人という意味である。花屋、お菓子屋、床屋、中小企業の経営者（サラリーマンでも、自宅など守るべき資産を持っている者、つまり自己意識では自らを中産階級と認識している者も、この中に入れてもよいと思う）。そして土地を持っている農民。フランスは大企業より中小企業の割合が高いそうである。

そうした面が、急進社会党を大政党にしているのだろう。そして、よくいわれることなのだが、この人民戦線政府を成立させたのが、最終的には、農民票が決定づけたといわれる。農民が人民戦線側に投票させたものは、それはフランス革命以来の伝統といわれる。うーん、なんとなく分かる。

ただ、われわれアジア人にとってみると、一九三六年一月十二日に発表された人民戦線綱領において、アフリカ、インドシナのフランス植民地における希望の光は今にも消えそうなものだったことである。

その部分を引用する。

「七　植民地
フランス海外植民地、とくに仏領北アフリカとインドシナにおける政治、経済、人心の状況についての議会調査委員会を設置する。」（『フランス人民戦線』海原峻著）
単に調査するだけだが、かつてホ・チ・ミンはフランス共産党に対して植民地問題に対する無関心に抗議している。しかし、ベトナム独立闘争に対して、このフランス人民戦線が及ぼした影響は大きいと私は思う。フランス人民戦線政府はベトナムにおける政治犯に対する恩赦を実施し、ファン・ヴァン・ドン、チャン・ヴァン・ザオらが釈放されたが、それ以上に重大なことは、おそらく、この人民戦線方式に倣って「インドシナ反帝人民戦線」が結成されたことであろう。
これは、「救国」という目標に幅広く国の各層を結集させるもので、これは後の闘争に計り知れぬ影響を与えたと私は思う。この「インドシナ反帝人民戦線」は、「インドシナ統一民主戦線」、「インドシナ民主戦線」へと名前を変えてゆくのだが、ここに「共産主義」という一イデオロギーでなしに、もっと幅広い国民を独立という目標に結集させた歴史的転換点だったように思える。
一九六六年、ベニス映画祭でグランプリを受賞した、ジッロ・ポンテコルボ監督、エンニオ・モリコーネ音楽、ジャン・マルタンら出演の映画「アルジェの戦い」を見たことがあるだろうか。これは、フランスに対するアルジェリア民族解放戦線（ＦＬＮ）の闘いを描いたものだが、この映画は、民族独立闘争に対する虐殺による弾圧、残酷な拷問を描いており、ベニス映画祭では、フランス大使館が反仏映画として中止を申し入れ、受賞式でフランス代表団が会場を出るという一幕があった。
ＦＬＮの一員として闘い「黒人は人間ではない」の言葉で有名なフランツ・ファノン関連の本を読んで、あの映画に描かれた拷問は、まだ軽い方だと後で知った。ナチスのゲシュタポにも劣らぬ残虐さだと書いている者がいる。フランス植民地時代のベトナム関連の映画は、ほとんど見ていないのだが、同じようなものだったろう。こうした民族の記憶を理解しない限り、その国々を理解することができないだろう。

欧州各国は、アジア・アフリカ各地の植民地に奴隷労働によるプランテーションを展開するのだが、この奴隷労働が意外と難しく、うまくいった例としては、安い奴隷を大量に供給できたローマ帝国など、そんなに多くはないそうである。馬や牛などの役畜は高価で、もし死亡すれば、大変な財産の損失だろう。まして人間の奴隷である。それに奴隷をうまく働かせるのには、動機づけが必要である。恐怖だけではなさそうである。

その点、イギリスはあまり巧妙でなく、フランス人が一番巧妙だったそうである。ガンジーの非暴力によるインド独立闘争も、相手がイギリスだから有効だったのであり、これがナチス・ドイツやフランスだったら、どうだったか？

アルジェリアやベトナムにおける独立闘争に対してのフランスの残虐な弾圧も、このプランテーションにおける奴隷労働と関連しているように思える。フランスにおける「自由・平等・博愛」は、あくまでもフランス人のみの「自由・平等・博愛」なのだ。フランス革命によって、フランスの農民は農奴的立場から、プチ・ブルジョアジーになった。これは、フランスの歴史に重大な意味を与えた。ちょうど第二次世界大戦後、日本での農地改革によって、日本の封建的社会構造が崩壊したように。

第四章　東方正教会と農民の革命運動

東方正教会とクリミア戦争

フランス革命からロシア革命へ話を移すためには、まず東方正教会の話から始めよう。その東方正教会とは、日本ではよくギリシャ正教の名称で呼ばれる。一〇五四年、ヨーロッパのキリスト教は東西に大きく分離する。どうも、この一〇五四年という年は、分離が確定した年らしい。歴史年表を見ると、八六七年には「コンスタンティノープル総主教とローマ法王が互いに相手を破門する」とある。九八九年には「キエフ公ウラディミルがギリシャ正教に改宗、ロシア人の改宗の始め」とある。まあ、あまり細かく考えないで、ローマ帝国が東西に分裂したように、キリスト教も東西に分裂したと考えた方がよい。

この場合、ローマにはローマ法王がいて、コンスタンティノープルには総主教がいる。このローマ法王と、コンスタンティノープル総主教が同じような権威を持っていると考えると過ちが生じる。これは、コンスタンティノープルが一二〇二年に第四回十字軍によって陥落したり、一四五三年には、オスマントルコのイスラム勢力によってコンスタンティノープルが征服されたりした歴史的背景があるものと考えられる。

この年には東ローマ（ビザンティン）帝国が滅亡してしまうのだが、それ以前からゲルマン民族の大移動などによって、徐々に国力は低下していたといわれる。一五八九年には、ロシア総主教座が設置され、コンスタンティノープルからは独立した形になる。ちなみにギリシャでは、同じ位階の人をギリシャ大主教という。西欧では、ローマ法王は一人だが、東方では、同じような立場の人が各国に一人ずついることになる。伝統的にコンスタンティノープル総主教を代表と認めようと、緩やかな暗黙の了解はあったらしいが。そして、ローマ法王の、その絶大な権威が、西洋の歴史に大きな意味をもつ。

つまりローマ法王の精神的権威と、たとえばフランス王の世俗的権威というように、権威というものが精神的なものと、世俗的なものに大きく二つに分裂しているのだ。モンテスキューの三権分立を持ち出すまでもなく、権力や権威というものは、並立していると、互いにけん制しあい、チェックしあい、より民主的になっていく。ローマ法王の権威がどのくらいすさまじかったかは、一〇七七年、ドイツ王が破門を解いてもらうために、雪の中、裸足で三日間立ち、ローマ法王（教皇）に許しをこうたことでも分かる（「カノッサの屈辱」）。

ロシアの場合、この総主教はローマ法王の高みまでは登らなかった。そしてロシア皇帝は世俗的権威と精神的権威を合わせ持つ存在になる。つまりロシア皇帝は宗教的崇拝の対象にもなるのだ。これが、どんな現象を示すかというと、ロシアの歴史においてステンカラージンの乱や、プガチョーフの乱など、大きな農民反乱が何度か起こる。しかし、そのたびに、やれステンカラージンは皇帝の仮のお姿なのだとか、死んだといわれていた前皇帝は本当は生きていて、あのお方は、実は仮のお姿で、われらを救いに来てくださっているのだとか、われこそは本当の皇帝で、宮廷にいるのは、偽物なのだとか、われこそは帝位を継ぐべき正当な皇子だとか、言われてきた。

一八六一年、農奴解放令が公布されたときも、「皇帝がもっとよい改革を考えてくださっている」というようなうわさが流れたりとか、というようなことになる。ここでローマ法王と書いたが、ローマ教皇という時代もあったが、煩雑になるのでローマ法王で統一した。西欧では、王が帝位に就くとき、高位聖職者が、新王に王冠をかぶせるという宗教の権威を借りた儀式があるが、国家と宗教の分離を進めたフランス革命後のナポレオンの戴冠式では、ナポレオンは自分で自分の頭に王冠をかぶせた。しかし、ロシア皇帝は一九〇五年まで信仰の対象になる。

ロシアの宗教を語るならば、どうしても古儀式派に触れなければならない。一六五二年、モスクワ総主教に選出されたニーコンが、ロシアでのキリスト教儀式が、本来の東方正教会（ギリシャ正教）の儀式から変形しているとして、修正しようとした教会改革に対し、ロシアの伝統的な儀式を守ろうとした人々がいた。それらの人々は古儀式派といわれる。それらの人々は破門され、正教会から分離し、古儀式派は分離派ともいわれる。どうも、一つに固まった宗派ではなく、それらの内部でもまた別々に分派したらしい。ロシア史の本を読むと、この古儀式派の成立を、古儀式派には商工業者が多いので西欧のプロテスタントと重ねて見たり、重要な出来事としているのだが、私にはピンとこない。彼らが自治的な都市を成立させたという話も聞かないし、重要な宗教戦争を起こしたという話も聞かない。

確かに弾圧され、集団自殺したり、追放されシベリアをさまよっていた高名な宗教家がいたり、スターリン時代には収容所となり、今では世界遺産となっているソロベツキー島の修道院では、十年近く古儀式派が政府軍に対し武装抗戦した。この古儀式派とロシア革命の精神的関係は全然関係なくはないだろうが、私にとってはよく分からないというのが正直なところだ。この古儀式派は、一八九七年の統計によると総人口の二パーセント以下である。これはロシア内において、ローマ・カトリック、プロテスタント、イスラム教、ユダヤ教より人口比は低い。弾圧によって人口比が減ったとも考えられるが、古儀式派をあまり重要視する必要もないのではないか。

有名なところでは、レーニン死後、人民委員会議議長になり、新経済政策《ネップ》を推進した、アレクセイ・ルイコフ（一八八一～一九三八年）の両親は古儀式派といわれる。ただ、ソ連指導部には、トロツキーなどユダヤ人もおり、彼らは互いに相手の信仰を意識しているとは思えず、ロシア革命を考えるとき、宗教的何々派というのは、あまり重要でないかもしれない。ただロシアは専制が続いており、精神的、宗教的な反対派が強固に存在したということは、意味のあることではあろう。

こうした伝統が、バクーニン、ゲルツェンなど「革命」を志向する人々を生み出したともいえなくもない。専制と宗教改革という面から考えると、西洋の宗教改革の根本精神に「一人ひとりが聖書と直接向き合う」というのがあるが、ロシアではクリミア戦争ころまでに、いまだ聖書出版の自由はなかった。キリスト教国で聖書が自由に出版できなかった。それ一つとっても、いかにロシアの専制が凄まじかったかが分かる。

古くからのロシアの自己認識は、西洋に比べて遅れた国としてであった。十七～十八世紀にかけてはピョートル一世による西洋化、近代化が有名であり、十九世紀初めには、ナポレオン戦争後、パリに行った若き貴族たちが自由な西欧を見て驚き、一八二五年、十二月にロシアの変革＝近代化を夢見て蜂起したデカブリストの乱もある。だが、何といっても、衝撃の極め付きは、一八五三年に始まり一八五六年に終わったクリミア戦争であろう。その衝撃は、中国人にとってのアヘン戦争に匹敵するかもしれない。最初トルコとのみの戦いであったが、それに英・仏が参戦。それによって、ロシアの近代化の徹底的遅れがあらわとなる。

第一次世界大戦のとき、バルカン半島は「ヨーロッパの火薬庫」といわれたが、クリミア戦争当時も、バルカン半島には多民族が混在し、北にロシア帝国、南にオスマントルコ帝国、西にオーストリア（ハプスブルク）帝国が存在する、政治的駆け引き、力学、帝国の領土の奪い合いの舞台であった。現在の状態から、その複雑さを見てみよう。民族では、大きく見た場合、ロシア人と同じスラブ民族がいる。それらは、また細かくセルビア人とかルーマニア人とかに分かれるのだが、そのスラブ民族がまた、東方正教会とカトリックに分かれる。同じスラブ民族でも、セルビア人は東方正教会だが、クロアチア人はカトリック教徒である。

その東方正教会も、アルバニア正教、セルビア正教、ブルガリア正教、ギリシャ正教、ルーマニア正教に分かれる。正教徒にはスラブ人の他にアラブ人もいる。こうしたキリスト教徒の他に、ユダヤ教徒もいる。そのユダヤ教徒も使用言語によってロマニオテス、セファルディム、アシュケナジムに分かれたりする。ロマ（ジプシー）もいる。この人々に「あなたは何人ですか?」とアンケートを取ると、ロマと答えたり、ルーマニア人と答えたりする。ロマの定義は、かなりややこしい。同じロマだから言葉が通じると思うと、住む地域によって違う言葉を使用しているから通じなかったりする。当時のバルカン半島は、オスマントルコ帝国の支配下にあったから、当然イスラム教徒もいる。タタール人などである。現在は国家として成立しているモンテネグロの人口は約六十二万人である。国家として成立していない少人数の民族も存在する。

現在のセルビアの北部の「民族のパッチワーク」といわれるヴォイヴォディナ自治州で使用されている言語は、セルビア語、ハンガリー語、スロバキア語、ルーマニア語、クロアチア語、ルシン語の六つの公用語の他に、ロマ語、ウクライナ語、マケドニア語、ヴニェヴァツ語の新聞が発行されているそうだ。言いたいことは、バルカン半島には、多民族、多宗教、多言語が渾然一体となっており、しかも近隣には大帝国が存在し、それらの草刈り場、パワーゲームの場所となり、それら帝国に支配されるたびに、民族の独立、自治を求め、支配する帝国が変わるたびにポグロム（ユダヤ人に対する集団暴行事件）が発生し、独立、自治の運動が残虐に弾圧されてきた歴史を持っているということである。とにかく当時からバルカン地帯は、民族、宗教絡みの紛争が絶えない所であった。

一八五三年のクリミア戦争のきっかけは、当時オスマントルコ帝国の支配下にあった、キリスト教、ユダヤ教、イスラム教という三大宗教の大聖地、エレサレムにおける、カトリックと東方正教会の争いである。聖職者同士の殴り合いまであったらしい。当時エレサレムを管理していたのは、オスマントルコ帝国であったので、ロシアがその争いの決着の外交交渉のためトルコに外交団を送る。それと同時に、ロシアがトルコが宗主権を握っているバルカンのドナウニ公国・モルダヴァとワラキアに軍を進出させる。ロシアは、それによってバルカンに、スラブ民族・東方正教会教徒の蜂起が起こると思ったらしい。そう単純ではないのだが。

結果、ロシア一国対、トルコ、イギリス、フランス、後には、オーストリア帝国、イタリアのプロイセンともいえるサルデーニャ王国が加わる大戦争になってしまう。当時オスマントルコ帝国は「瀕死の病人」だったが、領域が広かったため、エジプト、チェニジアなどからも「トルコ軍」が来た。これらの「トルコ軍」の中には、剣ややりで武装した中世の部族部隊のような軍もいたらしい。この時期のエジプトとチェニジアの立ち位置は微妙なのだが、国際法上はいまだオスマントルコ帝国領内、つまり、列強諸国よりは独立国として承認されてはいないが「実質的には独立国」といったものだろう。われわれは後の第一次、第二次世界大戦の印象が強烈なため、クリミア戦争は、あまり意識にないのだが、当時としては大戦争であろう。

そのクリミア戦争までのロシアの自画像は、おそらくヨーロッパ一の軍事大国であろう。一八一二年の祖国戦争で、あのナポレオンを破ったのが大きい。ロシア軍はナポレオンを追ってパリまで行った。その前の一七五六〜一七六三年の七年戦争では、ロシアはプロシャを絶滅寸前まで追い詰める。この時、プロシャはロシアを敵に回すことの恐ろしさを身を持って知ることになる。

一八一二年、ロシアがナポレオンを破った祖国戦争から、一八五三年のクリミア戦争まで世界がどう変化したのか、目についた事柄を挙げてみよう。

一八一四年、スティーブンソンによる蒸気機関車の発明。

一八一九年、蒸気帆船による大西洋横断。

一八二八年、ボルティモア─オハイオ鉄道開通（米最初の鉄道）。

一八三三年、英で工場法制定。

一八三五年、モールスが有線電信機を発明。

一八三八年、ダゲールによる写真術発明。

一八四五年、エリアス・ハウによる実用的ミシン完成。

一八五一年、ドーバー─カレー間に海底電線。

同年、シンガーによるミシンの発明。

クリミア戦争を書いたものを読んでみると、時代がひしひしと現代に近づいているなあ、と感ずる。第一次世界大戦で主流となった塹壕戦も登場するし、前線における兵舎も出てくる。映画でお馴染みの大鍋からの給食なんていうのも出てくる。戦場写真も登場する。イギリスでは、新聞がすでに発行されていて世論が政府を動かす。その通信のための前線からの海底ケーブルも登場する。ロシア側が判断を誤ったのは、王侯・貴族にさえ通じていれば、それで良しと思い、世論の存在を知らなかったということもあるらしい。

一般大衆が遠く離れた戦場の実相を知るようになるのもこのころである。軍上層部による作戦の失敗、それによる一般兵士の惨禍、それを知って激怒した一般国民の反応、それによってもたらされた負傷兵救済のためのナイチンゲールなどの活躍などなど。

フランス、イギリス側が一八一二年から見ると、格段に変化していたのに、ロシアは停滞していた。まず銃であるが、西欧側は、射程距離一六〇〇メートルで連射ができるミニエ銃を使用していたのに、ロシア側は旧式のマスケット銃を使用していた。そして、戦争における参戦国の総合力を測るバロメーターともいえる補給力やいわゆる兵站の脆弱さである。クリミア戦争の最終局面である、クリミア半島のセバストポリ要塞攻防戦において、フランスとイギリスは違う港を補給基地として使用したが、いずれも膝まで漬かるぬかるみに苦しんだ。

私は、このロシアの、特に雪解け時におけるぬかるみというのは、ロシアを理解するための重要な鍵の一つと勝手に考えている。戦史に詳しい人は知っていると思うが、第二次世界大戦でナチス・ドイツが、ロシア領内に攻め込んだ折り、このぬかるみのため戦車が身動きが取れなくなり、得意の機動力が発揮できなくなるという事態が起きた。むしろ、冬の方が、道路がパンパンに凍り付き、動きやすかったと思うが、冬は冬で、あまりに寒過ぎて、機械が凍り付くという現象が起きた。このぬかるみのために交通が不可能になるというのは、春以外に、理由は分からないが、秋にもなるらしい。この自然条件は、戦時に限らず平時においても、流通を軸として社会、経済を考える場合、重要な意味を持ってくるであろう（このことは後でまた触れる）。

フランス軍は、港と前線が近かったために、パリの街中みたいに、道路に舗石を敷いて問題を解決した。イギリス軍は、フランス軍とは別の遠い港を、補給基地として使用したが、なんとイギリスは、港から前線まで鉄道の線路を敷いて軍用列車を走らせた。世界史上初の軍用列車であろう。ちなみに、ロシアのペテルスブルクとモスクワ間の鉄道が開通したのは、クリミア戦争が始まる前の前の年の一八五一年である。クリミア半島はおろか、半島の周辺にも、鉄道は影も形もなかったに違いない。

繁雑になるために、具体的な数字を挙げるのは避けるが、この時代の歴史などを読むと、各国の鉄道普及率・距離が載っていたりするが、イギリスに比べてロシアは比較にならないほど低い。むろん補給には、流通以外にも、農・工業の生産力が関連してくるが、特に大砲の弾丸の製造能力は戦局を左右するほどの意味を持つだろう。この点でも先進工業国であったイギリス、フランスに分があるだろう。

当時「もう一年戦争が続いたらロシアは破綻しただろう」と言った人もいたくらいだが、国全体の経済力、兵士一人ひとりの判断力、理解力のための教育力、通信のための科学力、兵士のための衣・食・住、兵士そのもの、弾薬、武器などの運送力、それらを行う官僚の能力、汚職にまみれない清潔さ、責任感、つまり、戦争のための国の総合力においてロシアの後進性があらわになった。ロシアの名誉のためにいうならば、負傷兵の治療システムがナイチンゲールの活躍に見られるように、クリミア戦争中、大いに改善され、進歩したのだが、医療システムという点では、ロシアの方が改善の仕方が、良かったように思われる。

アメリカの奴隷解放とロシアの農奴解放令

フランス革命以後のナポレオン軍が、なぜ強かったか、諸説あろうが、理由の一つとして、軍隊の指揮命令が貴族の独占から、門地、身分に関係なく、才能ある人材に移ったことが大きいだろう。ナポレオンは、兵士の中から才能ある者を士官に引っ張り上げた。徳川政権が成立したとき、成立に貢献した軍事的才能を持つ者が、大名となったが、それから平和が続き、何代も代替わりした子孫が、同じように軍事的才能があるとは限らない。もし何の変化もなく（明治維新がなく）、同じように大名が実質的な軍司令官のままだったとしたら、日本は外国に敗れ、植民地になっていたかもしれない。

クリミア半島にフランス軍、イギリス軍が初めて上陸したとき、同じ海岸を使用したが、フランス軍はイギリス軍の約二倍の兵力だったが（兵数には諸説あり。ほぼ同数と書いている本もある）、たった一日で上陸してしまった。イギリス軍は五日もかかった。もちろん上陸したのは、兵士だけではない。食糧、軍需物資込みである。イギリス軍を指揮していたのは、もちろん貴族連中である。ロシアも、もちろん同様である。各国の士官学校の設立年度、そこに入学する貴族の割合は、軍隊の近代化のバロメーターになるかもしれない。

クリミア戦争の敗戦ショック後、ロシアでは、ピョートル大帝以来の伝統的な、上からの改革が始まる。改革の激しさから、後世の歴史家は、この時代を「大改革の時代」と呼ぶ。ソ連時代の学者の中には「下からの圧力に屈して上の方が妥協した」と解釈している人もいるようだ。私の独断と偏見で二つの重要と思われる事柄に的を絞って話を進めたい。

何といっても、大改革の目玉は、一八六一年の農奴解放令であろう。農奴と奴隷は、確かに厳密な社会学的定義に従えば、同じとは言えないが、「さまざまな自由が制限されている」「人格的に見くだされている」という点では、極めて似ていて、特にこのような専門書でない本の中では、農奴と奴隷は同じと思って考えてもそんなに不都合はないと思う。

この一八六一年という年には、もう一つ、世界史的出来事がある。アメリカでの奴隷解放のための南北戦争の開始である。私は時々、ロシアとアメリカは似てるところがあるなあと、思ったりするのだが、これなどもその一つだ。前にフランスで農奴制が徐々に弱まって、最後にその息の根を止めたのは、フランス革命だと書いたが、実は、産業革命以後の産業資本にとって農奴制、奴隷制は敵である。なぜなら、近代工場の労働者は、ほぼ農村地帯の農民出身だからである。移動の自由、職業選択の自由のない農奴制、奴隷制は、商工業の発展につれて自然と廃れていく。

もし、産業革命以後の商工業者と、頑固に古い制度によって立つ農業者とが、力が拮抗し、互いに相手を産業上の敵と見なすなら、もしくは、商工業者の利益にとって古い農業形態が邪魔となり、そのエネルギーの噴出にとって障害となるなら、火山の噴火となるだろう。すなわち、革命、戦争である。実は、農奴制、奴隷制は、農業そのものにとっても、あまり生産性が高くないというのが、徐々に知られるようになってきていた。ここで、何度か話題に上ったトクヴィルの『アメリカの民主政治（中）』（井伊玄太郎訳）は次のように描いている。

「ケンタッキー州は奴隷を認めているが、オハイオ州はこれをすべてその州内から排除している。それゆえにオハイオ河で船にのって河の流れにしたがって、ミシシッピ河にこの河が注ぎこむ入口のところまで下ってゆく旅行者は、いわば自由と隷従との間を航通するわけである。人類にとって最も好都合なものが何であるかを束の間のうちに判断するには、旅行者が周囲を眺めるだけで十分である。

この河の左岸では、人口は稀薄である。そこでは奴隷たちの群が半ば荒地のままになっている畑には無関心な態度で、絶えず歩き回っているのが認められる。原始林は絶え間ないほどに姿をあらわしている。そこでは社会は眠っているといえよう。人間は閑であり、自然だけが忙しく生きている感じをあらわしている。

これに反して、右岸からは、産業の存在を遠くから告げているわあっというような雑音がわき起こっている。豊かなみのりが畑を一杯に蔽《おお》っている。優雅な住居は耕作者の趣味と配慮とを物語っている。安楽な生活はあらゆる方面にあらわれている。人々は裕福で満足しているし、自ら労働している。……

右岸の白人で自分自らの努力で生活しなければならない人は、その生活の主要目的を物質的幸福においている。彼の住んでいる国は彼の勤勉に対して無尽蔵の資源を呈示しており、彼の活動に対して常に再生する誘惑の手をさしだしているので、彼の熱烈な一攫千金《いっかくせんきん》の欲望は、普通の人間的貪欲《どんよく》の限界を超えている。彼は富を手にいれたいという願望に悩まされて、幸運が彼のために開いているすべての道の中に大胆にはいりこむのである。彼は水夫にも開拓者にも製造業者にも耕作者にも何にでもなるが、これらの異なった諸職業にいつでも同じようにつきまとっている労働または危険に耐えるのである。富を手にいれるためには、彼の天稟《てんぴん》の資質には何か驚異的なものがあり、彼の活動には一種のヒロイズムがある。

オハイオ河の左岸のアメリカ人は、労働を軽蔑しているばかりでなく、労働によって成功がえられるすべての企業をも蔑視《けいし》している。彼は閑《ひま》のある安楽な生活をしていて、ひま人の好みをもっている。金は彼の眼には、その価値の一部を失っている。……彼は情熱的に狩猟と戦争とを好んでいる。……そしてこの逆作用によって南部人の商業能力と北部人の商業能力との間にはついに莫大《ばくだい》な相異が生じている。今日、船舶、製造業、鉄道、そして運河をもっているのは北部だけである。」

トクヴィルは南北戦争を見ずに亡くなっている。よって彼の見聞きしたものは、南北戦争前のアメリカである。フランスという異文化を持つ彼にとって、アメリカの南北の違いがよく描写されている。アメリカ南部の描写をロシアと写し変えて読むのも一興だと思う。アメリカ南部とロシアは、まったく同じではないであろうが、当時の大農場主の価値観、生活態度を理解するには、もってこいであろう。実はもっと引用したい箇所があるのだが、引用だらけになってしまうので割愛した。

農奴制、奴隷制は、近代産業資本にとって敵だと書いたが、アメリカの南北戦争は、北部の工業地帯と南部の農業地帯の争いであり、解りやすい例だが、一番最初に産業革命を成し遂げたイギリスは、奴隷制をアメリカなどよりも早く廃止したはずだという推理が成り立つはずだ。イギリス本土における奴隷制廃止は一七七二年であり、奴隷貿易を禁止したのは一八〇七年である。大英帝国内での、つまりイギリス植民地内での奴隷制度を廃止したのは一八三三年である。つまり、ロシア、アメリカより早い。トロツキーによるとイギリスにおける農奴制は、すでに十四世紀において実質的に消滅しているそうである。いずれにしても、イギリスは、こっちの方面では、主要国の中では、歴史のトップをはしり続けていたということがわかる。

一九一七年のロシア革命のときもそうだったが、このころから自由主義者とか、自由主義による政党とかが目立ち始めるが、これらの人々は近代産業資本の利益を代表していると見て間違いない。なぜならば産業革命以後の近代工業というのは、古い奴隷制、農奴制に対して自由という理念で闘いながら成長してきたのであり、しかも、この旧来の弊害は、農村地帯だけでなく都市においても、ギルドとしてであり、これらをも打倒しながら近代工業は勃興してきたのである。

イギリスでのそれらの古いものの法的表現は、一つの職業から別の職業へ移る自由の制限としての徒弟条例や同業組合法であろう。フランスでギルドが廃止されたのは、フランス革命後の一七九一年である。とにもかくにも、近代産業資本は労働者の移動の自由、職業選択の自由だけでなく、交通の自由、貿易の自由などを求め、自由を旗印にして、闘いながら勃興してきたのである。

手工業ギルドは、品質は重視するが、量は重視されない。むしろ制限されている。つまり、今日のような自由競争はないと思った方がよい。では、ギルドの親方はどんなことに情熱を燃やすのかというと、そのギルド内の組合長などの役員になろうとしたり、自分の属しているギルドそのものの社会的位階を高めようとする。たとえば、染物工のギルドを、肉屋のギルドより社会的に高い身分にしようとしたりするようなものである。ロシア革命時の自由主義の政党で、一番有名なのは解放同盟の流れをくむカデット（立憲民主党）である。この政党は、一九〇五年の革命があった十月に結成された。有名人としてはパーヴェル・ミリュコーフがいる。

ここで最初の方で説明した、三圃《さんぽ》制農法による村落共同体を思い出してほしい。このころロシアでは、まだこの農法が残っていた。そして農業経営の最小単位である農戸は、大家族であることはこれまで説明した。つまり、一つの家屋の中に多核＝複数の夫婦がいる。そして、この大家族制が、大きく崩れ始めるのは農奴解放令以後である。農民が出稼ぎに出始め、若い農民夫婦が独立して生計を立てることが可能になったことが大きい。このことは、長子相続制、もしくは一子相続制の成立とも関連しているかもしれない。イギリスの農民が現代の家族形態に近い核家族化には、すでに十三世紀にはなっていたと思われる。ここで前述の『中世ヨーロッパの農村の生活』（青島淑子訳）より引用したい。

「当時の家族の平均的な人数を知ることのできる史料はほとんどないが、家族は小規模で成員は五人程度、ほとんどが核家族、つまり夫婦二人だけか、夫婦と子供という構成だったというのが専門家の一致した認識である。家族の人数は経済状態を反映していることが多く、豊かな家ほど子供をたくさんもうけ、親戚や召使い（一人か二人）を養っていることもあった。」

これは、イギリスの十三世紀のことである。では、わが国では、どうだったのであろうか。

ここで、ロシアやヨーロッパの出来事を論じているのに、なぜよく日本のことが出てくるのだと思っている方のために説明したい。「バラ戦争」とか「オルレアンの包囲」などと書いても、映像として、具体的なイメージとして頭の中に思い描くことができる日本人は、あまり多くないに違いない。私もその一人である。でも「桶狭間の戦い」とか「本能寺の変」とかは、すぐイメージが湧いてくるに違いない。歴史を理解するには、われわれと等身大の人間が映像として動き回っていれば、理解しやすいだろう。日本の例を出すと、より物事が身近に感じられると思うからである。

さて、わが国の農家が、核家族化したのは、いつごろかということである。年代的に分かりやすいように一六〇〇年の「関ヶ原の戦い」を軸として考えたい。大家族的経営形態が小家族＝核家族的経営形態＝独立した最小経営単位への移行を、小百姓の自立＝小農経営の成立として社会学的に定義すると、日本史上の先進地帯である畿内では、一五〇〇年代の中ごろ＝十六世紀の中期には小農経営は成立していたと考えられる。これが、ほぼ日本全国に広がってゆくのは、徳川幕府の成立後の一六〇〇年代の中ごろ＝十七世紀の中期ごろと思われる。このことは、長子相続制もしくは一子相続制の成立とも関連していると書いたが、都市というか町の成立とも関連しているだろう。

つまり、二男、三男がどうしたかである。長男が継ぐ、残りの二男、三男が、もし領主層や力のある農民層が新田開発に熱心だったら、分家という形で新たな農家になるであろう。もしくは、江戸などの都会・町に出て商工業に従事するに違いない。江戸などの大都市だけでなく近所の中小都市も、農村地帯がある程度、生産力が高くなければ、成立しないに違いない。

つまり、都市住民の食糧を支えるのは、農村地帯であり、前にも書いたとおり、近代産業を生み出したのも農村地帯であった。都市が農産物を買い始めると、刺激を与えられて、農村地帯も生産を増やそうと創意工夫をするに違いない。

ロシアは広いから、ロシア革命のころにも、地域によってさまざまな農業形態が存在したが、ここでは主流になっている形態を中心にして論理を展開している。長子相続制もしくは一子相続制の成立には、移動の自由と、職業選択の自由と、若い人が独立して家計を営むことのできる社会全体の豊かさが関連していることが、理解できるであろう。そして、これら全てはロシアにないものであった。

ここでいう、長子相続制もしくは一子相続制の成立とは、王侯、貴族のみならず、富める者も、貧しき者も、国民一般、民族一般に広く、そういう習慣、伝統が根付いているかどうかである。

ロシアに根強く残っていた三圃制農法による村落共同体とは、人口を外に吐き出さず、共同体に村人を抱き込むシステムだといえる。これは農奴制とも関連している。領主は、所有している農奴の人数が減ると経済的損失になるので、農奴を増やすために、領主が勝手に誰それというふうに、相手を決めて結婚させた。若者本人の意志とは関係なく結婚させられるのだから、そこに悲劇が生じるのは当然である。農業地帯の住民が工業地帯に働きに出たのは、農奴制崩壊後が初めてではない。実は、領主が現金としての税が欲しくて、農奴を強制的に集団で工業地帯へ労働に行かせたりしている。

ちなみにわが国では、加賀藩などが、現金による税収が欲しいのと、江戸、大坂にわざわざ年貢米を送らずに、領内で処分したいために、町建《まちだ》てを行っている。町建てとは、藩が人工的に町をつくり、商人、職人を住まわせることである。そして、そこから税として現金を取り立てる。大抵は、農民が市《いち》を開く新町として、町建ての願書を出し、それを藩が許可するという建前をとっているが、それによって、町と農家の流通も新たに発生するだろうし、そのための道路や橋、もしくは渡し舟の整備も起こるだろう。道路の整備は、その国の経済がいかに地域的な自給自足体制から離陸しているかを測るバロメーターであるように思える。

ここでクロポトキン著『ある革命家の思い出（上）』（高杉一郎訳）より引用したい。

「それに、家庭で必要なものはなんでも自分の家の使用人たちにつくらせるというのが、あらゆる地主たちの理想であった。

『お宅のピアノは、いつもなんていい調子なのでしょう！　きっとヘル・シンメルに調律させていらっしゃるんでしょうね？』たとえば、訪問客からそう聞かれたときに、『調律師を家においてあるのです』と答えられるのが当時の理想とされていた。

『なんてきれいなケーキでしょう！』食事の終りに、練り粉と砂糖ごろもでつくられた芸術品のような菓子が出ると、客は思わず嘆声をあげていう。『公爵、これはトランブレ（高級菓子店）のものでしょうね？』『うちの菓子つくりがつくったんです。トランブレの弟子ですが、ためしにつくらせてみたんです。』あるじがこう答えれば、客たちはみな嘆声をあげるというわけである。

刺繍、馬具、家具、そのほかなんでも、自分の家の使用人につくらせるというのが、裕福で尊敬を進めている地主の理想であった。」

成人してから、アナーキストになるクロポトキンは、もともと貴族の生まれで、一八四二年生まれで、一九二一年、七十九歳で死亡した。農奴解放令公布は一八六一年であり、この描写はクロポトキンの幼い時期のものであるから、農奴解放令以前のことである。全部が全部、自給自足ではないが、これより古い時代になると、もっと自給自足になるだろう。ここに出てくるケーキ、家具は商品ではない。おそらく農奴解放の後は、これらを製造する人々は、都市や町に出て行って商品を作り始めたに違いない。

この何でも自分の家の使用人に作らせる状態というのは、西ヨーロッパや、わが国の社会に置き換えてみると、限りなく、荘園があった時代に近いような気がする。誇張した言い方をすると、クリミア戦争とは、産業革命をなした近代国家と、わが国の平安時代の国家が戦ったようなものである。しかも、五月から六月にかけて、このモスクワの屋敷より領地への一族の大移動が始まる。この領地での生活は、より一層、自給自足的だろう。

「しかし、当時はこれと似たりよったりの家をあげての一隊はよく見かけたもので、わが家のまえの通りを召使の行列が通っているのを見ると、私たちには、アプーフチン家が出かけたとか、プルイ

アーニシコフ家の移動だなどとすぐに見分けがついたものである。」（右同）

とにもかくにも、農奴解放令は、農民を工業労働者として多量に供給できるようになったために、緩やかに進んできたロシアの工業化を加速させることになった。

ロシア史上初の地方自治を行うゼムストヴォ機関

クリミア戦争後の大改革での農奴解放令と並ぶ、私の独断と偏見で選んだ、もう一つ重要と思われる事柄は、一八六四年のゼムストヴォ機関設置法であろう。ゼムストヴォとは、選挙で選ばれた議員がロシア史上初の地方自治を行う機関である。むろん普通選挙ではない。さまざまな条件がついた制限選挙であるが地方自治の始まりである。始まらないよりは、どんな形でもよいから始まった方がよい。なんでもそうだが、最初から理想どおりとはいかない。

農奴解放令が出たときも、農民が予想していたより、解放の条件が、かなり悪く、以前よりかえって生活が苦しくなるようだったため、農民騒乱がかえって増えてしまった。ゲルツェンなどの反体制派も、農奴解放令を地下新聞で攻撃した。土地買い取り金の減額や、農民土地銀行設立など徐々に修正されては行った。でも、よくも悪くも、始まらなければ、いつまでたっても農奴は解放されないだろう。

ゼムストヴォには、農民も参加できたが、議員の比率からいって、それは貴族の機関といってもよいであろう。そこに進歩的な貴族層が集まったゼムストヴォでは、橋や道路、学校を造ったりした。県会と郡会があった。一八九一年から一八九二年にかけて南部ロシアを中心に、コレラを伴う大飢饉があったが、それの救済のために、ゼムストヴォは、よく機能したといわれる。ちなみにゼムストヴォの財源は、土地税・新林税である。結局は住民が負担した。

先にクリミア戦争のとき、戦場の近くには鉄道がなかったと書いたが、クリミアだけでなく、ロシア全土でも、鉄道ばかりでなく、道路も不足していたのであろう。ローマ帝国は、道路を作るのは国の事業と思っていたであろうが、中世のヨーロッパでは、どうであろうか。絶対主義時代や国民国家の時代になると、流通のため、今でいう、国道を造ったのであろうが、手元に統計はないのだが、中世全体で見ると、道路を造ったのは領主層が多いのではないか。その費用は結局は農民層が負担することになるだろう。だから、道路造りの費用という意味もあるだろうが、道路や橋には通行税を取る場所もあった。今の高速道路料金とよく似ている。

よくヨーロッパで、橋の上に商店街のように、商店が軒を連ねる所があるが、これなども、橋を造って家賃でもうけ、そのもうけで次の橋を作るとか、その橋を作る際の費用を償却するとかの経済上のシステムであるような気もする。都市の中は立て込んでいて狭いというのもあるだろうが。ロシア史の本を読んでいて、このゼムストヴォを比較的大きく扱っているのは、あまりないのだが、私は大変重要だと思っている。

もし、この地方自治がもっと早く、そして強く行われていれば、ロシアの歴史は、変わったのではないかと、SF的に思っていたりする。アメリカの推理小説を読んだり映画を見ていて思うのだが、アメリカという国は、住民の身近な権力にも執拗にチェック機能が働くようにできている。まず住民の選挙で選ばれた保安官がいる。地方の警察もある。そしてご存知FBIもある。検察組織もあり、地元検察のトップらしき地位の人は、選挙で選ばれたりする。それらが、互いに相手を捜査できるし、逮捕もできるように見える。

詳しくは、どういう法律になっているのか、よく分かないが、前に引用したトクヴィルの『アメリカの民主政治』を読んだとき、一番最初に感じたのは、そのチェックの執拗さだった。ロシアには、それがない。今の日本でも、そこまではないであろう。住民によって選ばれた保安官もいないし、検察官のトップを選挙で選んだりしない。もし、ゼムストヴォが大きく強く発展したとしたら、このチェック機能も次第に大きくなっていく一歩ではあろう。ゼムストヴォは警察業務も行った。

そして、忘れてならないのは、読み書きできるインテリゲンツィアといわれる人々が、このゼムストヴォに就職し、これらの人々は雑階級人と呼ばれ、ロシア文化に独特な色彩を与えたことである。革命や変革を目指す人々が、結社「土地と自由」を作ったり、チェルヌイシェーフスキイの『何をなすべきか（上下）』や、ラヴローフ著『歴史書簡』などの本が出るのも、この大改革の時代である。

こうした時代の流れの中で一八七四年ごろをピークにヴ・ナロード（民衆のなかへ）という積極的に民衆、特に農民の中に入って行き活動する運動が熱狂的に大学生など若者に起きたが、その流れをくむ一部分は、おそらく、ゼムストヴォへ就職したのではないかと、私は勝手に思っている。ちなみに作家チェーホフは、ゼムストヴォ病院の医師として働いていたことがある。ヴ・ナロード運動の人々は、ナロードニキと呼ばれ、彼らは直接には変革を目指すのではなかったが、その流れをくむ人々は、その後マルクス主義者と勢力を二分する社会変革運動になっていく。

そのゼムストヴォが農村などの調査・統計を取り始めた。革命前のロシア研究の本を読んでいると、このゼムストヴォが作成した資料がよく出てくる。今でも、ロシア革命前のロシア農村研究の資料は、このゼムストヴォ資料が最大ではないか。私は専門家ではないので臆測で述べると、このゼムストヴォ資料が現われる前は、おそらく読み書きできる宗教関係者が書いた、教区資料が最大の資料ではないか。

手元にある本では、レーニン著『ロシアにおける資本主義の発展（上中下）』にも、このゼムストヴォの資料が出てくる。このゼムストヴォと皇帝を中心とする中央政府との力での対抗、綱引きが続くが、一九〇四年には、参加しない地方もあったが、全国大会も開いた。中央政府は全国大会を認めなかったが、押し切った。結局、中央政府は、開催阻止のためには、何もしなかったらしい。

第一次世界大戦中には、全ロシア・ゼムストヴォ同盟を結成した。こんなことは、今では歴史の藻くずとなってしまい、歴史の本でもほとんど触れていない。知っている人も少ないのではないか。中国もそうだが、歴史が古く、広大な面積を持ち、多民族が存在し、多様な文化を持つ国では、地方自治が強くなりすぎると、分離独立運動が起こり、全土が大混乱に陥るという恐怖があるらしい。それが人権侵害になったり、民主化の障害になったりはしてないだろうか。

日本のように、国土も狭く、ほぼ単一民族に近く、少数民族の同一化に、ほぼ成功しているように見える国民には、そういう多民族国家の都合などは理解し難いのではないか。ただ、マックス・ヴェーバーは、ロシア革命が起きたとき、このゼムストヴォに期待したらしい。そして忘れてならないのは、このゼムストヴォが農民学校をつくり、初等教育を著しく発展させたことである。ロシアは文盲率が高く、この大改革の時代に、軍制改革も行われたのだが、この改革のおかげで、軍隊に入って初めて読み書きができるようになった農民もいた。

この一連の大改革は、農奴解放とゼムストヴォのみではなく、他にも重要と思われる改革をなしているが、少しだけ触れたい。一つは司法制度改革である。それは現在の裁判制に一歩近づいていた。もともとロシアは警察国家のようなところがあり、その抑圧が強ければ強いほど反発係数が跳ね上がるように「ナロードニキ」の流れをくむ「人民の意志」派は要人テロを目指した。この流れは社会革命党《エスエル》へと流れ込む。ロシア革命時には、この政党は最大の農民政党となる。司法制度改革は、この警察国家＝強力・残忍・腐敗・横暴な下級官吏制度をいくらか緩和する方向へ向かった。おそらく無政府主義《アナキズム》もこんな土壌＝国家とは人を搾取し抑圧するためにある＝から生まれたのではないだろうか。

人生には、自分にとっては重要とは思えないような事柄が、ふとした瞬間が、なぜか記憶に強く残っていたりするものだが、次のこともその一つである。東大闘争に応援部隊として行ったとき、詳しい内容は忘れてしまったが、仲間と国家の話をしていたらしい。われわれのグループとは別の近くにいるグループに、大きな声を出す、極めて元気な女性がいて、私に向かって「国家ってナニ？」と言った。あまりにも唐突で、国家と一般的に言っても、あまりにも幅広い意味合いがあり、どこから光を当てるかで答えはかなり違ってくるので、何と答えてよいか分からず、そのまま黙っていた。そのとき、その女性を、極めて理屈っぽく、エネルギッシュな人だなあと、漠然と感じたのを覚えている。その女性はゲバルト・ローザというあだ名の人だと、後で知った。

もう一つは軍制改革である。これも近代的な軍隊へ一歩近づいた。

戦争を描いた映画は、数多いが、ここで今この瞬間思い付いた映画をあげたい。一つは、スタンリー・キューブリック製作、監督、脚本、一九七六年製作の「バリー・リンドン」である。ライアン・オニール、マリサ・ベレソン出演。この映画には一七五六年から一七六三年まで続いた当時としては世界戦争の、七年戦争が背景として出てくる。プロシャ軍が兵士をむち打つシーンがあるが、その野蛮さが、プロシャの強さの秘密の一つではあったろう。同じ監督の一九五七年製作の「突撃」は、第一次世界大戦が舞台であるが、フランス軍の内部で、見せしめのために、三人の兵士が処刑されるという戦争の不条理を描いたものだった。カーク・ダグラス出演である。

よく、軍隊の中の上下の関係、兵士、一人ひとりの権利の保障などは、現実の社会を反映しているといわれる。その国が、農奴制など野蛮で無権利状態の社会であったなら、その国の軍隊も、他の国の軍隊に比べて、封建的で不条理で野蛮であるだろう。その国がより、民主的で開明的な国であるならば、その国の軍隊も他の国の軍隊に比べて、より民主的で開明的であるだろう。極端な言い方をするならば、第二次世界大戦末期に、日本軍が行った特攻隊攻撃も、今の日本や、いわゆる先進国の軍事作戦では、できないであろう。軍隊というのは、その国の文明度を計るバロメーターになるかもしれない。ロシアの軍隊でも、兵をむち打つことも、兵を不服従で死刑にすることも、普通に行われていた。

この大改革によって、ロシアの国力は一定程度以前より増加したのは事実であろう。

日露戦争の衝撃と「血の日曜日」

ロシアの不凍港を求めての南下政策は知られているが、一方への進出が戦争などで阻止されると、そのエネルギーが、今度は別の方面に吹き出てくる。ついに中国、日本と接触する。アメリカの西部開拓は有名だが、このロシアの南下に限らず国土を膨張させようとするエネルギーは何と説明したらよいか。ロシア人である無政府主義者のクロポトキンは、地理の研究などのため、ロシア各地を探索したが、寒い北から南に行った折り、ロシア人の南へ南へ膨張しようとする本性は実感として理解できると述べている。今では、タイなど南の暖かいリゾート地には、ロシア人がたくさん行ってるらしい。

ともかく、東アジアで、日本とロシアは激突した。一九〇四年開始の日露戦争である。当時の重要な出来事の一つは、次の年の「血の日曜日」事件である。ロシア皇帝はロシアの民衆にとっては、精神的（宗教的）権威と世俗的権威を併せ持つと書いたが、農奴解放令公布のときも、皇帝の出した本物の解放令は別にあり、下級官吏は偽の解放令を出して、われわれをだまそうとしている、などと考える者がいるなど、皇帝への信仰はあつかった。ブ・ナロード運動も、彼ら学生が言ってることが農民にさっぱり理解されず、革命といっても、皇帝信仰があつい農民には、ナロードニキは犯罪者や神を畏《おそ》れぬ者と映り、逆に警察に突き出したりした。

この「血の日曜日」のときも、司祭ガボンに率いられた十万（一説では二十万）の民衆が、宗教画《イコン》を掲げ、皇帝に向かって、どうかわれらの苦しい生活をお救いください、悪い貴族、悪い工場主、悪い官吏を罰してください、というような願いのため、請願書を持って行進した。冬官広場で、この民衆に向かって軍隊が一斉射撃し、多数が死傷した事件である。

口火はコサック騎兵のサーベル突撃で始まったらしい。この事件によって、皇帝信仰が砕け散った。これは皇帝側のオウンゴールであろう。なぜ皇帝側が、うやうやしく、宗教的荘厳さでもって「なんじら臣民の苦しみは、皇帝の苦しみでもある。ともにロシアの栄光のために祈ろう」とでも言って、ミサでもって終わらせなかったのか。

この「血の日曜日」は、皇帝の権威を奪い、後のロシア十月革命の勃発を容易にした一つの要因ではあろう。レーニンも「何年もかかる革命のための宣伝を、たった一日で成した」というようなことを言っている。そりゃそうだろう。皇帝は民衆の保護者でもなんでもなく、民衆を苦しめている親玉だということを知らしめたのだから。この請願書の中には、戦争中止要請と憲法制定会議の召集要請も書かれていた。

日露戦争での日本の勝利は、ヨーロッパ諸国の植民地になっているアジア・アフリカ地域の国々にインパクトを与えた。フランスの植民地であったベトナムでは、にわかに日本留学運動がおこった。マハトマ・ガンジーは、日本の勝利を聞いて「身が震えるほど感動した」と書いている。もしかして、植民地と同じぐらい、いやそれ以上に衝撃を受けたのは、ロシアという超重量級の国の重圧を受け続けている、ロシア周辺の国々や地域ではないだろうか。フィンランド、ポーランド、今のイラン周辺＝当時はペルシャ、トルコ＝当時はオスマントルコ帝国、カフカース方面などである。

ちなみに、ポーランドはロシアと同じスラブ民族ではあるが、ロシアが東方正教会であるのに対し、ポーランドはカトリックである。

フィンランドは大部分、福音ルター派教会である。フィンランド正教会という東方正教会に属する宗派もあるが、一パーセント未満だそうである。

ロシアの南方に存在する国々、地方は大部分イスラム教である。

この周辺の地域、国々では、日本に関する研究本が出版されたり、日本をたたえる詩が発表されたりした。今のイランでは、日本の勝利の一因を日本人の国民性＝個人よりも、その人が属しているグループ全体を重視する＝にあるとした研究本が出るなどした。この日本人の性質は、世界標準から見ると今でもそうだろう。一九〇八年に起こったトルコの近代化のための青年トルコ党の革命なども、日露戦争から刺激を受けたためだと、私は思っている。

大局として、日本に憲法があり、議会があるというのが注目されるのだが、これらの地域、国々では、近代化イコール立憲運動として盛んになってくる。

例として、フィンランドを挙げるなら、当時のフィンランドはロシア帝国内の一地方にすぎなかったが、大幅な自治を認められた「大公国」だった。一九〇六年、新しい議会法が制定されたが、それは当時としては最先端である女性の投票権を含む普通選挙だった。同じ年、言論、集会、結社の自由が認められた。

これは、ロシア本国でも同じような、立憲運動として盛り上がった。この「血の日曜日」に対する全国的な抗議運動＝ストライキ・デモが起こり、これが一九〇五年の革命を勃発させるのだが、この革命は第一次ロシア革命とも呼ばれる。

ここで忘れてならないのは、このとき、労働者代表ソビエトが、初めてできたことであろう。ソビエトとは何か？ イメージとして全共闘だと思った方がよい。この全共闘、われわれの年代の方々にはピンとくるだろうが、あまりなじみのない方々もおられるのではないだろうか。生徒会、自治会、組合、町内会などは平時の機関で、どこかと激しく闘争するものではない。何か特別な強い要求があり、それを実現するには、さまざまな障害があり、強靭《きょうじん》な団結力によるストライキ、デモなどで闘争しなければ、その願いを実現できない場合、そのための闘争の機関が全共闘だ。一種の選挙で、代表なり幹部を選んでいく。

話が先走るが、一九一七年のロシア革命のとき、この全共闘が、あちこちにできた。東大全共闘、日大全共闘、〇〇女子大全共闘、〇〇高校全共闘、など学校の全共闘や、世田谷区全共闘、九州地方全共闘、浅草全共闘、東京都全共闘、〇〇町内会全共闘、とかの地域の全共闘。〇〇師団全共闘、〇〇砲兵大隊全共闘、機械化部隊全共闘、など兵士の全共闘。鉄道会社全共闘、〇〇繊維工業全共闘、電信電話全共闘、〇〇鉱山全共闘、などの労働者の全共闘。

そして、極め付きは、ロシアの歴史にとって重量級の決定要因となった農民全共闘。この革命騒ぎによって旧来の行政機関がまひ状態に陥り、この全共闘＝ソビエトが行政も行うようになった。そして、東京都全共闘がいつの間にか自然に、あちこちの全共闘を束ねるようになった。ソ連というのは、この全共闘＝ソビエトが連合した国というぐらいの意味であり、この全共闘＝ソビエトが政権を握ったのが、一九一七年のいわゆるロシア革命である。ソビエト＝全共闘というのは闘争のための組織であり、平和時の組織ではない。この闘争のための組織名を、ずっと何十年も使い続けなければならなかったのが、ロシア革命の運命、性格をよく表わしていると思う。

先走ってしまったので、一九〇五年に戻ると、労働者が要求したのは、八時間労働日の実現、民主的自由、憲法制定会議の召集などだが、革命側と体制側（皇帝側）との力比べ、駆け引きがあり、皇帝側の譲歩による「十月宣言」によって革命の大波は、徐々に引き始めた。手元にこの「十月宣言」の日本語訳原文はないのだが、歴史書によると、この「十月宣言」の中身はだいたい次のようである。労働者の参政権と、立法権を持つ国会の開設、信仰、言論、集会、結社の自由などである。次第に農民、自由主義者から革命の波は引いてゆき、労働者の熱も冷めてくる。自由主義者の熱は政党の結成の方向に向う。先に述べたカデット（立憲民主党）ができたのは、このころだし、オクチャブリスト（十月十七日同盟）などという党もできる。

ちなみに、労働者、農民の党の成立は、これより早い。ボリシェビキとメンシェビキに分裂する社会民主労働党は一八九八年結党だし、先に書いた農民の政党である社会革命党《エスエル》は一九〇一年結党である。このエスエルの得意技は、「人民の意志派」時代からの伝統であるテロリズムである。テロリストとしての有名人では、ロープシンというペンネームで『蒼ざめた馬』を書いたボリス・サビンコフがいる。一九一七年の二月革命後に成立したケレンスキー政権で陸軍省総務長官になる。十月革命後は反ボリシェビキに転じた。彼らに共感していた日本人としては石川啄木がいる。

このように、一九一七年のロシア革命の際に活躍する主要政党は、この時期、ほとんど全て出そろう。体制側は、この革命の退潮を見極めると反撃に出る。ソビエトの代議員を次々と逮捕していき、これに対するモスクワでの労働者の抗議のためのバリケード闘争も武力鎮圧した。各地の革命に対する反革命弾圧も激しくなされた。

一九〇六年五月十日、ロシア初の国会が開会するのだが、あまりにも反皇帝側の方が強勢のため国会を解散。何度かの選挙法改悪による選挙によってやっと、皇帝政権側に都合のよい国会比率になり、その国会は長続きする。そして「十月宣言」で約束していた事柄の骨抜きを始める。ちなみに、中国のことわざに「天の与うるを取らざれば、反ってその咎《とが》を受く」というのがある。千載一遇のチャンスを生かさなければ、かえって後で災いをうける、ぐらいの意味であろう。革命側は、そのチャンスを最大限に生かし切れなかった。

これらの反革命側の動きは、革命側にとってはよい学習になったと私は信ずる。一九一七年のロシア革命のとき、このときの教訓というか記憶が革命側によみがえったに違いない。すなわち、敵が倒れるまで武装解除をしてはいけない。敵を徹底的に打ちのめさないで生かしておくと、こちら側が血の反撃をくらう、である。その他にも、ソビエトの有効性の発見など、まさに、ロシア第一次革命は、ロシア第二次革命の予行演習になった。

年配の人なら、一九二八年製作のソ連映画「十月」を見た人もいるのではないだろうか。監督セルゲイ・M・エイゼンシュテイン、グリゴーリー・アレクサンドロフ、撮影監督エドアルド・ティッセ、原作はあのジョン・リード。もともとは、サイレント映画なのだが、後にシェスタコビッチの音楽入りなどが作られた。群衆シーンなどは、明らかに「アメリカ映画の父」といわれるD・W・グリフィスの影響を受けている。冬宮に立てこもっている臨時政府をソビエト側が攻撃するのが、一つのクライマックスになっているのだが、その前に、臨時政府側についているコサックをソビエト側が説得し、コサックが冬宮を離れるシーンがある。

このコサックという他の国にはいない人々を理解するのが、ロシア革命を理解する一つの鍵だと私は思っている。ロシア革命時における一番有名なコサックはコルニーロフ将軍だろう。他に反革命軍を組織し、日本軍と連絡をもったセミョーノフという軍人もいる。

本によっては、コサックと書かずにカザークと書いているのもある。カザークとはロシア語で放浪者、冒険者という意味なのだそうだ。この「コサック」と「カザーク」は、ほぼ同じ意味内容、同じ人々を指す、と思っても間違いなさそうだ。本によってはコサックを遊牧民と書いているものもある。Z・A・メドヴェーヂェフの『ソヴィエト農業—1917-1991』（佐々木洋訳）には、「肥沃な北カフカースでのコサック村落一戸あたり五三デシャーチーナに比べ、一八七七年—一九〇五年の間にヨーロッパ・ロシアの各農戸に帰属する分与地の平均規模は八・九から六・七デシャチーナへと縮小した。」という文章が見える。

この北カフカースというのは、黒海とカスピ海の間にあるカフカース山脈の北という意味だろうが、コサックは他に南ウラル、シベリア、南ロシア、ウクライナなどにいる。コサックの意味としては、この〝遊牧民〟と〝一つ戸あたり広い面積を持つ農戸〟と、どちらが正しいのだろうか。結論からいうと、どちらも正しいといえる。

ロシア革命までにシベリアには、地主階級というのは存在しなかった。こう聞くと、シベリアは自由の大地のようなのだが、事実、自由の大地だろう。しかし、社会科学的に考えてみると、もっと違ったものが見えてくる。例えば、エスキモーとかの狩猟民族が住んでいる地域には地主階級は存在しないだろう。遊牧民族が住んでいる地域にも地主階級は存在しない。だいいち、遊牧民族には、土地の占有観念はあるが、土地所有観念がない。一カ所に留り、狩猟や遊牧より生産力が高く、余剰物質を生産できる農耕民族が歴史に登場して初めて地主階級というのが出現する。くどいようだが、繰り返すと、地主階級出現の条件としては、定住し、ある程度の生産力を持つ農民を必要とする。

前述のレーニンの『ロシアにおける資本主義の発展（上）』には各種の統計表がいっぱい載っているが、農戸を馬何頭所有しているかで分類している表もある。馬を一頭も所有してない農戸、一頭だけ所有している農戸、これらは貧農に分類されている。四頭以上所有している農戸は、豊かな農戸と分類される。コサックというのは砲兵もいるが、ほとんど騎兵である。そして兵役に就くとき、自分の馬を持っていく。長い期間、農耕に使用しない兵役用の馬を持っているというのは、かなり豊かな農戸でないとできないだろう。

コサックの定住地帯というのは、ロシアの辺境である。遊牧というのは、農耕に比べて生産力が低いから、同じ家畜を養うのにも、何倍もの、かなり広い面積の土地が必要になってくる。よって、遊牧民族居住地帯は人口密度が極端に低い。行けども行けども草原というような、広大な大地になる。しかも、コサックは代表を選ぶにあたり、一種の選挙制を持っており、これは以前にも書いたが、遊牧民族独特の制度である。

『ロシアにおける資本主義の発展（下）』（山本敏訳）に、このような文章がある。

「改革後の時期のはじめ、六〇年代には、ヨーロッパ・ロシアの南部と東部の辺境地方はほとんど人が住んでいない地域であり、そこには農業的な中部ロシアからたくさんの移民が流れこんだ。新しい土地にこのような新しい農業人口ができたので、並行していた農業から工業への人口の転出を少々わかりにくくした。」

これらのことから想像をたくましくして、コサックを描くと次のようになる。彼らは元々、農奴制ロシアの辺境に住む遊牧民で、そこにかつて農奴だったような逃亡者も合流し、周辺を略奪したりしていたが、次第にロシア皇帝権力に屈服し始め、ロシアの平均農民より、かなり広い農地を保障され、皇帝側より銃器を与えられ、ついに皇帝、体制側の尖兵になっていった。その農地の広さは、日本の大名やヨーロッパの貴族ほどではないが、しかし、十分豊かといえる武士や騎士並みではある。トロツキーの『ロシア革命史（四）』（山西英一訳）には次のような描写がある。

「コサックは、租税はおさめず、農民よりはるかに広い土地を所有していた。ドン、クバン、ツヴェルの三つの隣接地方では……つまり、平均して、コサックは一人あたり農民の五倍の土地を所有していたのである。」

彼らは、上に領主層などの地主階級を持たず、遊牧民族の文化・伝統を保持している。つまり、いわゆる有産階級であり、彼らの資産が危険にさらされると、同じ有産階級の貴族・皇帝と共同戦線を組む。「いざ鎌倉」の日本の武士に似ているといえば、似てなくもない。

ちなみに、今、カザフスタンといわれている独立国家共同体に属している国は、ほぼ放牧の国であったが、ここがほぼ農業の国になったのは、フルシチョフの処女地開拓時代以後であると思われる。

戦史には、次のように書いている本もある。ナチス・ドイツがソ連に攻め込んだとき、コサックの中にはナチス側に寝返った者もあった。彼らは西部戦線に送られナチスとともに自由のために戦った者もいたと。ナチスとともに戦うことが、到底自由のために戦うことになるとは思えないが、この著者にはそう思われたらしい。

第一次ロシア革命と農民の革命運動

一九〇五年の第一次ロシア革命において体制側が衝撃を受けたのは、農民が村団（共同体）でまとまり革命闘争を展開したことである。一八六一年の農奴解放は、土地付き農奴解放である。この場合の土地付きという意味は、農民一経営単位ごとに農地を所有するという意味ではなく、村団が土地を所有するという意味である。正確には、村団は分与地を村団的土地所有にするか、それとも農戸別（世帯別）土地所有にするか、選ぶ自由があった。大部分の村団は村団的土地所有を選択した。ここでいう分与地とは、割り替えによって各農戸に割り当てられる、細長い土地である。

この村団というのは、スホートといわれる村人の集会で、さまざまなことを決定し、それに全員が従って行動する自治の役目と、徴税などを行う、行政の末端の役目との二重の役目を負っている。この村団は、ミールと呼ばれたり、オプシチナと呼ばれたりする。ミールとオプシチナは同じ意味だろうが、インテリは、オプシチナと呼ぶ、と書いている本もある。ちなみに、『共産党宣言』の一八九〇年のドイツ語版序文では「オプシチナ」を使用している。

このミールは、ロシア語で「世界」という意味もあるそうで、ロシア独特の制度と書いてある本もある。前に紹介した『フランス農村史の基本性格』は、あくまでもフランスの農村史であり、ロシアのではない。しかし、そこで描かれている三圃制農法は全ヨーロッパに通じる。この三圃制農法をやっていたのが、ミールといわれる共同体である。

『大塚久雄著作集7「共同体の基礎理論」』の中に、「十九世紀の八〇年代のことですが、マルクスはヴェーラ・ザスリッチ宛の手紙のなかでは、西ヨーロッパではすでに共同体の問題は存在しなくなっているのに対して、あなたのお国のロシアでは、共同体の解体ということがいままさに問題となっている、という意味のことを書いていますが……」という文章がある。

ロシアのミールは、ヨーロッパの西側部分では消滅した共同体が、時間差のずれによってまだ消滅せずに残っていたのであり、ロシア独特の制度ではない。ここで強調したいのは、この共同体を解体させたのは、囲い込み運動であり、その囲い込み運動を誘発したのが、産業革命であるということである。

前に書いた、当時のロシア最大の農民政党である社会革命党《エスエル》は、この共同体《ミール》が社会主義革命の基礎になり得ると思っていた節がある。しかし、レーニンらのマルキストは、この共同体は、時代遅れの古い社会制度で、ヨーロッパの西側部分で消滅したように、資本制生産様式が発展すれば、いずれ消滅し、ミールは社会主義の基礎たり得ないと考えていた。

一八六一年の土地付農奴解放によって共同体が土地の所有者になったが、その共同体が個々の農戸に、土地を割り振るのだが、その割り振られた長方形の土地を分与地という。くどいようだが、土地の所有者は、あくまでも共同体である。この農奴解放に当たってロシア政府は、貴族、地主階級に対する土地代金の支払いを肩代わりしたのだが、それを農民が四十九年賦で買い取り金を支払わなければならなかった。むろん集金を担ったのは、共同体である。しかも、地主階級は、良質の土地は自分用に取っておき、条件の悪い土地を共同体用にした。しかも、その面積は、今まで農民が利用していた分与地面積より狭かった。共同体によって割り当てられた分与地による農業だけでは、それらの金を支払うことができず、赤字になり、出稼ぎによって、やっと採算が取れたりした。

つまり、農民は債務奴隷化したのである。ロシア政府は、こういった農民の負担軽減を徐々に図っていたが、農奴解放以後、農民の階層分化が進んだ。

そして、この共同体が一九〇五年の革命の運動体となったことから、体制側は、この共同体を解体しようとしたのが、ピョートル・ストルイピンの農業改革である。

①土地所有を共同体（村団）ではなく、農戸の戸主の私的所有にする。そして、その農戸は共同体から離脱する。

②ここで、この本の最初の部分に示した図2（四八ページ）を見てほしい。耕区が細長く、長方形にバラバラに分散しているであろう。これを一カ所にまとめる。そして、農作業のための移動の距離・時間を短くする。これを区画地経営という。

③この区画地内に暮らしのための住居・屋敷も移す。

用できる。

④ 共同体の共有地である、草刈り地、森林などを、共同体を脱退した農戸も脱退以前と同様に利用できる。

この①②③④がそろっている姿が、ストルイピン農業改革の理想形である。

この理想形が、そのまま達成されたわけではない。例えば、共同体から離脱したものの、土地は相変わらず細長く分散したままとか、家や屋敷は相変わらず集落の中にあるとか、さまざまなパターンがあった。いずれにしても、ロシア政府としては、この改革を通じて、個人的権利意識、西ヨーロッパ的市民意識を養い、幅広い農民層のプチ・ブルジョア化＝土地所有の個人経営農民層をつくりだし、それを皇帝政府の盤石たる基盤にするつもりだった。農業における土地所有構造に限っていうならば、「上からのフランス革命」「上からの土地囲い込み運動」を目指したともいえるかもしれない。

よく、この改革が成功していれば、ロシアも西ヨーロッパ並みに近代社会が成立していただろうといわれる。その可能性は、確かに大きいだろう。しかし、西ヨーロッパが百年以上の長い時間をかけて、社会構造とそれに伴う意識構造を徐々に変化させていったのに、社会経済構造がいまだそうなってないのに、つまり、西ヨーロッパ並みになってないのに、上から無理やり変えようとしても、無理だったのだろうか？

この改革が順調に進んだと見るか、進まなかったと見るかは、人によって違う。

ただ、この改革時期のエピソードが、ロシアの社会状態を写す鏡となるだろう。それが西ヨーロッパとの違いを際立たせるかもしれない。

まず裁判制度がある。現在、世界の主要国の裁判制度は一本化されているだろう。最高裁判所――地方裁判所――簡易裁判所というふうに体系化されており、おのおのの裁判所の判断が違っても、最終的に最高裁判所の判例に一本化され統一されるだろう。しかし、農村地帯に住んでいる農民が、中世のような社会構造の中で、中世のような意識・習慣で生活し、近代的な権利意識がない場合、つまり中世的な法意識で生活している場合、都市で生活している人々と同じ法制度では裁けないだろう。よってロシアでは農民の習慣法による郷裁判所があり、別の法体系、裁判体系があった。

例えば、都市の住民と農民との土地に関する争いがあった場合、管轄の裁判所は、郷裁判所による習慣法で裁くのか、一般不動産取引規定で裁くのか、問題になるだろう。そういうことは、崔在東の『近代ロシア農村の社会経済史――ストルイピン農業改革期の土地利用・土地所有・協同組合』に詳しく書かれているが、その中のエピソードを少し紹介したい。

地元役場に下級公証人がいるが、その元で契約が結ばれ、それが各地方裁判所に配属されている上級公証人により承認され、各地方裁判所に設けられている登記所の登記台帳に記載され、それによって取引が最終的に決定される。これが大原則のはずであったのだが、そうではなかった。

「不動産取引証書の作成のため農民は数回にわたって都市の下級公証人の元へ足を運ばねばならなかった。次に、作成された契約書の承認のために数百キロメートルも離れた県市まで足を運び、そこで上級公証人による承認を得なければならず、そのために少なくとも数日間の滞在が必要であった。また、公証には非常に高額の料金が要求された。……このため、小規模土地取引の際には公証手続きのための旅費や滞在費、公証費用の合計が結果的に売却金額を超えることさえしばしば見られた。」

「登記台帳への記載は確定・認定と同時に行われるのではなく、一般不動産取引規定に基づく分与地取引の際に初めて行われた。このため、私的所有権が確定・認定されたものの登録されないままに残された土地が多く存在していた。」

また別のページには、確定分与地に対する所有権は郡会議によって承認される、という意味を書いている箇所もある。つまり、たとえ上級公証人による登記台帳記載があったとしても、裁判では必ずしも、そこに記載されている人の所有権は認められないときもあるということになる。これでは、最終的に何を信じていいのかわからないではないか。

近代的な裁判、土地台帳制度だったら、測量という問題も出てくる。国家的な改革の時期としては、測量技師、用具、予算も不足していた。つまり、正確な測量はほとんど行われなかった。これは現実で、改革以前の慣行的取引を認めるのは理想である。つまり、過去の慣行を認めるべきでなく、全て改めるべきであるとの葛藤であろう。古い慣行を認める場合にしても、どの機関が認めるかなどの問題が発生する。よくいう「実状に合わない」ということだろう。これを大混乱といわずして何を大混乱というのか。

それに共同体《ミール》は、徴税組織としては生き残った。つまり、国の隅々まで行政機構を張り巡らせる力が、当時のロシア政府になかった。依然として末端は共同体に頼らざるを得なかった。

ただ、一八六一年の農奴解放以来、一度も総割り替えのなかった共同体は、比較的に所有意識、個人意識が芽生えており、共同体ごとに私的所有に移行しやすかった。

ここで注意しなければならないことは農戸ごと（所帯別ごと）所有ではなくて、戸主の私的所有に移行したことである。戸主と直系卑属よりなる農戸の場合、スムーズに戸主の私的所有に移行できたが、例えば未亡人と養子の場合とか、さまざまな条件が異なる場合があるだろう。その場合は農戸別（所帯別）所有になったりした。戸主でない家族の場合、土地が自分の所有にならない不安から、戸主になろうとして、家族分割がますます進んだ。

ただ、ロシアの特異性として知っておきたいことは、出稼ぎに出て何年も不在の場合でも、分与地の権利は、おおむね失われなかったことである。彼らは、あくまでも出稼ぎ農民で、何年も都市に住んでいても、何年も農村に帰らなくても、文化的にも、意識的にも農民だった。ロシア革命の際、選挙制度が問題になるが、普通選挙は最初から問題にならなかったが、農民何人に一票、工場労働者何人に一票と数える場合、同一人物が農民一人と、工場労働者一人というふうに二人分に数えられる危惧が生じた。トロツキーも指摘しているが、ロシアの都市住民は、何世代にもわたって都市に住み、文化的、伝統的にも都市住民になり切っている層は極めて少数だった。

注目してほしいのは、この時期、各種農業組合、特に農民信用組合が、急速に拡大したことである。貯金額も貸付額も回収も、極めて順調だった。信用組合が行った農業物質調達、仲介事業も拡大した。この農民信用組合は、ミール解体に変わる、新たな農民の組織体として成長してきたといえる。ほぼどの国の民衆も近代以前には高利貸しに苦しんだ。それが、ロシアの農民にとって、やっと近代的な金融に出合えたということだろう。

後に「ストルイピン反動」という言葉が生まれるようにストルイピンは強引、強権な政治家だった。まず、議会、選挙に強力な干渉を行い、政府側に都合がよい議席配分になるように、選挙法を改悪した。そのとき、社会主義者の代議士を、シベリア流刑にしたりした。また秘密の軍事法廷が設けられ、有罪の者は、二十四時間以内に死刑にするなど、ストルイピン首相の時期の五年間に約四千人が処刑された。絞首台に名付けられた「ストルイピンのネクタイ」という言葉は、当時のものである。この強烈な弾圧に対する、される側の憎しみも相当なものであったろう。そしてついに、一九一一年九月一日、キエフの劇場で、ストルイピン首相自身が暗殺されてしまう。

しかし、その暗殺によって、ストルイピン改革が終わったわけではなかった。実は私も、この暗殺によって改革は終局を迎えたとずっと思っていた。しかし違った。改革のためにつくった、組織、勅令、法は、ストルイピン暗殺後も存続し、生きていたのである。そして、第一次世界大戦の勃発後も、その動きは止まらなかった。

なにしろ、土地改革の当事者である働き盛りの農民が徴兵されたのである。各地から戦争中の土地改革の中止を求める嘆願書が殺到した。さすが中央政府は戦争中の土地改革の中止・抑制の通達を出したが、ゆるい坂道をゆっくり転がる大石のように、惰性がありなかなか止まらなかった。大部分、農民である兵士は、自分不在の間、土地がどうなるか、常に後ろ髪を引かれる思いであったろう。現実に、不在兵士の土地が不利な条件の下に配分されるということが起こった。

第五章　第一次世界大戦とロシア十月革命

初めての資本主義戦争

いつの間にか第一次世界大戦に突入してしまった。第一次世界大戦は世界史上、超有名な出来事であり、いまさら説明も必要ないと思うのだが、念のため大ざっぱにいきたい。

一九一四年六月二十八日、オーストリア＝ハンガリー二重帝国の皇位継承者フランツ・フェルディナント夫婦が、オーストリア＝ハンガリー帝国内のボスニアのサラエボ市内において、セルビアから来た青年によって暗殺されたのが、事の起こりである。セルビア支配のチャンスとみたオーストリア＝ハンガリー帝国側は、決して受諾できない内容の最後通告をセルビアに突き付け、開戦に至る。同じスラブ民族のため、ロシアがセルビア側として参戦。当時、クモの巣のように結ばれていた同盟関係のため、ヨーロッパの主要国も次々と参戦し、世界的規模の大戦争になってしまった。通説的な言い方の分類で、分かりやすくすると、次のようになる。

☆同盟国側　ドイツ、オーストリア＝ハンガリー帝国、ブルガリアなど。オスマン帝国（トルコ）は遅くに参戦。

☆連合国（協商国）側　イギリス、フランス、ロシア、ベルギー、セルビア、日本、ギリシャなど。

本来、同盟国側だったイタリアは、オーストリア＝ハンガリー帝国と領土問題でもめていたので、遅くなってから、連合国側で参戦。この第一次世界大戦を理解しなければ、ロシア革命は理解できないだろう。第一次世界大戦は歴史上初の総力戦といわれる。この総力戦という言葉は、学術的定義には、いろいろありそうだが、私は「国の総力を挙げた戦争」と大ざっぱに捉えている。産業革命以後に、生産力が爆発的に高まり、資本制生産様式が社会に広がり、社会を変え、その生産力を土台にした、人類が今まで経験もせず、想像もし得なかった大戦争であった。

始まりの始まりのころの、各国の政治的動きを、各種の歴史本で読んでみると、政治の枢要にいた人々は、ほとんど数カ月で戦争は終わると思っていたらしい。一般国民も、それほど何年も続くとは思っていなかったらしい。期間のみではない。地理的広さも、ヨーロッパの外へ、中東、アフリカ、アジアへ広がり、ヨーロッパ各国の植民地になっている地域も巻き込んだ人類史上、空前絶後のまさに世界大戦争だった。この戦争は、極めて通俗的言い方なのだが、人類史上初めての資本主義的戦争という言い方もできると思う。

山上正太郎の『第一次世界大戦――忘れられた戦争』より引用したい。

「戦前、フランス参謀本部は軍備を増強しつつ、次のような試算をしていた。たとえば七五ミリ砲について、一日の弾丸供給量として一万三六〇〇発が必要という計算であった。ところが開戦後一ヵ月半、つまり一九一四年九月中頃、この弾丸は五万発を要することとなった。そしてこれが調達可能となった一五年三月には、八万発、それが達成された同年九月には一五万発が要求される状態であった。一日当たり一五万発といえば、開戦前の予想の約一〇倍である。」

この文章を引用したのは、なにも当時の指導者の見通しの悪さを知らしめたいからではない。当時の弾丸の生産量、消費量がいかに凄まじいかを示したいからだ。これはフランスの数字であるが他の国も似たり寄ったりであろう。

これだけ生産するには中世的な手工業では、到底間に合わないであろう。産業革命以後のわれわれがよくいう、資本主義、すなわち資本制生産様式、もっと平たく言えば、オートメーション式の大工場でなければ生産できないであろう。むろん、その工場だけでなく、そのための原料や燃料を生産するシステムも整っていなければならず、それらを運送するシステムも確立していなければならない。広く社会全体が、いわば時計の中の精密機械のように、需要と供給が完結する資本制生産様式システムが確立していなくてはならない。もし確立していないのなら急速につくり上げなくてはならないだろう。そうしなければ戦争に負ける。

むろん、弾丸だけではない。制服、靴、制帽、塹壕を掘るシャベルなど、リュックサック、戦争の中ごろになるとヘルメット、ガスマスクなども必要になってくる。武器も、戦艦、潜水艦、駆逐艦、飛行機などや、戦争の後期になると戦車、装甲車も登場してくる。こうした武器も高度な科学技術、生産技術を必要とし、そしてなによりも、高額な資金を必要とする。

こうした戦争必需品の発注者は国家であり、戦争による大量消費のために、それを生産する企業は大もうけするであろう。その企業は利益を吸収し、ますます大資本になってゆくであろう。やっと後半になって参加したアメリカや、少しだけ参戦した日本は、参戦国からの軍需品の大量発注を受け、経済力が急成長して、世界の中での経済大国としての地位、国の存在感のありようをますます高めた。

戦争は、古い社会制度を資本制生産様式社会に変革する速度を速め、強めた。世界が現代に近づく速度をスローモーションからクイックモーションにしたといえるだろう。ロシアの例でいえば、夏に開戦したが、冬になっても、長靴、防寒着の支給が間に合わず、兵隊は凍傷、罹患《りかん》に苦しめられた。

こうして士気が低下していったことも、ロシア革命発生の一つの理由になるだろう。

参戦国は税収だけでは到底足りず、ほとんどの国は国債、いわば国の借金によって戦争費用を賄った。ロシアの例でいえば、特にフランスの大資本からの借款で戦費を賄った。フランス大資本、財閥の助けがなければロシアは戦争を続行できなかったであろう。銃の生産も間に合わず日本から大量に輸入した。

何よりも第一次世界大戦とは、歴史上かつてない巨大な物量戦になった。そのことの意味は、個々の戦闘における戦術、勝敗も大切だろうが、それよりも、社会全体の生産力、流通が大事になってくる、ということだろう。よって、国の立地条件も関連してくる。つまり、戦争になっても敵国に邪魔されずに外国と貿易が可能かなどの条件である。ドイツの場合、そのことの不利な条件がボディブローのようにきいた。

「ドイツの催促にもかかわらず、オーストリアの最後通牒交付が開戦決定から二週間以上もずれ込んだのは理由があった。一つはオーストリア軍の動員体制が整っていなかったからである。オーストリア軍の一六軍団のうち五軍団が七月一九日まで、さらに二軍団が二二日まで援農（収穫作業の手伝い）休暇に入っていた（兵士の多くは各農家の重要な働き手でもあったから、収穫作業を手伝うために、農村出身兵士が多い軍団では七月に長期の休暇を与えていた）。」（『第一次世界大戦』木村靖二著）

日本の戦国時代にも、戦《いくさ》は農作業に影響され、影響を与えていた。対陣が長引くと、農作業の人手を兵隊に取られているので、領国経営が悪化するため、双方知り合いの有力大名や、将軍、官領などの権威に、和議のための仲裁を頼んだりした。伊達政宗などは、「今は農繁期だから出兵はないだろう」という敵の心理の逆をついたりしたこともあったらしい。畿内周辺の織田信長などが有力になったのも、確かに、当時の首都である京都に近いということもあるだろうが、畿内周辺は当時、日本の先進地帯であり、農業生産力が高く、兵は半兵半農ではなく、年中軍用に使用できる専門兵が多かったからではないか。

オーストリア＝ハンガリー帝国は、西側先進国に比べて、古い社会制度だった。ロシアも似たり寄ったりではないか。思い出してほしい、ロシアには、いまだに三圃制農法における村落共同体が残っていたということを。

ここで、次ページの木村靖二の『第一次世界大戦』表（図４）を見ていただきたい。

軍人（十八～五十歳の兵役適格者の内のパーセント）に注目されたい。国によっては、何百万人もの兵隊が動員されていることが、分かるであろう。これらの人数は、ただ消費するだけで生産に加わらない人数である。ロシアの場合、動員数は、兵役適格者の比率でみると、三九パーセントと低いものの総人数を見ると一五八〇万人という巨大な人数である。これはちょっとした国の総人口より多い。これらの兵員の服装、武器、生活のための必要な物質（毛布など）、そして何よりも食料である。これらを残された国民で供給しなくてはならない。特に農村において、それらは老人、女性の肩にかかってくるだろう。それに農作業用の馬も軍用に徴用された。最大の働き手と農耕馬を失った農業は生産が落ちるであろう。

ここで、ロシアの戦死者の数字を見てほしい。連合国側としてはトップの一八〇万人である。全体でもドイツの次に多い。ドイツの戦死者が一番多いのは理解できるが、西部戦線でドイツと死闘を演じたフランスより多い。戦史を読むと、ロシア側は、作戦力の弱さを、人的資源の多さ、無尽蔵の人的補給力で補っているような感じがする。ちなみに、この表での戦死者の絶対数が三番目に多いのは、オーストリア＝ハンガリー帝国である。そことロシア帝国、オスマントルコ帝国に共通しているのは、内部に多種多様な民族や宗教を抱えているということである。

00 以下省略）

オスマン帝国、ブルガリア）

ベルギー、セルビア、日本、イタリア、ルーマニア、ポルトガル、ギリシア、

万人）	軍人（万人）（18～50歳の兵役適格者内の%）	戦死者（万人）（%）
0	1320（81%）	293.7（15%）
0	900（78%）	146（16%）
0	300（55%）	32.5（10.8%）
[illegible]	60（55%）	8.8（15）
		481

万人）	軍人（万人）（18～50歳の兵役適格者内の%）	戦死者（万人）（%）
0	610（53）	75（7）
20	280（3）	18（6）
0	810（81）	132.7（13）
0	44.9（33）	7.8（17）
00	1580（39）	180（11）
0	29.2（15）	3.8（13）
0	75（65）	25（33）
0	80	0.1
0	430（55）	46（11）
0	75（39）	25（33）
0	10（8）	1.3（26）
0	35.5（33）	2.5（5.7）
30	475（18）	11.7（2）
		528.9

図４『第一次世界大戦』（木村靖二著）より

第一次世界大戦軍人死傷者数（

同盟国（ドイツ帝国、オーストリ

連合国（イギリス、フランス、ロ

アメリカ合衆国、中南米諸国）

同盟国側

ドイツ	
オーストリア	
トルコ	
ブルガリア	
計	

連合国側

イギリス	
〔自治領・植民地〕	
フランス	
〔植民地〕	
ロシア	
ベルギー	
セルビア	
日本	
イタリア	
ルーマニア	
ポルトガル	
ギリシア	
アメリカ	
計	

それらの民族は国境をまたいで居住し、同じ民族同士、前線で相対することもあるだろう。彼らは何のために戦っているか分からなくなったり、士気が極端に落ち、戦線離脱というような現象も起こる。現に起きた。これらの帝国が比較的弱かったのも、こうした理由もあるだろう。国民国家となると、ほぼ同じ言語、民族で固まるので、士気の統一もしやすくなる。

念のために確認すると、第一次世界大戦の開始は一九一四年で、ロシア革命は第一次世界大戦後半の一九一七年である。休戦協定により第一次世界大戦が終了するのは一九一八年で、ベルサイユ講和条約は一九一九年である。

武装した農民の軍隊

ロシア革命史を読むと、書く人の思想的立場によって、解釈、評価が極端に分かれるのだが、歴史本からの引用箇所は、私自身の論点を説明するのに、最も適していると思っている箇所を選んでいる。トロツキーの著作から選んでいるからといって、私がトロツキーと同じ思想傾向だと思わないでほしい。全部読み終わってから「やっぱり」と思うのは自由であるが。

ということで、『ロシア革命史（二）』（トロツキー著、山西英一訳）より、ちょっと長いが引用したい。

「一国民の経済的水準の基準は、労働の生産力である。そして、この労働の生産力はまた、工業がその国の一般経済においてしめる、相対的重要性に依存するのである。帝政ロシアが繁栄の絶頂にたっした大戦前夜において、一人あたりの国民の所得は、アメリカ合衆国の八ないし十分の一にすぎなかった――この事実は、アメリカ合衆国においては、工業に従事しているものの数は農業に従事しているものの数の二倍半にたっしているのに、ロシアにあっては、自活住民の五分の四が農業に従事しているということを考えれば、すこしも驚くにあたらない。われわれはまた、大戦前夜における百平方粁あたり鉄道が、ロシアが〇・四粁、ドイツ一一・七粁、オーストリア・ハンガリー七粁であったということも、附言しなければならない。その他の比率もまた同然である。……

一九一四年、アメリカ合衆国において、労働者一〇〇名以下を使用する小規模企業は、全工業労働者の三五％をしめていた。しかるにロシアでは、わずかに一七・八％にすぎなかったのである。一方両国の労働者一〇〇名――一、〇〇〇名を使用する企業は、だいたい同一比率をしめていた。ところで、労働者一、〇〇〇名以上の巨大企業となると、アメリカ合衆国では全労働者の一七・八％をしめていたのにたいし、ロシアではまさに四一・四％におよんでいたのである！　最も重要な工場地方の後者の比率は、さらに高く、ペトログラード地方は四四・四％、モスクワ地方は実に五七・三％であった。ロシア工業とイギリスないしドイツ工業と比較してみても、結論は同一である。……

重工業（金属、石炭、石油）は、ほとんど全部外国金融資本の支配下におかれていた。外国金融資本は、自己にかわる補助的・仲介的銀行組織をロシアに創立していた。軽工業もまた同一の道筋をたどった。外国人は、総体ではロシアの株式資本の約四〇％を所有していたが、主要工業部門においては、この比較はいっそう高かった。ロシアの銀行、工場などの支配的な株式は、ことごとく外国にあったといってもけっして誇張ではない。イギリス、フランス、ベルギーなどが所有していた額は、ドイツのそれのほとんど二倍にのぼった。……主要な工場・銀行および運輸企業の所有者は、外国人であったということ、そしてこれらの外国人は彼らの投資によってロシアから利潤を獲得したばかりではなく、外国の議会における勢力をも獲得したということ、こうしてロシア議会制度のための闘争を促進したばかりでなく、しばしばこれに反対したということである。」

この箇所こそ、第一次世界大戦当時のロシアの状態をよく表わしているところはないと思う。ここで叙述されていることから、私なりに理解すると、こういうことになる。

中世の、ほとんど農業だけの状態の社会を砂漠に例えてみよう。そこに手工業が現われる。つまり、パラパラと草が生えてくる。そこに工業制手工業が現われる。草がぼうぼうと生え、その中に、まだ低い木がぽつぽつ現われる。そこへ近代工場が現われ、草の中に林ができてくる。最後に大工場が出現し、社会が、いっそう有機的に流通で結ばれるようになり、つまり大木が出現し、うっそうとした森になる。これが、ヨーロッパの西側部分に起こったことだろう。

ところがロシアでは違った。何もない砂漠に外国が大木を持ってきて植えた。しかるに、その大木の足元は、相も変らず砂漠である。つまり、トロツキー的な言い方をすると、原始的な社会である。砂漠が森に変化するということは、砂漠に適する生物と、森に適する生物が違うように、人々の生活スタイルを変えるということであり、人々の価値観、道徳感情、考え方を変化させるということでもある。それの、はっきり目立った歴史的出来事は、宗教改革である。普段は、本人も気が付かないぐらい、少しずつ変化するだろうが、日本の明治維新や革命など、つまり社会が急速な変動に見舞われたとき、アバンギャルドみたいな芸術運動を伴いながら、価値観、人生観は過激に変換するであろう。

自分でもよい例なのか、ちょっと自信がないのだが、第二次世界大戦後、しばらくたって、中国と日本は、国交回復し、中国の文化大革命終了直後の一九七八年十月に、中国の八つの大都市において、第一回「日本映画祭」が開催された。そのとき上映されたのは、「君よ憤怒の河を渉れ」「サンダカン八番娼館　望郷」「キタキツネ物語」の三本だそうである。それらの映画を見た中国人は強烈な衝撃を受けたそうである。三本が三本とも記録的な大ヒットになったのだが、特に「君よ憤怒の河を渉れ」から受けた衝撃は、日本の豊かさ、映画のスピードの速さ、登場人物のファッション、映画の視点の斬新さなどであり、これらは、彼らにとって何もかも目新しかった。

もし今の中国に、この三本が封切られても、それほどのヒットになるかどうか。なぜならば、今の中国の都市生活者は映画の中の登場人物と同じような生活をしている人が多く、別に目新しいことでも何でもないと、おそらく感じるだろうと思うからである。逆に明治、大正時代の日本人にこれらの映画を見せると驚きをもって受け止められるかもしれない。私が言いたいのは、いかに自分が気付かないうちに、社会や、人間の感覚、生活習慣が変化するかである。それは、時間がゆっくり流れている社会と、時間が早く流れている社会を比較すると分かりやすい。ここのところは、『中国一〇億人の日本映画熱愛史』（劉文兵著）を参考に書いた。

江戸時代、主に東北地方に大飢饉が何度か発生し、餓死者が出たが、これなども、日本全国を見れば米はある所にはあったといわれる。つまり流通の不具合ということだろう。ロシアの鉄道敷設率の極端な低さ、春、秋のぬかるみによる交通遮断、つまり道路、橋の整備の遅れ、自然条件による整備の困難さなど。これらは、ロシアは西側諸国に比して、依然として近代前の自給自足的な社会であったということを意味している。

後方から前線への、食料を含む戦略物質、兵員の補充、いわゆる兵站は、戦争にとって大切な事柄なのだが、第二次世界大戦時の、あのドイツでさえ、鉄道以外には、運送の主力は馬車を使用していた。トラックが大量に戦場周辺に出現するのは、アメリカが参戦してからであろう。第二次世界大戦でソ連が使用したトラックは、大部分、アメリカの援助である。

第一次世界大戦に話を戻すと、有名な激戦の一つ、マルヌの会戦において、パリから前線へ、タクシーで兵員の大量ピストン輸送が行われた。これなどは例外であろう。ただ、ロシアの鉄道敷設率の低さは、あくまでも、単位面積当たりという意味である。総延長は、国土が広く、シベリア鉄道があるせいか、確か当時、世界第二位である。第一位は、断トツでアメリカ合衆国。これらのことから総合的に考えると、第一次世界大戦は、国力の総力を傾注させる戦いであり、ロシアは、産業革命以後の生産力競争とでもいえる戦争において、到底、国力が耐えられなかったことを意味している。

戦争が国力を食い潰した。

戦争のため工場はフル操業し、そのため、都市人口が膨張し、特に首都ペトログラードは戦争開始時に比べ、一九一六年には、労働者が約二倍に増加していた。農産物生産は低下し、密でない鉄道輸送網は、ほとんど戦争用に使用され、都市への流通は阻害された。それに、一部の農村は農産物はあったが、現金がだぶついていて、買いたい物がなく、農産物を売ろうとしなかったらしい。さらに道路整備の遅れ、一九一六年ころになると、ペトログラードに入る小麦粉は、戦争前の半分に減った。

ロシアの冬は寒い。当時の最大の燃料である石炭も入って来なくなった。物資が不足し、凄まじいインフレになった。きっかけは、三月八日（ロシア歴二月二十三日）国際婦人デーにおける、フランス革命と同じ婦人たちの「パンよこせ」デモである。それがストライキになり、ついに全市ゼネストになった。鎮圧を命ぜられた兵士たちが反乱し、労働者側と合流したのが大きい。兵士たちが、勝手に監獄から釈放した政治犯が中心になって各地、各職場、各軍隊にソビエトができ始める。


一九一七年、三月十二日、ペトログラードに労働者、兵士代表ソビエト成立する。

三月十四日、ペトログラード労兵ソビエト「命令第一号」が出る。その内容は次の通りである。

「すべての政治行動において部隊は労兵ソビエトと自分の委員会にのみ服従」「国家軍事委員会の命令は、それが労兵ソビエトの命令と決定に反しないかぎり決行すべき」この同じ意味のことを逆から二度言っているような命令は、「軍隊はソビエトの命令によってのみ行動せよ」と同じ意味である。

このことの意味は大きい。


兵士とは何か。ロシアの場合、大部分農民である。つまり、この命令は、武装した農民よりなる軍隊が、大部分貴族よりなる将校の支配から離れ、農民たち自身の代表の指揮下に入ったということである。私は、この命令が出た瞬間、ロシア革命は半ば以上成功したと思ってもよいのではないかと考えている。この命令は、農民が武装したということである。赤軍が建設されたということである。ちょっと大げさか。赤軍＝革命側の軍隊の萌芽が現われたとでも言っておこう。

年表によると、
三月十二日のペトログラードに労働者・兵士代表ソビエト成立。

同じ日、国会は臨時政府の成立を宣言。

同じ日、ロシア三月革命（ロシア暦では二月革命）成立となっている。

この日に、実質的に帝政は崩壊し、国会に結集した臨時政府側と、ソビエトに結集した民衆側との二重権力状態が成立する。


ここから、この後の著述は、なぜロシア全土で、当時二万数千人しか党員がいず、幹部は国外亡命を強いられ、その他の幹部も、シベリア流刑や投獄の状態にあり、いわば壊滅状態にあった、レーニン率いる、後の共産党、当時のボリシェビキが政権をとったかの話に重点は移る。

もっと分かりやすく言えば、なぜ、レーニンが政権を握ったかである。

世に極悪の独裁者があり、それによって民衆が塗炭《とたん》の苦しみを味わったという話を書いた本はよくある。スターリンとヒトラーを比べたりした書物もある。しかし、彼らが権力を握るには、何か大きな、社会の動きが必要となってくるのだ。今でも、各国にカルト的な、数千人、数万人規模の集団があるが、彼らが、特に先進国で政権を握るというのは考えられないだろう。ある政党が政権を握るには、国民の幅広い層が、なぜ彼らを支持したかを考えなくてはならないだろう。

よく、私みたいな人間には、到底理解できそうにない、小難しい弁証法とかの哲学的理論で、レーニンがこう言ってるとか、何々はこう主張しているかを比べて、こっちの方が正しいとか、あっちの思想の方が誤っているとか書いて、それで満足している本がよくある。そんな難解なことを言って、理論闘争を挑んでくる人もいた。べつにそれを全部否定するするわけでなく、それはそれで意味はあると思うのだが、考えてみてほしい。当時ロシアは文盲率が高く、特に農民はほとんど読み書きができなかった。彼らがレーニンなどを支持したのは、もっと素朴で、もっと根源的な何かなのだ。

この本の得意技で、話を横道に反れて中国に移ると、中国文学者の武内好が大塚久雄との対談で、「当時、中国には、マルクス・エンゲルス全集があったわけでもないし、毛沢東は、マルクス、エンゲルスの主要著作を少ししか読んでないのではないか」(『大塚久雄著作集7「共同体の基礎理論」』の中の「歴史のなかのアジア」)といった意味のことを語っている。まさか『共産党宣言』や『賃労働と資本』などは読んでいると思うが、『資本論』は読んでいないと、私も勝手に想像している。中国革命を考えるとき、漢王朝や明王朝の成立を考える方が説明しやすいと思っているのだが、話が長くなり過ぎるので、ここらでやめる。われわれの時代にも、セクトに属している者は、活動で忙しく、じっくり本を読んでいるような者は少なかった。

「10・21」(ジュッテン・ニイイチ)国際反戦デー・新宿闘争のような大闘争になると、ビラ配り、ポスター貼りなどの準備で大忙しで、当日には、疲れてクタクタで、本番では「はいどうぞ」という感じで、何にもしないで、警察、機動隊に捕まるやつもいた。これでやっと休めると思ったのであろう。

当日、新宿に結集した比較的大きなセクトは二つだが、それを合わせても、せいぜい数百人だろう。もし、それだけだったら、そこに結集する途中とかも含めて、当時の警察力では制圧可能だろう。小難しい理論は、分からないし、分かろうともしない、濃淡さまざまなセクトを支持する幅広く層をなした群衆がいなければ、新宿駅は解放区とはならなかったに違いない。

逆に、今の時代、「新宿騒乱事件」を起こそうとしても、不可能に違いない。半狂乱で凶悪な犯罪者として世間から糾弾されて終わってしまうだろう。まして、ロシアのような人口、面積いずれも巨大な国の革命である。ユダヤの陰謀とか、フリーメイソンの策略とかの発想では、とうてい捉え切れない。もっと、ずっと大きく、幅広い国民層の強烈な動きを捉えなくては、ロシア革命は理解できないであろう。

前置きはこのくらいにして、このことを探究するには、ある組織の歴史を述べることから始めなくてはならない。それは、マルクスも参加していた国際労働者協会(第一インターナショナル)が一八七六年に正式解散した後、一八八九年にパリで結成された、第二インターナショナルのことである。この組織は、八時間労働日の実現とか、労働組合や労働者の保護や権利のための国際的な組織である。この第一回パリ大会で決められた、八時間労働日実現のための一八九〇年五月一日、各国の労働者の一斉のデモは、今日でもメーデーとして残っている。

最初から、第二インターナショナルと言っていたわけではない。後の歴史家が第二インターナショナルと言い始めたのである。名称は、第五回大会あたりから「国際社会主義者大会」と呼ばれたらしい。その第二インターナショナルの第一回大会が、フランス革命百周年の一八八九年七月パリとなっているが、これとて八時間労働日実現のための国際大会の三回目にあたる。あまり詳しく書いていると、末梢にとらわれて大筋を見失ってしまうのでこのあたりでやめることにする。

ちなみに、ロシア革命後、共産党と党名を変えたボリシェビキが世界の共産党の国際組織として、コミンテルンを結成するが、そのコミンテルンは通称、第三インターナショナルといわれる。

この第二インターナショナルの第二回大会は、一八九一年八月、ブリュッセルで、戦争の脅威に抗議し有名になり、この後、何度も叫ばれるスローガン「戦争に対する戦争を」が標語になる。

第三回大会は、一八九三年八月、チューリッヒで開かれ、軍備縮小、戦争公債反対を決議。

第四回大会は、一八九六年七月、ロンドンで、常備軍の廃止。戦争に対する国民投票。人民の武装、仲裁裁判所の設立などを決議。なお、この大会ではじめて、植民地問題が登場する。

第五回大会は、一九〇〇年九月、再度パリで。各国代表二名よりなる国際社会主義事務所を置くことを決定。以後、常設書記局（事務局）がベルギー、ブリュッセルの労働党本部の「人民の家」に置かれる。これ以後、執行委員会はベルギーの会員が果たし、ベルギーのメンバーが重要性を持つようになる。

第六回大会は、日露戦争の最中の一九〇四年八月、アムステルダムである。何といっても、この大会のハイライトは、日本代表の片山潜と、ロシア代表のプレハーノフが壇上で万雷の拍手の中で堅い握手をしたことだろう。このときの写真は世界史の本などで見かける。

第七回大会は、一九〇七年八月二十三日、シュツットガルドである。この大会にレーニンが初めて出席した。植民地問題などが話し合われるが、この大会で決定された反戦決議を引用する。

「大会は宣言する。もし戦争勃発の恐れが生じた場合には、関係諸国労働者階級の義務、そして彼らの議会代表が行動と調整の活力たる国際事務局の支援のもとに果たす義務は、もっとも適当と思われるあらゆる手段によって戦争を回避することにある。その手段は、当然のことながら、階級闘争の深刻度と一般的な政治状況によって異なる。

それにもかかわらず戦争が勃発した場合には、労働者階級とその議会代表は、戦争の即時中止のために介入する義務がある。そして、戦争によって生じた経済的・政治的危機を全力を挙げて利用して人民層を根底から揺り動かし、資本家の支配の没落を早めねばならない。」(『世界史史料⑽ 第七回大会における軍国主義と国際紛争に関する決議』歴史学研究会編)

第八回大会は、一九一〇年八月、コペンハーゲンで、軍備縮小や、国際仲裁裁判所の件など、いつもの議題が上ったのだが、注目されるべき決議は、「たった一国からでも要請があれば国際事務局会議を開かなければならない」という決定だろう。実は、この事務局会議、世界史に登場するような、ローザ・ルクセンブルク、カール・カウツキー、ジャン・ジョレスなどの有名人が集まり、それらの人が何と言ったかとか、誰と誰が仲がよく、誰と誰が対立したかとか、興味ある人にとって、何とも面白いのだが、深入りし過ぎなので省略する。この事務局会議は、それまでも開かれていたのだが、第一次世界大戦が近づくにつれて、緊迫感が増してくる。

そして、バルカン半島に風雲急を告げ、ついに一九一二年十月十五日、第一次バルカン戦争が勃発する。すぐさまヨーロッパ各国、各地の社会主義政党、労働組織、女性団体、国会議員団などによる反戦決議、反戦集会、デモが行われた。ちなみに、パリには十万人が集まった。ローマ、ロンドン、ベルリン、その他各地の熱気は、一九一二年十一月二十四日〜二十六日の三日間、スイスのバーゼルで急きょ行われた第二インターナショナル臨時大会へと流れ込む。二十三の国、地域からの五五五名の代表。「万国のプロレタリア、団結せよ！」「戦争に対する戦争を」の横断幕や、労働者組織の旗が掲げられた。合唱団による「自由讃歌」が流れた。駅から会場までの道は、代表だけでなく、各地から駆けつけた労働者や、赤旗、労働歌で埋まった。そして、反戦のためのバーゼル宣言を発して終了した。

そして、一九一四年八月、ウィーンで開かれる予定だった第九回大会は、第一次世界大戦のために中止となる。問題は、あのバーゼルの熱気はどこへ行ったのか。第一回大会から積み上げてきた反戦の努力はどこへ行ったのか。

ロシア革命までの歴史の流れ

以後、ロシア革命までの動きをレーニンなどを中心として、時系列に沿って見ていきたい。

一九一四年七月二十八日、オーストリアがセルビアに宣戦布告。これをもって世界史では、第一次世界大戦開始とする。皇帝、首相、軍部などの各国政府首脳は、戦争は長くても、せいぜい数か月で終わると思っていたらしい。特に独、仏、露などの大国は、自分の方が勝つと思っていたらしい。

七月二十九、三十日、第十六回（第二インターナショナル）国際社会主義事務局会議がブリュッセルで開かれる。三十二名出席。各国の反戦の動きを強めるという決議で決着。ローザ・ルクセンブルクの提出した、ロシアの同志の大奮闘への連帯表明決議も採択された。ここに集まった人々の中でも、戦争に対して楽観的な見方をしている人も、結構いたし、おそらく、彼らの中にも、まさか数年も続く、大戦争になると思っている人は、いなかったのではないだろうか。彼らだけでなく、世界中の人々にとって、第一次世界大戦とは、その時点では、想像もつかない未曾有の出来事だったのだ。

七月三十一日、フランス社会党代表、ジャン・ジョレスが極右青年に暗殺される。高校生のときに読んだ小説『チボー家の人々』でこのジャン・ジョレスの名を私は初めて知った。当時、フランスの反戦運動を行っていた人々にとって、ジョレス暗殺は、どれぐらい衝撃だったかも含めて、おそらくフランス以外でも、第二インターナショナルに関係している人々にとっても打撃だったのではないだろうか。

私は大学時代、親しくしている友にしきりに、この『チボー家の人々』を勧めた。その中には、後に私の所属しているセクトと、相手を殺すほどの激烈な党派闘争をするセクトに属している友人もいたが、むろん、私も含めて、私の友人たちには、そんなばかなことをする人はいない。

八月一日、戦後、ワイマール共和国の首相になるドイツ社会民主党のヘルマン・ミュラーが、ユイスマーンス、ヘンドリク・ド・マンとともにフランスの社会主義者との反戦共同行動の打ち合わせのためパリにいく。その結果は、一言、二言でいえるほど、単純ではないのだが、大局を述べると「話し合いは不調だった」ということだろう。

同じ八月一日、フランス大統領ポアンカレが「神聖連合」演説をする。「この秋にあたって党派などというものはもはやなく、永遠のフランスあるのみ」

八月二日、ドイツ軍がベルギーに領内通過を認めるよう最後通告を発する。ベルギーは拒否。

同じ日、ベルギー労働党総務会は戦時公債賛成を決定する。これ以後、ベルギー労働党は「独立戦争」へ向かう。

八月三日、ドイツ軍ベルギーに侵攻。このベルギー侵攻の日付が、手元の資料によっては、一日、二日、違っていたりする。ここでは『第一次世界大戦の歴史大図鑑』（Ｈ・Ｐ・ウィルモット著、等松春夫監修、山崎正浩訳）の年表からとることにする。

このベルギー侵攻には若干の解説がいる。このベルギー侵攻は、前のドイツ軍の参謀総長シュリーフェンが立案した作戦による。そのシュリーフェン作戦とは、もし戦争になったら、露仏同盟があるため、ドイツは、対露、対仏と二正面作戦を強いられる。そのため、まず主力を対仏に向けてフランスを屈服させた後、軍を返してロシアに向かうというものであった。そのためには、フランスを素早く撃破しなくてはならず、オランダ、ルクセンブルク、ベルギーを通過し、独仏国境にいるフランス軍を迂回し、その背後に回り、フランス軍を包囲、壊滅するという作戦だった。ドイツ以外に、このような作戦を作成していた国はなく、後にドイツの侵略性の証拠とされた。

この作戦の成功の条件は、

①ロシア軍の集結が遅いこと。ロシアは鉄道網が密でなく、何事にも不能率で、兵員、軍事物質の輸送に時間がかかり、ロシアの戦争準備が整うのは、遅くなるだろうとの予想だった。

②オランダ・ベルギーの通過に時間がかからず、ドイツ軍の素早い運動で、フランス軍の背後に回れるということ。

この条件は、二つとも崩れた。

①は、ロシア軍の動員は迅速で素早く集結し、しかも、大軍で攻勢に出た。

②ベルギー軍がリュージュ要塞を軸にして、頑強に抵抗した。しかも、橋、鉄道、トンネルを破壊した。ドイツ軍の進撃速度は机上の空論過ぎて、兵士、馬匹《ばひつ》の疲労がはなはだしく、しかも補給、命令連絡システムが崩れ去った。つまり、軍隊としてのシステム全体を保ちながら進軍できなかった。

実は、第一次世界大戦開始に当たって、ベルギー、オランダは中立を宣言した。もっと正確に言えば、ベルギーは、今のスイスと同じように、永世中立国だった。しかも、現実のシュリーフェン作戦の実地に当たっては、ドイツ軍はオランダを通過しなかった。よって、オランダは中立を守ることができたが、ベルギーは、受け身の宣戦布告を強いられた。しかも、ドイツ軍のベルギー中立侵犯は、「勇敢な小国、ベルギーを守れ」とのスローガンの下、イギリスの格好の参戦理由をつくってしまった。また、ドイツは、中立国をはじめとする各国の信用を失ったであろう。

しかも ドイツ軍は、ベルギー通過中に、後のナチスを思わせる残虐行為をはたらいた。どこから銃声が聞こえただけでも、住民の抵抗運動と見なし、一般市民を人質にとり処刑した。ドイツに連行された市民もいた。

「ベルギーでの一般市民の犠牲者の数は、六〇〇〇名を越えると見積もられている。さらに、貴重な古典文献の所蔵で有名なルーヴァン大学図書館の焼却など、歴史的文化財・建築物の破壊も頻発した。」(『第一次世界大戦』木村靖二著)

このドイツの残虐行為は世界に報道された。宣伝戦においても、ドイツは不利になった。なぜ、この緒戦のベルギー戦のことを比較的詳しく書くのか、勘の鋭い人はぴんときたと思うが、ベルギーのブリュッセルには、国際社会主義(第二インターナショナル)常設書記局があったからである。

「ベルリンでは、ブリュッセルが陥ちたというニュースに鐘が鳴りわたり、街頭には有頂天の叫び声があふれ、市民は熱狂し、見知らぬ者同士が抱きあい、町は『激しい歓喜』に塗りつぶされた。」(『八月の砲声』バーバラ・W・タックマン著、山室まりや訳)

八月四日のジャン・ジョレス葬儀の日は、社会主義とその反戦平和イデオロギーにとって、歴史的転換点となる。そして、そのことが後々まで世界史に重要な意味を持つようになると私は固く信じている。

この八月四日は、ドイツ皇帝ウィルヘルム二世の「余は党派なるものをもはや知らぬ、いまやドイツ人あるのみ」という、いわゆる「城内平和」演説をする。同じ意味のことをフランスでは「神聖連合」と呼ぶ。

同じ八月四日に、ドイツ国会において、ドイツ社会民主党を代表して、フーゴー・ハーゼが戦争支持声明をする。

このフーゴー・ハーゼ、個人としては戦争反対の立場だった。しかし、社会民主党の大勢が賛成だったため、多数決の原理で賛成演説を強いられた。このフーゴー・ハーゼの無念の思いは、察するにあまりある。これほど極端ではないが、私も似たような立場に立たされたときがあった。クラス討論会で、自分の属しているセクトの立場と、あまりに懸け離れたことをいうと「あいつ、クラスで、こんなことを言ってた」というような、同じセクトの他のメンバーに聞こえていくのではないかと思い、本音を言えず過激過ぎる発言をしたこともあった。つまり、自分の主張を曲げて、属しているセクトの主張に則した発言をしたのである。その学生時代から、何十年も経って、この心配を裏付けるような、ちょっと面白いエピソードがあった。紹介したい。

学生時代から何十年も経ってから、違う学部の、政治運動とは無縁の、いわゆる一般学生だった人物のおいという人間に出会った。そのおいが、過去の私の素性を知っていて、叔父から聞いた話として、次のような話をした。大学時代、私のアパートで、同じ大学の同級生四、五人で話している内容を、なぜか、その叔父が知っていたのである。その叔父は警察でも何でもなく、商社に勤めている人物である。しかも、そのときアパートで話していた内容は、重要なことでも、何でもなく世間話程度のことである。そのとき、ある出来事の真実の理由をいわず、正確には、〝状況から言えず〟面白、おかしく話していたのを覚えている。

そのおいは、私の学生時代に関する細々なことを知っており、確かに、私はいわゆる活動家で、目立つ存在ではあったかもしれないが、何で違う学部の、しかも学生運動と無関係の人間が、こんなことを知っていたのか驚きであった。政治家以外にも、会社人間も、普通の主婦だって、強弱さまざまであろうが、同じように、周囲に合わせて生活しているであろう。

いずれにしても、今だからこそ、心静かに落ち着いて本音を話せる、そして、話しておかなければならない、という使命感も、この本を書く一つの理由でもある。

同じ八月四日、ドイツ議会において、ドイツ社会民主党は戦時公債に賛成票を投ずる。こうなった背景の一部分を、ちょっと歴史的に考えてみたい。

一八七五年、ドイツ社会民主党の前身であるドイツ社会主義労働党が結成されるも、一八七八年、ビスマルク宰相の時代、社会主義者鎮圧法が成立し、その弾圧をかいくぐり、堪えて堪え抜いて、ドイツの労働運動は実力を蓄えてきた。一八九〇年、すなわち、第二インターナショナル結成の翌年、ビスマルクが辞職に追い込まれ、社会主義者鎮圧法が廃止されると、ドイツ社会民主党と名称を変えたこの党は、凄まじい発展を遂げる。

第二インターナショナル内での大きな路線対立は、戦争の危機が迫った場合、ゼネストで実力行使して闘うべきだという、フランス、イギリスの立場と、いやゼネストは認められないという、ドイツ社会民主党との対立だった。前に引用した、一九〇七年、第七回第二インターナショナル、シュツットガルド大会の反戦決議は、よく読むと、その対立の妥協の産物であるというのが、よく分かるであろう。できれば前ページに戻って、再度読んでみてほしい。

私の想像するところだが、ドイツ社会民主党には、過激な行動によって、過去の弾圧下に戻りたくないとの思いと、ちょっと選挙を自己目的化しているところがある。そのためか、一九一二年には、帝国議会選挙で四〇〇議席近い議席のうち、一一〇議席をとって第一党になっている。その他にも、有名な理論家も多く、党員数も他の国の党とは比較にならないほどの人数を誇っていた。これは、ドイツの工業化の比率、すなわち、工業労働者数も関係しているだろう。ドイツ社会民主党は第二インターナショナルの最大の実力者であり大黒柱であった。

「ドイツのプロレタリアートの歴史には、革命的伝統が全くない。普通選挙権もバリケードで獲得したものでなかった。……上から与えられたものは上から取りあげられることも十分ありうる。革命の伝統がないからこそ、他民族の革命的伝統に不快の念を示すのだ。」（ジャン・ジョレスの言葉『第一次世界大戦と社会主義者たち』西川正雄著）

どこの公園で、何の集まりだったか、忘れてしまったが、とにかく大きな公園だった。もしかして、メーデーではなかったかと思う。とにかく、あちこちで、大小さまざまなグループがいた。われわれ以外にも、ノンポリ（無党派）や、反戦市民運動も来ていたと思う。日本共産党系のデモが、大きな宣伝カーからスピーカーで労働歌を流して来たのを覚えている。そのとき、われわれの側からと、日本共産党側から、若い女性の声で、互いにやじり合っている、甲高い声を、今でもはっきり覚えている。われわれの方からは「裏切り者！」で、日本共産党の側からは「挑発するな！」「トロツキスト！」だった。

前にも書いたが、あの当時、日本共産党は本部の所在地から、代々木と呼ばれていた。われわれの側は、数セクトを大きく、くくって反代々木系といわれていた。代々木と反代々木系は、何度もゲバルト（暴力闘争）を繰り返し対立していた。当時の日本共産党の新聞やビラを読んでないし、なぜ、われわれに党派闘争を仕掛けてきたのか、日本共産党上層部で何をどう決定したのか、知らないし、知ろうともしてないが、あくまでも、現実に起こった現象から判断するのだが、当時の日本共産党の振る舞いの理解には、第一次世界大戦開始時のドイツ社会民主党の振る舞いが一つのヒントになるかもしれない。

戦後、第二インターナショナルに加盟していた一部の政党が、再度会合を持つ機会があったが、ベルギー労働党はドイツ社会民主党と同席するのが耐え難く、出席しなかった。再会には、時間を要した。

同じ、八月四日、フランス社会党の百余名の国会議員団は議会において軍事予算案に賛同。この八月四日をピークとし、その前後の日々、A国がB国に、C国がD国に、D国がA国に、というふうに、宣戦布告が続く。

八月五日、イギリス労働党議員会議。ここでも、戦時公債賛成が多数を占める。戦争反対は独立労働党のメンバーなど、ごく少数。

確かに、戦争に反対するということは、相手国があることだから、片方だけでなく、敵対する国同士、同時に行わなければならないだろう。片方の側だけ戦争に反対だからと、軍隊の動員をしなければ、一方的に攻め込まれ、その国と国民に甚大な被害が及んでしまうだけだろう。しかも、時代は帝国主義の時代である。ヨーロッパ諸国が、アジア、アフリカ各地に支配を確立していた時代である。日本が中国に「対華二十一カ条の要求」を突き付けたのは、開戦の次の年、一九一五年である。やらなければ、やられる時代だった。

第一次世界大戦は、そうした軍隊の動員に対しては動員という連鎖反応の要素が多分にある。しかし、それだけだろうか。七月二十七、二十八日には、各地で反戦集会があったりしたが、それらの動きは、開戦の熱狂の中にかき消されていく。

「失われた世代」と十月革命

一九三〇年度のアメリカ第三回アカデミー作品賞、監督賞を受賞した、原作エリッヒ・マリア・レマルク、監督ルイス・マイルストン、主演リュー・エアーズの映画「西部戦線異常なし」を見ただろうか。この映画、監督にとってトーキー第一作目である。しかも、この第三回アカデミー賞に録音賞が新設されている。つまり、サイレントからトーキーに移り変わるころの古い映画である。余談になるが、私は原作も読んでいるが、実は『チボー家の人々』と、この本を勧めてくれたのは、同じ人である。この映画の前半部分に、熱気の内に軍隊に志願する若者が描かれている。

この描写が誇張でない証拠に、帽子を振りながら、歓喜のうちに、道路を行進するドイツの若者や、列車から手を振って、戦争に向かうイギリスの若者の当時の写真も残されている。これらの写真を世界史の本などで見た人もおられるであろう。徴兵制を敷いていなかったイギリスでは、志願兵を募集したが、数カ月で五十万人が集まり、一年間で二百万人も登録されたほどだ。これらの若者が後に「失われた世代」などと呼ばれるようになる。ちなみに、イギリスが徴兵制を敷いたのは、一九一六年一月である。

これらの出来事から判断するに、この時代には「反戦」というものの考え方が、幅広く社会に浸透していなかった、ということだろう。それは、ちょうど普通選挙権が社会の通常の権利となるのは、その権利を求める運動が、何百年、何十年も続いてやっと獲得されたのと似ている。女性の参政権は、それから更に遅れた。

今では、奴隷制度が悪というのは、社会一般に広く認められている。奴隷制度を唱える人が、現代に現われたら、鼻つまみものだろう。植民地制度もそうだろう。反戦という考え方が、国民一般に広く認識されていず、ナショナリズムが旺盛で、その熱狂の中に政党ものみ込まれていった。

ドイツ社会民主党の例でいうと、「国民の大部分が、戦争を激しく支持している以上、議席を維持するために、戦争に賛成した方が得策だ。どうせ戦争はすぐ終わるのだから」などという思惑があったとしても不思議ではない。それに「今戦争に反対したら、わが党は、壊滅的打撃を受けるだろう」などとも判断したかもしれない。いや、それ以上に、彼ら社会主義者といわれる人々の頭脳の核の部分にでさえ、生活、習慣、伝統の中に、当たり前のように、反戦が染み渡ってなかったということだろう。

革命運動や大衆運動には、満潮時や退潮時がある。集団ヒステリーのように、社会全体が渦巻くように沸き立ったかと思えば、うそのように、何ごともなかったかのように、静まり返るときがある。革命派が、わが物顔のように振る舞えるときもあれば、弾圧下、地下活動を迫られるときもある。あれは何だったろうと思えるほど、それらの変化が突如訪れたりする。この変化の潮目を見抜く能力も活動家にとって大切な要素である。世界の革命の歴史を見ると、この境目を見誤り、自派に大損害を与えた例がよくある。反戦の熱狂から戦争の熱狂へ変わったのは、潮目が変わったということだろう。

戦争が長引くにつれて、厭戦気分がまん延し始め、各国で反戦派が徐々に結集し、ドイツでいえば、社会民主党から離反した反戦派が、独立社会民主党を結成するのは、やっと一九一七年四月である。国民の熱気が冷めて、戦争から目をそらし始めるには、時間を必要とした。

そのころ、レーニンたちは、どうしていただろうか。戦争開始時、オーストリアに亡命していたレーニンは、スパイの嫌疑を掛けられ逮捕されたが、オーストリア社会民主労働党ビクトル・アードラーの働きかけによって釈放され、スイスに向かった。ちなみに、戦争開始時、オーストリア議会は開催されず、オーストリア社会民主労働党は、戦争賛否の態度表明を逃れた。

そしてレーニンは、ドイツ社会民主党の戦争に対する賛成表明を聞いたとき、これは、なにかの謀略だと思ったという。おそらくレーニンは、それを信じられなかったに違いない。それが真実だと知ったとき、激しい衝撃を受け、ドイツ社会民主党の裏切りを、身を震わせるほど怒った。

「第二インターナショナルは死んだ」このレーニンの思いは、彼一人だけではなかったに違いない。

ローザ・ルクセンブルクは、絶望のうちに泣いた。

ちなみに、ロシア社会民主労働党は、一九〇三年に、レーニン率いるボルシェビキとメンシェビキに分裂していたが、開戦時、国会《ドーマ》に少数ながら、席を得ていた。この党は二つとも、戦争予算と戦争支持決議に抗議して退場した。

一九一五年九月、戦争中、スイスの寒村ツィマーワルトで反戦派、少数派社会主義者の結集に成功した。スイス、イタリア、ノルウェー、オランダ、ポーランド、ブルガリア、フランス、ルーマニア、ドイツ、ロシアなどからの参加である。

有名人としては、レーニン、トロツキー、マールトフ、バラバーノフ、レーデブーアなどがいる。十一カ国より三十八人参加。それに参加した中でも左派の人々、いわばレーニンなどの左派中の左派とでもいえる人々が八人いて、それらの人々を「ツィマーワルト左派」という。

一九一六年一月、ローザ・ルクセンブルク、カール・リープクネヒトらは、戦争を内乱に転化し、革命を目指す「スパルタクス団」を秘密裏に結成する。

一九一六年四月、スイスのキーンタールにて「第二回ツィマーワルト大会」とでもいえる大会が開かれる。九カ国の党・国際組織の代表と個人参加の四十三名。参加国は七カ国と書いている資料もある。「ツィマーワルト左派」は十一人に増える。このツィマーワルト、本によってはチンメルワルトとか、ツィンメルワルトと書いているのもある。

一九一六年六月、レーニンは『帝国主義論』を書く。第一次世界大戦は、帝国主義同士の争いであるというような意味で、この時期にレーニンによって書かれた書物は、理論武装の色彩や、パンフレット的＝宣伝、情宣の意味合いを強く持っている。

一九一七年三月、ロシア二月（露暦）革命勃発。そして皇帝を廃した後の臨時政府と、ソビエトとの二重権力状態になったとのことは、既に書いた。

レーニンらが列車の外へ出ない。ドイツ人とは誰とも接触しないという、ドイツ政府の計らいの封印列車で、スイスからペトログラードに帰る。四月十七日（露暦四日）レーニン、党機関紙「プラウダ」にいわゆる『四月テーゼ』を発表。前にも引用した『世界史史料⑽「四月テーゼ」』から抜粋する。

「……ロシアにおける現在の時機の特異性は、プロレタリアートの自覚と組織性とが不十分なために権力をブルジョワジーにあたえた革命の第一段階から、権力をプロレタリアートと農民の極貧層の手にあたえなければならない革命の第二段階への移行ということである。……すべての国家権力を労働者代表ソビェトにうつす必要を宣伝する。」

この新聞に発表する前、二カ所の集会の演説で、すでに同じことを表明していたのだが、この演説を聞いて雷に打たれたような衝撃を受けた人もいたとか、頭が混乱し、理解するのに時間がかかった人もいた、というような意味のことを書いている本もある。この瞬間、ロシア革命は、新たな飛躍に向かって進むことになる。

このドイツという敵国政府の手を借りて帰国したことから、ロシアでは「レーニンはドイツのスパイ」などという誹謗、中傷の格好な材料を与えてしまう。ヨーロッパの反戦派の人々の中にも、この帰国手段を非難する人もいた。レーニンとしては、どんな手段を使ってでも、帰国したかったに違いない。

ドイツとしては、ロシアに戦争から離脱してもらいたかった。これに成功すると、東部戦線から兵力を移動して、西部戦線に全力を集中できる。ドイツとしては、ロシアの反戦派を帰国させることが得策と考えた。結果として、そのドイツの意図は当たった。

このレーニンらの帰国前後、外国に亡命中の各派の社会主義者も続々とロシアに帰国する。ちなみに、トロツキーはレーニンよりも約一カ月遅れる。

この二月革命によって成立した臨時政府は、手足をソビエトに握られて、立ち往生みたいになってゆくのだが、そのため十月革命までの数カ月の間に、四回も内閣が変わる。最初、大資本家や自由主義者などの、いわゆるブルジョアジーや旧支配層の代表ともいえる人々で内閣が占められるのだが、次第にメンシェビキなどの社会主義者も多くなってゆく。

最後に首相になるケレンスキーは弁護士で、若いころ、炭鉱労働者の側に立って活躍したこともある社会主義者である。第二次内閣で陸海軍相で初入閣したとき、西暦で六月末から七月初めにかけて、後に彼の名前を付けられ「ケレンスキー攻勢」と呼ばれることになる、東部戦線での大攻勢に出る。七月中旬、ドイツ軍が反抗に出て、ロシア軍は敗走をはじめる。そのせいか、ペトログラードで、労働者、兵士が自然発生的に蜂起しそうになる。ボルシェビキ党は、中止命令を出すが、幹部に逮捕状が出たため、レーニンはフィンランドに潜伏。八月から九月にかけて『国家と革命』を書く。この本は「四月テーゼ」で触れた〝プロレタリア独裁〟の理論武装と情宣の傾向が強い。

ソビエト内においても、ボルシェビキは、最初極めて少数だったのだが、次第に多数を占めるようになり、一九一七年十一月七、八日（露暦十月二十五、二十六日）の第二回、全ロシア、ソビエト大会のときには、代議員六四九人中、ボルシェビキ党は三九〇人で、社会革命党《エス・エル》左派は一六〇人で、この二つの政党の連立で、最初は革命政権を担った。

この第二回ソビエト大会の前日（六日）夕方ころより、革命側の軍事革命委員会指揮下の軍隊が蜂起、臨時政府側の拠点、冬宮を包囲。この六日をもって、世界史では、ロシア十月革命の日としているようだ。冬宮側が降伏したのは八日午前二時で、この時点で、すでに主要な官庁などは制圧が終わっていて、この間ほぼ無血だったことから、革命というよりは、ほとんどクーデターと書いている本もある。これ以後、臨時政府とソビエトとの二重権力状態は解消される。

ロシア革命というと、赤軍（革命側）と白軍（反革命側）との内戦と、それに絡む外国からの干渉、つまり内乱による混乱と飢餓というイメージが強いのだが、それは、この後のことで、この時点では、まだそれほどでもない。

さて、なぜボルシェビキが政権を握ったかだが、それを解く鍵は、この第二回全ロシアソビエト大会で発表された、二つの布告が物語っていると、私は考える。

前にも紹介した『世界史史料⑩』より引用したい。
①平和に関する布告
「一〇月二四―二五日〔西暦一一月六―七日〕革命によってつくりだされ、労働者・兵士・農民代表ソビエトに立脚する労農政府は、すべての交戦諸民族とその政府に対して、公正で民主的な講和についての交渉を即時に開始することを提議する。」

この後半には、無併合、無賠償の講和の主張。弱小民族の自立の主張、秘密外交の廃止の主張などが続く。
②土地に関する布告
「一、地主的土地所有は、あらゆる買取金なしにただちに廃止される。

二、地主所有地ならびに帝室、修道院、教会のすべての土地は、そのすべての家畜と農機具、農場の建物およびすべての付属施設とともに、憲法制定会議までのあいだ、郷の土地委員会と郡の農民代表ソビェトの所管にうつされる。
三、（略）
四、（略）
五、軍隊勤務中の農民とカザーク〔コサック〕の土地は没収されない。」
三は、没収された地所、建物、農機具、家畜、在庫の生産物その他の保全に関するものである。

四は、付帯文章の「農民要望書」のことである。これは農民から要求された八項目が書かれている。

第一項は、「土地に対する私的所有権は永久に廃止される」ということであるが、このことは、重要なので、後でまた、それらのことに関して触れる。

この二つの布告が意味することは重要だ。なぜ、兵士、労働者、農民が反乱を起こし、帝政が倒れ、臨時政府が成立したのか。それは民衆にとって、帝政が倒れることによって、戦争が終わると思ったからだ。一九一六年末に、ロシア軍の損害はすでに七百万人に達していた。これは一カ月に二十万人の損害の計算である。農業生産も働き手を失い、農村は荒れ、都市生活者も食糧などの生活物質の不足に苦しんだ。

「だが、そのときすべてのものの胸に秘められた考えを表明する声が響くのであった、『土地なんか、もし俺が死んだら必要ないんだぞ』最初に和平、つぎに土地。これが本来の兵士の革命的綱領であったのである。」（『ロシア革命史（二）』トロツキー著、山西英一訳）

しかし、帝政が倒れて、臨時政府ができ、その政府に、メンシェビキなどの社会主義者が入っても戦争は止まらなかった。なぜか。

それは、特にフランスの大資本の要請である。ロシアが戦争を続行できたのは、ロシア国債を買ってくれた、フランス資本の力であることは、すでに書いた。シベリア鉄道を開通できたのもフランス資本の力である。フランスとしてはロシアに戦争離脱されると、ドイツ軍のフランスに対する重圧が一挙に強くなり苦境に陥る。フランスはロシアに対し「攻勢に出よ」と要請した。やはり、この臨時政府は、主要には資本家の政府であったのだ。

ロシアの一般民衆はロシア語を話していたが、上流階級はフランス語を話していた。ロシアとフランスの上流階級は、それほど密接に結びついていた。

第一次世界大戦後、ますます、その存在感を世界に示すことになるアメリカを、ちょっとのぞいてみよう。アメリカは、ロシア二月革命が起ったとき、喜んだ。なぜなら、アメリカは、イギリス、フランス側に立っての参戦を決意していたが、その理由として、軍国主義専制のドイツを倒すというものだが、ロシアはドイツ以上の専制の国とされ、そのロシアが、イギリス、フランス側にいることによって、その理由付けが弱まるのである。ロシアの帝政が倒れることによって、民主側と軍国主義側の戦いという構図が成立する。

このドイツ以上の〝専制のロシア〟というのは、第二インターに加入している各国の社会主義者の共通の認識だったと言ってもよい。ドイツ社会民主党の中には、「野蛮なコサックの馬に踏みにじられるよりは、戦争に賛成した方がよい」といった意味のことを言った人もいた。

ちなみに、アメリカがドイツに宣戦布告したのは、一九一七年四月六日である。

レーニンの率いるボルシェビキは戦争反対の主張をし続けて、軍隊内にいる党員、シンパも、この意見を粘り強く周囲に説得し続けていた。戦争を止めない臨時政府に対し、反戦を訴え続けていたボルシェビキを民衆が徐々に上に押し上げていったということだろう。

「レーニンは、つぎのようにこたえた。『労働者と貧農の「国」は、チェルノフやツェレテリ連の千倍も左方にあり、われわれの百倍も左方にある。君がもすこし生きていたら、それがわかるだろう』と。レーニンは労働者や兵士は、ボルシェビキの『百倍』も左傾していると評価したのである。」（前掲書『ロシア革命史（二）』）

ちなみに、チェルノフは社会革命党の、ツェレテリはメンシェビキの、いずれも臨時政府の閣僚である。

つまり〝もう戦争を止めよ〟という民衆の願いは、二月革命で成立した臨時政府では達成されず、十月革命を必要としたのである。その民衆の願いを的確につかんでいたのは、レーニンらのボルシェビキ首脳陣だった。

しかし、ボルシェビキが絶対敵に回してはいけない勢力があった。それは、ロシアの政治行動に対し、重量級の決定力を持つ農民層である。

②の土地に関する布告は、農村において圧倒的な地盤を誇る社会革命党の主張を大幅に取り入れたものである。

ロシア十月革命がなぜ成立したのか、それは、この二つの布告が、十分に物語っている。

一九一八年一月、アメリカ大統領ウィルソンが「平和に対する十四カ条」を発表する。これは、ロシアに先を越された形になった「平和に関する布告」のアメリカ版ともいえる内容で、一言でいうと「勝利無き平和」を呼び掛けるものである。「無併合、無賠償」による戦争終結である。他にいかにも自由主義の国家らしく「公海の自由」「通商障害の廃止」などがある。ロシアと共通している「秘密条約の廃止」「植民地、民族自決の問題」などもある。

結局アメリカは参加できなかったが「国際連盟」の提唱をする。その他にも「軍備縮小」など。これらのことなどは、すでに第二インターナショナルで議題に上っていたことであり、つくづく第二インターナショナルというのは、時代を先取りしていたなあと思う。

この一九一八年一月、オーストリアで、続いてドイツで、開戦後最大規模の反戦ストが起こる。これらは、ロシア十月革命や、ウィルソンの「十四カ条」に触発されたことに違いないけれども、それ以上に最大の理由は、戦争による生活苦であろう。

この後、一九一八年三月三日、ドイツ・ロシア間のブレスト・リトフスク講和条約調印、その後のドイツと連合国との休戦協定後の、そのブレスト・リトフスク講和条約の破棄と、その後も、大いなるドラマは続くのだが、そういったことは歴史書に譲る。

第六章　ロシアとドイツの運命を分けたもの

ドイツ「血の数週間」

このロシア革命をより理解するために、ドイツの運命とロシアを比較したい。ドイツとロシアの人々の運命を比較することによって、よりロシア革命を理解できるであろう。

今でも、先進工業国と農業国との工業製品と農業製品の交易というのは、大きな流通であろう。戦争前、ドイツとロシアは、そういう関係だった。ロシアの穀物の最大販売先はドイツであり、ドイツが最も農産物を買った相手はロシアだった。ドイツとしては、そのロシアを敵に回したのが大きい。ドイツでは、戦争中七十から八十万人が餓死したといわれる。ドイツの他国と接している陸地の部分は、ちょうど、敵に囲まれているような格好になっており、唯一の同盟国と接している部分、つまりオーストリア＝ハンガリー帝国と接している部分からは、農産物の輸入は期待できず、北の海には、イギリス海軍が頑張っており、ドイツはちょうど「兵糧攻め」にあっているような格好になっていた。

戦前から、食料自給率一〇〇パーセントを達成しておらず、その食料が入って来ないばかりではない。農業生産が激減した。まず農村より最大の働き手が兵隊に取られた。しかも、肥料の不足が起こった。これは、ドイツばかりではなく、参戦各国に起こったことだ。オーストリアでは、ドイツとほぼ同じくらいの餓死者が出たとの見解もある。ロシアの場合、これに流通の混乱が加わるだろう。ロシアでは、一九一四年の開戦から、ロシア革命の混乱の中で、数百万単位の人間が餓死したとされる（以下の年表風の表記は藤原辰史著『カブラの冬』を参照した）。

ドイツでは、一九一五年に、人間一人よりも、豚一匹の方が多量の穀物が必要との奇妙な理屈により、大量の豚殺しが発生するなど、自分で自分の首を絞めるような、苦境が苦境の増大を呼ぶ悪循環に陥ってゆく。特に一九一六年から一九一七年にかけての冬が、食料配給量が生存ギリギリまで減らされ、「カブラの冬」と呼ばれる。その配給量は、成人男性一人当たりの必要量の三分の一と書いている本もある。カブラとは、まずい代用食のことである。

戦争中、北欧の中立国で社会主義者の交流があったが、ドイツからの出席者は、ここはソーセージやパンも種類が豊富で多量にあり、まるで天国のように感じたという。退却したイギリス軍の陣地あとに前進したドイツ兵は、英軍が置いていった物資の豊富さに驚いた。

戦後、第二インターナショナルのメンバーが再会する機会があったが、ドイツのメンバーは、ゲッソリ痩せ、腰が曲がり、急に年を取った幽霊のような格好で現われたという。

この「兵糧攻め」、日本では、私の知っている古いところでは、『太平記』の時代の金ヶ崎城攻めから、戦国時代になると有名なのが結構あるが、ヨーロッパでは、古い時代にはないのだろうか。思い浮かぶのは、イギリス王家とフランス王家の対立した百年戦争のときの「オルレアンの包囲」だが、中の人間が餓えたとは聞いたことがない。しかも、ジャンヌ・ダルクは簡単に中に入っている。イスラム勢力による、ウィーン包囲もあるが、中の人が餓えたとは聞いたことがない。あとは、第二次世界大戦まで飛んで、レニングラード攻防戦や、オランダの苦境などだ。古い時代のヨーロッパには、

「兵糧攻め」がなかったのかもしれない。

ここまで書いてきて、ナポレオンのロシア侵攻を思い出した。フランス軍に何も残さないロシアの焦土作戦によって、冬になり食料と防寒着の不足により、モスクワよりナポレオン軍が撤退するというものだ。なるほど、ヨーロッパの「兵糧攻め」はスケールが大きい。

一九一八年三月三日、ドイツ、ロシア間のブレスト・リトフスク講和条約によって、ロシアは戦争から離脱したが、ドイツは依然として混乱を避けるため東部戦線に百万の軍隊を配置しておかなければならなかった。残りを西部戦線に移動し三～七月にかけて、最後の決戦と呼べるような大攻勢をかける。この時点で、ドイツ軍兵士一人当たりのカロリーは、参戦国中、最低レベルで、軍需物資も、連合国に比べ枯渇気味で、何よりも、人的資源が底を尽いた。師団や大隊に欠員が生じても、徴兵のための男子がいない。

一九一八年八月八日は、「ドイツ軍暗黒の日」といわれるが、この日、イギリス軍、アンザック軍の戦車四五〇両を先頭とする連合軍の大反撃が開始される。ドイツ軍の首脳部が動揺した。軍の首脳部が早くウィルソンの「勝利なき平和」によって講和を結ぶべきだと、政府に提議するに至る。かいつまんで言えば、ドイツは総力戦＝国の総合国力対総合国力の戦いに負けたのだ。特に一九一八年九月二十九日には、ドイツの同盟国ブルガリアが休戦・実質的には降伏し、ブルガリア軍が配置されていた前線に大きな間隔が開き、その間隔をドイツ軍は埋めることができなかった。イギリス・フランス側は植民地の人間を、兵士や補助員として動員した。

すでに一九一八年一月、ベルリンで十万人の（一説では四十万人）の労働者による反戦ストライキが起こり、それが全国に拡大し、百万人によるストライキになった。軍隊でもすでに休暇に出たきり帰って来ないなど、厭戦《えんせん》気分がまん延し始めていた。

政党の動きを見ると、かなり早く、一九一六年一月の時点で、後のドイツ共産党の母体となる極左政党、スパルタクス団がカール・リープクネヒトやローザ・ルクセンブルクによって秘密裏に結成された。一九一七年四月には、ドイツ社会民主党内の反戦派、カウツキーやベルンシュタイン、ヒルファデングらが分離し、独立社会民主党を結成する。

こうしてドイツにおいても、反戦の動きが政党人、庶民の間でも、徐々に大きくなってゆくのだが、それが全面的な発火になるのは、一九一八年十月末の水兵の反乱である。それに他の兵士、労働者、市民が徐々に加わり始め、十一月四日、ついにキール市に労兵評議会が結成される。この労兵評議会は、ドイツ語で「レーテ」といわれるが、これは、ロシア革命の「ソビエト」のことだと思うと分かりやすい。この「ソビエト」、急速に全国に広がった。ついに十一月九日、ベルリン全市におけるゼネストまで拡大。街には「平和、パン、自由」のプラカードが溢れる。ときのマックス首相が、勝手に皇帝退位を布告。何の権限もない社会民主党のフィリップ・シャイデマンが、議事堂の窓から民衆に向かって「皇帝は退位した。共和国万歳」を叫ぶ。こうして、ドイツ・ハプニング革命は成立した。

次の日の十日に社会民主党から三人、独立社会民主党から三人で「連立内閣」をつくる。この「連立内閣」は「執行機関」「仮政府」「臨時政府」「中央政府」「人民委員会議」などさまざまな呼び方をされるが、ここも、分かりやすく「臨時政府」とする。この「臨時政府」は、建前ではあくまでも「ソビエト」の「執行機関」である。これに帝政時代の大臣、エルツベルガーなどが経験を買われて、専門家として何人か加わる。

次の日の十一日、このエルツベルガーを団長とするドイツ代表が、パリの北方にあるコンピエーヌの森で休戦協定を締結し、戦闘行為はついに停止した。

しかし、経済封鎖はなお続き、ドイツ版「蛍の墓」は終わらなかった。しかも封鎖が解かれるのは、それから半年後である。

それはドイツばかりではなかった。栄養不足による体力の低下や、塹壕内における密集した生活、人間の集団移動などのため、当時スペイン風邪と呼ばれたインフルエンザが、一九一九年春に、ヨーロッパ全土で発生し、大流行がする。この春の流行というのは第三波目である。ちなみに第一波は、一九一八年春、アメリカとフランスにおける、アメリカ軍駐屯地での流行である。戦争による死者よりも、インフルエンザによる死者が多かったと書いている本もある。

私は、一九一九年一月の「血の数週間」のことを書こうと思っているのだが、それまでの流れは、過激な組合主義者集団の動きとか、ソビエトの全国大会とかがあり、それほど単純ではない。今まで、枝を払い、幹を露出する方法で書いてきたつもりだが、これからもそれでゆく。どうか頭の隅に、それまでに、複雑でさまざまな動きがあったんだな、と思ってください。

一九一八年十二月、旧王宮内に宿営していた人民海兵団事件が起きた。この人民海兵団がちょっとした行き違いから、臨時政府幹部を首相官邸に監禁したりした。臨時政府首脳と参謀本部の協議の結果、ベルリン近郊のポツダムにいたレギス将軍指揮下の軍隊を呼んだ。この軍隊、海兵団側に砲撃したりしたが、どちらも、あまり本気になれなかったらしい。周囲の群衆が止めに入ったりした。

この事件は思わぬ波紋を呼ぶ。この砲撃に抗議し、独立社会民主党の三人の閣僚が辞職し、これをもって連立は崩れる。社会民主党は二名の閣僚を補充した。その内の一人がグスタフ・ノスケである。独立民主党内の左翼には、スパルタクス団や、他にも極左的人物や団体が属していた。自らが属していた政党である独立社会民主党が臨時政府から離脱することによって、極左派の足かせが外れたといえるかもしれない。

第一次世界大戦時のドイツ帝国は、明治維新後の日本と違って、プロイセンやバイエルンなどの君主国の連邦国家である。一八七一年に、ドイツ統一帝国をつくったときに、まだ徳川や島津の殿様が存在したと思えばよい。この第一次世界大戦の終了間際のドイツ革命によって帝政は倒れるのだが、そのときドイツ内各邦の君主制も、各地に起った革命によって同時に倒れる。

その中でも、プロイセンは、面積、人口、いずれも全ドイツの五分の三を占め、ドイツの中の比重が巨大で、ドイツの中でも特異の位置を占めていた。ドイツ最後の皇帝ウィルヘルム二世は、プロイセンの君主でもある。一番巨大なプロイセンの君主が、自動的にドイツ皇帝になったと思えばよい。

ベルリンは行政の管轄からいくと、プロイセンに属するのだが、そのプロイセン政府からも、独立社会民主党員は離脱した。しかし、独立社会民主党員であるベルリン警視総監エミル・アイヒホルンは辞職しなかった。きっかけは、そのベルリン警視総監アイヒホルンを、プロイセン政府が罷免したことにある。アイヒホルンは、自分がベルリン警視総監であることによって、革命的な人々を守ることができると思っていたらしい。しかも「保安隊」なる独自の武装組織も握っていた。自分の罷免は「反革命の始まり」と直感したに違いない。

一九一九年一月四日、罷免。同時に共産党など、極左による抗議行動の呼び掛け。ちなみにドイツ共産党は、スパルタクス団や他地域の共産系の人々、その他雑多な人々の寄り合い所帯という感じで、前年末から年始めにかけて創立されていた。新たに加わった有名人では、カール・ラデックがいる。このとき、スパルタクス団の人々よりも過激なメンバーも加入してきたらしい。

一月五日。この日、二十万人の抗議デモ。予想外の参加人数の多さに、力づけられたのか、ショルツェ工場の代表、スパルタクス団のカール・リープクネヒト、独立社会民主党のゲオルク・レードブールの三名を柱とする革命委員会が結成された。

一月六日。ベルリンはゼネスト状態になる。前日以上の大デモ隊。前日から六日にかけて、一部の武装デモ隊が、大手新聞社、社会民主党機関紙「前進」や、その他の出版社の建物、警視庁を占拠。革命委員会の内部では、そのまま革命＝臨時政府打倒、ソビエト独裁へ進むべきとの意見と、いや、その時期ではないとの意見が対立。目標に向かって一致団結して、がむしゃらに進めなかった。

戦争中、三年四カ月間、獄中にあったローザ・ルクセンブルクは、一九一八年十一月八日に釈放されていた。この騒乱時にはベルリンにいたが、今はその時期ではない、長期にわたる政治闘争が必要との判断から、彼女は蜂起には反対した。しかし、共産党内外の一部急進分子に引きずられるようにして、やむなく協力するに至る。このことは「巻き込まれた」という表現がピッタリだろう。

その間、臨時政府側＝社会民主党側も着々と反撃態勢を整える。グスタフ・ノスケに指揮させて武装鎮圧させることを決意する。ノスケは可能なベルリン近郊の軍隊を呼び寄せ、しかも、義勇軍を募集した。

一月八日、臨時政府側は、占拠された建物からの退去を通告、引き続き攻撃を開始する。こうして「血の数週間」が始まった。捕らえられた労働者は、即決の裁判によって銃殺されたり、逃亡を計ったという理由で背後から射殺された。数百人単位で殺された例もある。パリ・コミューンの最終局面と似ているかもしれない。こうして、ベルリンは血に染まった。

一月十五日には、隠れ家に潜んでいた、ローザ・ルクセンブルクとカール・リープクネヒトは逮捕された。ローザ・ルクセンブルクは、逃亡を企てたとの理由により、射殺され、死体は運河に投げ込まれた。カール・リープクネヒトも同じような運命をたどった。彼らの死体が発見されたのは、数カ月後である。数名の幹部は、ベルリンを無事に脱出した。裁判で無罪になった幹部もいる。ローザ・ルクセンブルクとカール・リープクネヒトという反戦の信念を貫いた二人の無念の死のイメージが強烈過ぎるためか、この蜂起は、二人が加入していた「スパルタクス団の蜂起」といわれる。しかし実際は、その周辺にいた、より急進的な団体、個人が引っ張っていた、というのが実相らしい。

この第一次世界大戦を挟む時代、ドイツにおいて、政治家や外交官に対する暗殺も多く、このノスケのテロを頂点として、後のヒトラーの時代の悪夢の出発点と見る歴史家もいる。ちなみに、一月五日、革命委員会が結成された日、ミュンヘンでは、後にナチスになるドイツ労働者党が結成されている。

同じ年に生まれた、レーニンとローザ・ルクセンブルクの運命を分けたもの、すなわちロシアとドイツの運命を分けたものは、何だったろうか。学生時代に読んだ左翼系の本だったと思うが、「数々の誤りをおかしたローザ・ルクセンブルクであるが」という一文を憶えている。それは革命を成功させたレーニンは正しくて、失敗したローザ・ルクセンブルクは誤っているという、成功者は正しい、失敗者は誤っているという、歴史観から来たものだろうと、当時から感じていた。レーニンは正しい理論をもち、ローザはそうでなかったのか。レーニンはボルシェビキという鉄の規律の組織論を持ち、ローザはそうでなかったのか。

「彼女はいう――『自由とはつねに思想を異にするものの自由である』」（『歴史と階級意識』（「ルカーチ著作集9）城塚登、吉田光訳）

この彼女というのはローザ・ルクセンブルクのことである。これはボルシェビキの独裁を批判して言った言葉である。ちなみに、メンシェビキ、社会革命党《エスエル》が非合法化されて一党独裁になったのは、一九一八年六月である。その年の八月末に、社会革命党による、レーニン暗殺未遂事件があり、重傷を負っている。やはりローザは、西欧の人間だったのか。そしてドイツ社会はロシア社会に比べ西欧的だったのか。これまで、この二人の違いはさまざまな角度から比較されてきたが、二人の運命を分けた決定的理由は、状況の違いだと、私は思う。

その状況とは何か？

一九一七年、ロシア二月革命によって帝政が倒れ、臨時政府が成立する。しかし、戦争は終わらず、十月革命が勃発する。その後、成立したソビエト政権によって、講和条約が調印され戦争は終わる。

一九一八年、ドイツ革命によって帝政は倒れ、臨時政府が成立。その臨時政府によって、素早く休戦条約が結ばれた。

つまり、戦争に対する不満から、大衆が立ち上がったのに、ロシアでは戦争は終わらなかった。終わらせるために民衆は、レーニンを政権に就かせた。

しかるに、ドイツ革命によって成立した臨時政府は戦争を終わらせた。つまり、状況の違いとは、戦闘が停止していたかどうかである。これを分かりやすいように、図式化（次ページ図５）すると、このようになるだろうか。

ドイツ社会民主党のグスタフ・ノスケは、義勇軍を募集したことを、思い出してほしい。そして、その義勇軍によってローザは殺害された（陸軍士官団との説もある）。逆に言えば、なぜノスケは義勇軍を募集しなければいけなかったのか。ロシアの場合、軍隊は臨時政府でなく、ソビエト側についた。ドイツの場合、軍隊は大勢において、臨時政府側にも、ソビエト側にもつかなかった。もはや戦争は停止していた。臨時政府は、ベルリン・コミューンを制圧するためには、兵力が不足した。よって義勇軍を集めるしかなかったのだ。

この義勇軍には、戦争によって死の感覚がまひした者、精神が荒廃し行き場のない者、もはや通常の生活に戻れない除隊者などがいただろう。しかも、前線にいて銃後の社会を知らなかった者は、戦争に敗れたのは、反戦主義者のせいだと思った者もいたかも知れない。彼らは強く反戦主義者を憎ん

年月	ロシア	ドイツ
1917年	戦争	戦争
二月	ロシア二月革命（西暦では三月） 帝政打倒 臨時政府成立 臨時政府は戦争継続	
十月	ロシア十月革命（西暦では十一月） ソビエト政権成立 レーニン等権力握る 独と戦争の話し合い開始	
十二月五日	独・露・休戦成立　終戦	
1918年		
三月三日	独・露ブレスト・リトウスク 講話条約調印	
十一月		ドイツ革命成立

図5

		ドイツとフランス、イギリス等と終戦成立
		スパルタクス団蜂起、敗北
1919年	一月	ローザ・ルクセンブルク、カール・リープクネヒト惨殺される もはや、戦争は終わっていたために幅広く民衆を革命的に結集できなかった
	六月二十八日	ヴェルサイユ講和条約調印

だろう。かいつまんで言えば、ロシアとドイツの運命の違いは、戦争が終わってたかどうかによる。そして、ロシアとドイツは、その後の運命も、それまでの歴史的背景によって大きく違ってくる。

単純に比較はできないが、革命という大枠で考えてみると、このソビエト独裁というのは、フランス革命のときのロビスピエール独裁という局面に似ている。フランスの農奴が、自分の土地を持ち、プチ・ブルジョア化したのは、このロベスピエール独裁の時点だと前に書いた。ロシア革命においては、ソビエト＝ボリシェビキ独裁によって地主階級は消滅した。しかし、臨時政府で終わったドイツ革命は、ユンカーという強烈な封建的イデオロギーを体現する地主階級を消滅させることはできなかった。

この後ドイツは、当時最も民主的といわれた憲法を持つ、普通選挙によるワイマール共和国へ移行するのだが、一九二五年、国民投票によって最初に大統領に選出されたのは、第一次世界大戦の英雄で、参謀総長だったヒンデンブルグである。彼はユンカー一族の出身である。ヒンデンブルグは、休暇には、領地の屋敷で過ごしたという。そこに周囲の貴族＝ユンカーがやって来て、特権階級の社交界が発生しただろう。ヒンデンブルグは階級としての交友関係は、ユンカーそのものだっただろう。

つまり、ワイマール共和国というのは、封建的な社会構造を残したまま、憲法だけは極めて民主的な、いわば体と頭がちぐはぐな共和国だったといえるだろう。こうした社会構造は、後のファシズム体制を生み出した一つの理由といえるであろう。

『アンナ・カレーニナ』と『静かなるドン』の世界

ここで、ロシア革命勃発時点に時間を戻したい。なぜなら、ロシア革命の時点で人口の圧倒的大多数を占めていた農民の動きを、いまだ描写していないからである。そのロシア農村社会の基本的動きを知らない限り、ロシア革命は理解したことにはならない。

革命時においては、一瞬、権力の真空状態が生じる。旧権力が無力になり、民衆が自由に行動できるようになるときがあるからだ。それに、革命側が「土地に関する布告」を発表し、地主的土地所有の廃止と、帝室、修道院、教会の土地と家畜、農機具、農場の建物を郷の土地委員会と郡の農民代表ソビエトの所管に移すことを声明していたので、自由に行動できる農民は直ちに行動した。

ロシア革命の本を読んでいると、一様に出てくるのは、この時点での農民の土地飢餓である。土地が不足している、もっと欲しいという欲求である。この理由として考えられるのは、
① 先の改革で領主が直営地として、条件がよくて広い土地を確保し、一般農民は分与地として、狭く条件が悪い土地を利用せざるを得なくなったこと。

②ロシアでミールという農村共同体は、人間を外に吐き出すのではなく、人間を抱え込むシステムであるということであろう。村落の人口が増えると農地も自動的に不足する。この人間を抱え込むというのは、長子相続制もしくは一子相続制と関連しているというのは前に書いた。ロシアで一番ヨーロッパに近い部分、つまり最西側のコブノ県では、一子相続の慣習が知られている。ということは、他の大部分の県では少なくとも一般民衆のレベルでは、一子相続の慣習が根付いていなかったということだろう。

ここで、最初に引用した、マルク・ブロックの『フランス農村史の基本性格』（飯沼二郎ほか訳）を再度引用したい。

「もし自由に行動することができたら、農村の民衆の大多数が、古い共同体的慣行に全く単純に立ちかえっただろうことは疑いがない。……しかし議会は、決してマヌヴリエや小ラヴレールから成ってはいなかったし、また決してかれらの意見を代表していなかった。教養のある富裕なブルジョアの集まりであった議会は、個人的所有権の神聖な性格を信じていた。」

ここでいうマヌブリエや小ラブレールとは、単純に貧農とでも思っていればよいと思う。これは、あくまでも、フランスのことを書いているのだが、フランス革命時、フランスの議会は、確かに混乱していたが、しかし議会は、私有財産を守ろうとする有産階級の力も強く、何よりも社会全体に、ロシアよりも個人主義の風潮が強く、三圃制による農村共同体が完全に崩壊したのは、フランス革命の時点であるというのは前に書いた。

ここで引用した、マルク・ブロックの書いている通り革命によりロシアでは、フランスと違い、完全に古い共同体慣行に立ち返った。

一九〇五年の革命において、農民が農村共同体ごとに団結し闘ったことに政権側が衝撃を受け、この農村共同体を解体しようとして、ストルイピン農業改革を行ったということを前に書いた。いわば上からのフランス革命を行おうとしたのである。このとき共同体から脱退し、私有化した土地を所有する、いわばプチブル化した農民ができた。これらの農民は「区画地農」とか「脱退農」とかいわれるが、その農民の比率は二四パーセントぐらいといわれる。これらの農民も、ロシア革命時において、共同体農民による暴力を伴う強制力によって、共同体に加入させられた。彼らの土地も、地主や、帝室、宗教関連の土地と同じように、没収の対象とされたのである。ここにストルイピン農業改革は完全に無に帰した。

トルストイの小説『アンナ・カレニーナ』に、共同体から脱退したらしい独立自営農民を描写した箇所があるので、それを引用しよう。

「ちょうど道のりの半分まで来たところで、彼は馬に飼料をやるために、一軒の裕福な百姓家へ立ち寄った。頬《ほほ》のあたりが白くなっている、赤い大きな顎《あご》ひげをはやした、はげ頭の元気な老人が門をあけ、柱に身をよせながら、三頭立て《トロイカ》を通してくれた。きれいに片づいた、新しく作ったらしい、広々とした内庭のひさしの下へ、馬車を入れるようにと御者に教えた。そこにはまわりの焦《こ》げた鋤《すき》きなどが置いてあった。老人はリョーヴィンに、どうぞ客間へ通ってくれといった。……

お茶を飲みながら、リョーヴィンは老人から農事についていろいろときいた。老人は十年前に、ある女地主から百二十ヘクタール借り、去年その土地を買いとって、さらに近所の地主から三百ヘクタール借りうけた。その中の小部分で、いちばん土地の悪いところを貸地にして、四十ヘクタールの畑をふたりの作男といっしょに家族の者たちで作っていた。老人は仕事がうまくいかないとこぼしていた。しかし、リョーヴィンはそんな泣き言はほんのお体裁で、農事はなかなかうまくいっていることを見てとった。もし実際にうまくいってなかったら、老人は百五ルーブルの割で土地を買ったり、三人のむすこや甥《おい》に嫁をとってやったり、二度も火事にあいながら、新築できるはずがなかった。しかも、それはあとになるほどりっぱな普請《ふしん》だった。老人は泣き言をいいながらも、わが家の裕福なことをはじめ、むすこや甥や嫁や、あるいは牛馬のことや、ことに、これだけの大所帯をやりくりしていくことを自慢にしていたが、それももっともな話だった。リョーヴィンは老人との話から、相手が新式の農法をも、一概にしりぞけていないらしいのを知った。老人は、じゃがいもも作っていた。しかし、リョーヴィンがそこへ来る途中見たところでは、そのじゃがいもはもう花時を過ぎて実をつける時季になっていた。リョーヴィンの畑では、ようやく花をつけたばかりだった。老人はじゃがいも畑を、地主のところから借りて来た新式の犂《プレーク》（彼はそれをプルーガと呼んでいた）で耕したといった。老人は小麦もまいていた。老人は裸麦を間引くとき、その間引き麦を馬の飼料にするといったが、そうした細かい点に、リョーヴィンはとりわけびっくりした。リョーヴィンもこれまで、このすばらしい飼料がむだに捨てられるのを見て、何度それを集めようと思ったかわからないが、いつの場合も、結局、それは不可能ということになった。ところが、この百姓のところでは、それが実行されているのであった。老人もその飼料はいくら自慢しても、自慢しきれないふうであった。……

「作男なんか使って仕事ができるもんですかい？」老人はいった。「荒されるのが関の山でごぜえますよ。なに、早い話が、スヴィヤジェスキーさまのところもそうですかね。わしらはよく存じてますが、そりゃ、たいした土地ですがね。まるで芥子粒みてえに黒々してますよ。ところが、やっぱし収穫はたいして自慢するほどのこたあねえですよ。それもこれも目がよく届かねえからですな！」……

リョーヴィンがこの百姓家から受けた豊かな印象には、このオーヴァシューズをはいた若い百姓女の美しい顔が大いに影響を与えていたかもしれない。しかし、とにかく、その印象はきわめて強烈なものだった。リョーヴィンはいつまでたっても、それを忘れることができなかった。そして、老人の家から、スヴィヤジュスキーのところへいく途中ずっと、彼はこの農事経営のことを思い浮べていた。それはさながら、この印象の中に、なにか彼の特別な注意を求めるものがひそんでいるかのような感じであった。」（中巻・木村浩訳）

後の中国でもそうだが、平等を叫ぶあまり、この小説の中に出てくるような企業家精神を持つ意欲的な人材、制度を押しつぶしてしまった。この大波は、クラーク絶滅運動としてその後も来る。イギリスを近代化したのは、このような企業家精神の持ち主だった。

問題は、なぜロシア農民は革命によって、いわば古い制度にしがみついたかである。ここで精神分析学の助けを借りたい。

「産業革命や全世界的なコミュニケーション、標準化、中央集権、機械化などが、原始的、農業的、封建的、貴族的文化から人間が受け継いださまざまな同一性を脅かしている。これらの文化が提供しなければならなかった内的均衡はことごとく、今やはかり知れないスケールで危険にさらされている。同一性喪失の恐怖が、われわれの不合理な動機の多くを支配しているので、それは、幼児期という単なる事実によって各人の心のなかにいつまでも残ることになった不安の兵器工場全体を呼び覚ますことになる。この緊急事態において、大衆は疑似同一性に救済を求めようとするのである。」（『幼児期と社会2』（E・H・エリクソン、仁科弥生訳）

繰り返すようだが、革命時には瞬間的に権力の空白期間が生ずるときがある。つまり、今までの支配システムが崩壊し、次の新しい支配システムが確立しない間である。その間、民衆は自由に行動でき、社会が混乱し、人間が自由に行動できるようになると、慣れ親しんだ伝統的文化的行動様式に逃げ込む。

ロシアの大多数の農民にとって、農村共同体とはミール＝世界であり、それは上に、どんな支配者があろうが、その世界で生活していた。ノイマン人や「タタールのくびき」で知られるタタール人の支配下にも、寒さから身を守るように、自分たちの世界で共同で生活していたであろう。ロシア革命までにも、貴族はフランス語で話していたが、民衆はロシア語で生活していた。つまり、支配階級と民衆とは別の世界に住んでいたのである。農村共同体と支配階級をつなぐ領主、教会は、革命によってもはやない。しかも、戦争により、穀物生産は戦前の約半分にまで落ちたといわれる。

しかも、ブレスト・リトウスク講和条約調印までのゴタゴタで北カフカース、ウクライナなどの穀倉地帯がドイツ軍に占拠され、もはや都市に食料がなく、退役軍人や都市労働者も故郷、つまり農村共同体に向かった。当時のロシアに社会保障制度が整っていたわけではない。「男子家を出ずれば七人の敵あり」ということわざがあるが、女性、老人、子供でも、家というのは、自らの生活を守る最小単位であり、農村共同体というのは、いわば拡大家族であり、伝統的な生活保障制度である農村共同体に人々は向かった。

そこで、地主階級は追放され、土地は農村共同体の管理の下に、大部分は口数（消費基準）のもとに、総割替えが行われた。口数による総割替えとは、働けない老人も、赤ちゃんも加えた、その農戸の総人数を基準として、分与地を分配することである。ただし、農器具や牽引力以外にも、いろいろ役立つ家畜も、平等に分配されたわけではない。これら農具も家畜も全然もたない貧農もいたろう。それに都市からの人間が流れ込んだために、土地に対する人間の割合が多くなり、ますます分与地が細分化される例もあったろう。

一九一八年には、食料独裁令布告があり、ほぼ革命開始から、一九二一年の新経済政策《ネップ》の開始までの間を戦時共産主義期という。この時期を特色づけるのは割当徴発である。割当徴発というのは、豊かな農戸からは多量に、中農からはそこそこに、貧農からは何も取らないという階級原理を適用した。その農戸が生活のために必要とする最低限の農産物を除く余剰農産物を徴集し、その農産物を都市生活者、軍隊に配給するシステムのことである。この市場システムを廃止し、専売制を取ったのは、何も、ボリシェビキ革命政権が最初に始めたわけではない。きっかけは、戦争中の帝政から始まる。

　戦争中、ツァーリ政府は穀物固定価格に追い込まれ、二月革命後の臨時政府は、穀物専売令の発布に追い込まれた。国家が固定価格で穀物を買い付け、固定価格で専売するためである。穀物業者が戦争の影響で、より一層の穀物値上がりを見込んで市場に穀物を出さず、倉庫にしまい込み、いわゆる投機にはしり、自由市場が崩壊したりしたのも一因である。先の大戦におけるわが国の食糧配給のように、こういう食糧政策は、だいたいどんな国でも同じような政策を取っているから、戦争中の政策としては、合理的なのであろう。

　しかし、これが困難を極めた。

　ロシア革命時、各地に、農村地帯にもソビエトができたというのは、前に述べた。しかし、この農村ソビエト、われわれがイメージするような必ずしも赤色ソビエトではない。村の寄り合い《スホート》がただ名前を〝ソビエト〟に変えただけのような所も多かった。だいたい、一九一七年十月のロシア革命時、レーニン率いるボリシェビキ党は、極めて小さな政党だったというのは、前に書いた。農村地帯には社会革命党という農民政党が強固な地盤を築いていて、ボリシェビキは、農村に足場がなかった。それでも軍隊でボリシェビキに影響を受けた兵士が帰還し始め徐々に考え方が浸透していったのではあるが。

　農村などは古い顔役が幅を利かしている場合が多く、どの農戸にどのくらいの余剰穀物があるかなどの帳簿付けなども、その人たちがやったりしたろう。穀物を出したくないために、穀物を隠したり、極めて不正確な数字を書き付けたりしたに違いない。そのためボリシェビキは、貧しい農民を組織して、貧農委員会、略して貧農委をつくり、ボリシェビキの手足、足場、各農村での割当徴発の執行機関にしようとした。しかし考えてみれば、当時、ロシアの農民は文盲率が高く、そういう貧しい農民は字が書けず帳簿付けなど、無理だったに違いない。この貧農委は地区によっては、クラーク・富農・村の顔役で占められている所もあった。場所によっては、階級原理を無視し、各農戸に一律に、よい言い方をするなら平等に、同じ量の穀物を徴発した場合もあった。これなどは、貧しい農民は、ますます苦しくなったに違いない。この貧農委制は短期間で終わった。

現物税とこの徴発の違いは、現物税は、税として取りっぱなしだが、徴発とは、あくまでも貨幣とか、それに代わる何か別の物との交換である。革命政府として、穀物固定価格制を採っていたのだが、当時、物資の不足から社会が超インフレに見舞われ政府が穀物と交換に出す金額は、もはやすずめの涙だったろう。したがって、工業製品と穀物との物々交換で徴発が行われたときもあった。

この商品交換制度は、うまくいったであろうか。戦争によって工業も打撃を受けていた。農産物に相当する工業製品を用意することはできなかった。交換される農産物と工業製品の比率は、比較するのもばからしいほど大きく開いたであろう。現物の商品ではなく、商品交換切符の配布で終わる場合もあった。そして、その切符では、現物の商品とは永遠に交換できない場合もあった。

中世の地代は、大まかに労働地代⇩現物地代⇩貨幣地代へと変化し、地代は税の形をとると前に書いた。おそらくロシアの農民にとって、この徴発は、中世の現物地代と感じたに違いない。農産物の増産のためには、資本の投下が必要である。資本の投下といっても、かんがい設備の作成とか、土に肥料を混ぜて、土の改良をするとかなのであるが、わが国の徳川時代の農業や社会に貢献した人の事績を読むと、やはり資金というのが問題になるのがわかる。

つまり、農産物の増産のためには、農民自身にある程度の余裕がなければ農村は豊かにならない。これを経済的余剰という。鉄製の農具をそろえようと思っても、何もかも持っていかれ、自分たちが食うだけで精一杯の場合、新しい農具をそろえられないだろう。こうして、余剰をもって行かれると、貧しさから脱出できないだろう。

もともと戦争で農業生産が減っていた。干ばつもある。戦争中から飢餓が発生し始めていた。まず自分の農戸の生活を守らなくてはならない。まず自分の地域、地方が大事だ。地方地方で徴発に抵抗し始めた。地方独自の食糧政策を取り始めた地域もある。帰還兵もいるし武器もある。食糧活動家、徴発員が武力抵抗を受け、殺害される例も出始めた。各地に反革命軍たる白軍が発生し、それと赤軍との戦闘が勃発していた。もし白軍の勝利、赤軍の敗北となれば、地主階級の復活となろう。

したがって農民にとっては、赤軍と都市労働者に食糧を届けなければいけない理屈となろう。しかしながら、自分自身も守らなくてはならない。つまり、総論賛成、各論反対ということだろう。こうして、地方分離主義的傾向が強まってゆく。これはわが国で使用済み核燃料の最終処分場の設置場所がなかなか決まらないのと似ている。日本に最終処分場は必要だ、しかし、自分の所に持ってこられるのは困る、というわけだ。

こうして徴発は武力を伴わなければ、不可能になった。都市労働者や赤軍は、それぞれ食糧部隊、食糧軍をつくり、武装しながら農村地帯に徴発に出掛けた。武力強制がなければ徴発は不可能になった。徴発のために、その地区で、人質をとる場合もあった。彼らの最大のライバルは民間商人とでもいえる、かつぎ屋であろう。かつぎ屋が大量に徘徊した後に行っても、そこには余剰は何もないだろう。なかには、かつぎ屋が大人数で武装しながら行動する場合もあった。逆に、赤軍が武装したかつぎ屋になる場合もあった。当時、テレビやインターネットがあるわけでもない。ラジオだって、それほど普及しているわけでもない。当時、最も便利な通信手段は電信だろう。しかも、ロシアは広い。こんな交通や通信状態の悪い国で、全国一律に、隅々まで木目細かく徴発行動ができたとは考えにくい。

工場労働者、赤軍、それぞれ別々に武装した徴発部隊を出しているから、重ねて何度も別々の徴発部隊に来られた地域や、逆に、ほとんど徴発部隊が来ない地域もあったに違いない。最後には、工場労働者や赤軍の必要量が、すなわち余剰量として、各農戸の都合にお構いなしに徴発される場合もあった。極端な場合、次の年に植える種子まで取り上げる場合もあった。かと思えば地域によっては、どうせ取り上げられるならと、穀物で大量の酒を造ってしまうところもあった。次第に、穀物以外にも、徴発農産物の種類は拡大していった。亜麻、ジャガイモ、またはバレイショなど、最後には、卵、家畜まで拡大していった。貧しい農民にとって、一匹の雌の牛は、最後の望みだった場合もあったろう。その牛乳で、一家がなんとか冬を過ごせる場合もあったろう。この牛を失う場合もあった。

歴史を考えるとき、その人の人生観、立場、イデオロギー、宗教などによって、評価や解釈は変わるであろう。特にロシア革命などの場合は、人によって正反対の評価が出てくるであろう。正直にいうと、私はどちらかというと、ロシア革命に同情的である。やはり、それは世界を揺るがした革命であった。その立場で書いている。

この農産物徴発、最後には、このあと何十年も語り継がれることになる一九二一年の大飢饉によって終わる。この何十年も語り継がれたということに関しては『ゴルバチョフ回想録（上下）』を参照してほしい。

このときの死亡者の単位は、百万人であろうか。このときの悲劇は「ボリシェビキが農民をよく知らなかったからだ」とよくいわれる。しかし私は、大局的には、別の言い方をすると、この悲劇の一番重大な理由は、このとき彼らが置かれていた状況にあると思う。

まず、チェコスロバキア軍団の反乱、外国から支援を受けた反革命軍たる白軍の各地での台頭、貴族・ブルジョアジーに指揮されたポーランド軍の進出。戦争末期ごろから大量の兵役忌避者が出始め、脱走者を銃殺に処しても流れは止まらなかった。それらが集まって匪賊になる例も出始め、赤軍でも白軍でもない緑軍というのも、でき始めた。このころのことはショーロホフの小説『静かなるドン』の後半によく描かれている。ショーロホフ自身はコサックではないが、コサック地帯に生まれ成長し、コサックのことはよく知っていた。第一次世界大戦時のコサックの生活を知りたいなら、この小説がよい。

第一次世界大戦が終わっても、ロシア国内では戦争は終わらなかった。農奴制的工業地帯としての革命的中心部のロシアに対し、その周辺部、いわばコサック地帯に白軍が成立した。最後に革命側が勝利したのも、この工業的中心部を赤軍側が押さえたからに違いない。こうして、革命的中心部は、各地の余剰農産物があると思われる穀倉地帯と切断された。特にシベリアは大量の農産物がストックされていると考えられていた。そのシベリアとも切り離された。

しかも、最大の輸送手段である機関車が戦争中の故障で、動かせるのは、半分以下になっていたといわれる。修理しようにも部品、熟練工の不足などがあるだろう。意識が高い労働者は赤軍で戦死したりした。

これはドイツでの例だが、第一次世界大戦勃発時、ドイツから脱出しようとした日本人が乗った列車は、普段、数分で着く距離でも、兵隊を満載した車両に防げられて、その何倍も、何時間もかかったそうである。(『八月の砲声を聞いた日本人』奈良岡聰智著)

まして、ロシアは内戦中である。しかも当時、ロシアの機関車の最大の燃料である石炭と石油の産出地とも切断されていた。機関車だけでなく工場も燃料不足で稼動不可になったりしただろう。まきで代用された。このまきは農民の徴用で集められた。農作業は季節に関係している。種をまくには時期があり、その時期を逃すと、致命的打撃を被るだろう。そうした農作業の日程を無視した徴用も行われた。

こうした徴用は農民にとって、中世の労働地代を思わせたに違いない。徴発された農産物は、徴用された農民自身の馬車で、駅まで運送しなければならなかった。その馬、飼料不足で痩せ細り、力が出ない場合もあった。袋や箱などの容器も不足していた。駅まで農産物を大量に運んだのはよいが、容器も貯蔵する倉庫もなく、外に野積みにされ、汽車も来なく、そのまま腐敗してしまう場合もあった。

せっかく、苦労して作った農産物が無駄になっているのを見て、農民の強い怒りを買った。しかもロシアにはぬかるみ期があり、その間は交通が途絶えると前に書いた。道路の舗装率は西側先進国に比べて、問題にならないくらい低かったに違いない。その間、流通は途絶えただろう。

レーニンとクロンシュタットの反乱

急に肥大化した党と革命組織には、雑多な人間が入り込んだろう。職権濫用は大量になされた。むち打ち、殴打もあったろう。農村だけでなく、ロシア全体が疲弊した。飢餓と伝染病がまん延した。各地で農民反乱が発生した。軍隊も決起し始めた。トロツキーの「今は苦しいが、内戦が終わり、復興すれば、もはや寄生者は、いないから、支払ったものは、何倍にもなって返ってくる。」との必死の呼び掛けもあった。(「第二期トロツキー選集⒀『戦時共産主義期の経済―ロシア全土の荒廃と農民

の労働任務』辻義昌訳）

第一次世界大戦のドイツにおいて、非戦闘員、つまり一般市民が七十〜八十万人餓死したと前に書いた。ドイツの場合、前線はほとんど国外にあった。つまり国内は戦場にならなかった。それなのに、この餓死者数である。しかも一九一四年に開戦して一九一八年までの約四年半の間の戦争である。しかるにロシアの場合は一九一四年に開戦して、革命後の外国軍の干渉と、赤軍と白軍の内戦がほぼ終了するのは一九二〇年である。六年半の戦争である。しかも、戦争の後半の戦場は、ほぼ国内である。前線は行ったり来たりして、国内は荒廃の極みだったに違いない。

宗教改革時の三十年戦争は、ほぼドイツ国内が主戦場となり、ドイツの人口がほぼ三分の一になったとの説もある。中国での『三国志』の動乱が始まったとき、中国の総人口は約五千〜六千万人で、その激動が収まった時点での中国の総人口は約五、六百万人に減っていた。すなわち、『三国志』の戦乱のために中国の総人口は、十分の一に減少したという説を唱える人もいる（『やはり奇妙な中国の常識』岡田英弘著）。人口一万人当たりの死亡率で考えると、アメリカの経験した最大の戦争は、やはり内戦の南北戦争だそうである。

第二次世界大戦の終了後、中国の内戦が終了した時点で中国の総人口は約四億人だった。その後ほぼ平和が続き、その人口は約三倍になった。戦乱というのは、いかに民衆を不幸のどん底に突き落とすかが、分かるであろう。

ここで再度トロツキーを引用したい。

「ソヴィエト・ロシアは、誕生後数カ月にして、石炭・石油・金属・綿花を奪われてしまった。オーストリア＝ドイツ帝国主義、ついで協商国側の帝国主義は、ロシア国内の白衛軍と協力して、石炭・鉱石を産出するドネッツ盆地・コーカサスの油田地帯・綿花供給供給地トルケスタン、鉱石を無尽蔵に埋蔵するウラル地方、小麦と食肉の豊富なシベリアをソヴィエト・ロシアから分断してしまった。ドネッツ盆地が、わが国の産業に平均供給していた石炭は全消費量の九四％、鉱石は七二％だった。ウラル地方が、残りの鉱石二〇％と石炭四％を供給していた。内戦を通じて、われわれは、この二つの地方を失った。同時に八百万トンの輸入石炭をも失ってしまった。時を同じくして、敵軍が全油田を手中に収めてしまったため、われわれは石油をも失ってしまった。」（第二期『トロツキー選集⑿「テロリズムと共産主義』』根岸隆夫訳）

戦争前、一九一三年の穀物収穫量は、四十六億フードで、戦争中の一九一六年には三十三億フードに減少したと書いている本もある。これは一九一六年の革命前の数字である。これが内戦期になると、もっと減少したであろう。反革命側は外国に支援されており、工業も農業も壊滅的打撃を被り、西側先進国から経済封鎖を受けながらも、都市労働者・住民・赤軍兵士には食糧を供給しなければならなかった。しかも、流通の大動脈の機関車の稼働率は五〇パーセント以下で、修理のための人員、部品は不足していたであろう。当時のロシアでは、生産手段の生産のための計器類は、ほとんど外国からの輸入だったとの情報もある。それらが故障した場合、どうしたのであろうか？

革命政権は、この条件の中で生きなければならなかった。この戦時共産主義、割当徴発、食料独裁、配給制、かつぎ屋などによる自由商業停止は、いわば生き残りのために強いられたものだと思う。日本の第二次世界大戦中および戦後の混乱時には、食糧配給制で、かつぎ屋も取り締まられた。おそらく戦争中の配給制というのは、参戦国の食料政策としては合理的なのだろう。しかも革命時のロシアは、第二次世界大戦中の日本より何倍も条件が過酷だったに違いない。

少ない食糧を奪いあった。そこには数限りない人権侵害があった。人質を取っての銃殺もあった。刑務所、収容所内での拷問もあり、衛生状態、食事量も最悪であった。もしレーニンとボリシェビキに、この非情さがなかったら、革命側は生き残れなかったに違いない。内戦期の実状を知るにつれ、革命側はよく生き残ったという感嘆がある。

確かに、内戦期においては、赤軍側のテロルだけを問題にするのは、不公平であろう。革命初期においては、革命側は寛容だった。それをよいことに、解放された側は革命側へ血の報復を仕掛けてきた。白軍による捕虜全員処刑などというのもある。しかも時代は第一次世界大戦という大量殺りくという人命軽視の殺伐としたときだった。人命・人権に対する感覚は、現在のわれわれの感覚とは大幅な隔たりがあるだろう。

この時期において忘れてならない機関として革命政権側の秘密警察がある。時代により名称、組織が変化するが、ちょうどソルジェニツィンの『収容所群島 2』（付録）（木村浩訳）に、その変化した名称表が載っているので紹介したい。

「○非常委員会（チェー・カー）

○全露非常委員会（ヴェー・チェー・カー）

おそらく同じ機関だが、二つの呼び方があったという事だろう。略してチェカと呼ぶ。

一九一七年十二月～一九二二年二月

○国家保安部（ゲー・ペー・ウー）

その勤務員をチェキストと呼ぶ。

一九二二年二月～一九二二年十二月

○合同国家保安部（オー・ゲー・ペー・ウー）

一九二二年十二月～一九三四年七月

○内務人民委員部（エヌ・カー・ヴェー・デー）

一九三四年～一九四三年
○国家保安人民委員部（エヌ・カー・ゲー・ベー）
一九四三年～一九四六年
○国家保安省（エム・ゲー・ベー）
一九四六年～一九五三年
○内務省（エム・ヴェー・デー）
一九五三年に短期間
○国家保安委員会（カー・ゲー・デー）
一九五三年以降。」

このヴェー・チェー・カー、秘密警察組織として、他の本にも登場するが、内戦期において、一つの部隊を形成し、軍隊として戦闘にも参加しているので、少しも秘密ではない。内戦期には、四万名もの兵員数を持っていた。この組織が秘密警察といわれるのは、一つの組織で、警察、逮捕、裁判、刑の執行と一セット完結してできるからだろう。しかも秘密に。

この組織が映画や小説にあるように、令状なしの逮捕、拉致、拷問、判決、銃殺、処刑を行った。そこでは、今のわれわれの感覚では考えられないような非人道的なことが行われた。しかもこの組織は、革命直後のレーニンの時代につくられた。少しエピソード的になるが、赤軍もチェカによる摘発の対象になったため、軍部を守るため、当時の軍のトップのトロツキーが、軍事秘密情報組織「第四局ＧＲＵ《ゲーエルウー》」をつくり、チェカと水面下でのスパイ小説さながらの暗闘を繰り広げた。誰か、このことを小説とか映画にしてくれないかなあ。

ゴルバチョフの自伝を読んでも、そうなのだが、スターリンのことを極悪非道な犯罪者として非難しているが、レーニンを批判していない。過去の私自身も含めて、日本でも、レーニンは良かったが、それをスターリンが悪くした、といったような解釈が大勢のようだ。しかし独裁の悪は、すでにレーニンの時代に始まっているということを忘れてはならないだろう。

やはり、時代の変化の象徴的事件は、クロンシュタット軍港の水兵の反乱であろう。このクロンシュタットの反乱に革命首脳陣は強烈な衝撃を受けたであろう。なぜなら、ここの水兵は一九〇五年の革命にも、一九一七年の革命にも、革命側の大支柱であり大武装力だった。その水兵が、自由商業、政治犯の釈放、言論・出版・集会の自由などを求めて反乱を起こした。このクロンシュタット反乱をエポックメーキングとして、貨幣と市場の復活、すなわち、新経済政策《ネップ》へと進むことになる。

『クロンシュタット 1921』（ポール・アヴリッチ著、菅原崇光訳）に戦艦「ペトロパヴロフスク」上で決定された決議が載っているので、それを読めばボリシェビキに反乱したクロンシュタット水兵の主張が分かるので引用したい。

「艦隊乗務員総会によってペトログラードの状況を調査するためその地へ派遣された代表団の報告を聞いて、われわれは決議する。

1 現在のソビェトは労働者と農民の意志を表現していない事実にかんがみ、すべての労働者と農民への事前に扇動をおこなう自由とともに、即時秘密投票による新選挙を実地すること。

2 労働者と農民に、アナーキストと左翼社会主義諸政党に、言論および出版の自由を与えること。

3 労働組合と農民諸組織に集会の自由を確保すること。

4 遅くも一九二一年三月十日までに、ペトログラード、クロンシュタット、およびペトログラード県の労働者、赤軍兵士、および水兵の無党派会議を召集すること。

5 労働ならびに農民運動との関連において投獄されているすべての労働者、農民、兵士、および水兵と同じく、社会主義諸政党のすべての政治犯を釈放すること。
6 監獄と強制収容所に抑留されている者たちの一件を再検討する調査委員会を選出すること。
7 いかなる政党もその理念の宣伝において特権を与えられたり、かかる目的にたいして国家の財政援助を受けてはならないがゆえに、すべての政治部を廃止すること。その代わり、地方的に選出された国家によってまかなわれる、文化ならびに教育審議会が設置されるべきこと。
8 すべての道路遮断分遣隊を即時撤収すること。
9 健康に害のある職種に雇われている者を除いて、すべての勤労人民の配達量を平等化すること。
10 工場と作業場において監視の任務につけられている共産党警備隊と同じく、軍隊のすべての部署における共産党戦闘分遣隊を廃止すること。そのような警備隊あるいは分遣隊が必要であると判明したときには、それらは軍隊では卒伍から、工場と作業場では労働者の判断によって任命されるべきこと。
11 農民が自身の手段で、すなわち、雇用労働を用いることなく経営するという条件のもとで、農民に土地にかんする完全な行動の自由を、また家畜を保有する権利をも与えること。
12 われわれの同志士官学校生徒（クルサントゥイ）と同じく、軍隊のすべての部署に、われわれの決議に裏書きを与えるよう要請すること。
13 新聞がわれわれの決議の一切を広範に報道するよう要求すること。
14 巡回統制局を任命すること。
15 自身の労働による自由な手工業生産を許可すること。」

このクロンシュタット、ロシア革命の聖地ペトログラードに面するフィンランド湾に浮かぶコトリン島にある軍港である。反乱は二月から三月にかけてであったためフィンランド湾は凍っていた。もし反乱が冬でなかったなら、反乱軍は、ペトログラードを自由に砲撃でき、しかも陸戦隊も上陸できたに違いない。しかも、外国からの船での補給、援助も可能になる。ボリシェビキ側にすれば、反乱側を制圧するためには、海戦になり、軍艦も必要となる。

ボリシェビキ側は水兵側を、反革命、反乱として、トハチェフスキーを総司令官として即座に氷の上をいく陸上部隊で、すばやく鎮圧にかかった。氷が解ける前に終えないと、厄介なことになる。

クロンシュタット側の有名なスローガン「すべての権力をソビエトへ、だが政党ではなく」に見られるように、彼らは必ずしも反革命ではない。いわば革命の原点に返れと言っているのだ。逆に言えば一九二一年のクロンシュタット反乱時には、「すべての権力をソビエトへ」が、いつの間にか「すべての権力をボリシェビキへ」に変貌していたか、分かるであろう。ロシア革命勃発からわずか三年ほどで、いかに一党独裁になってしまったか。

時期としては、若干前後するのだが、経済の早急な立て直しが必要となり、かつての企業の経営者、支配人を企業の管理人として復活させた。彼らの能力、経験を必要としたのである。軍隊も革命初期は、階級を廃止し、指揮官も選挙制にし、体罰、脱走者などの銃殺も禁止されていたが、そのころには、旧帝政時代の将校を復活させ、その代わり軍隊をコントロールするために、各部隊に党員の政治委員《コミッサール》を付けた。

これらの変化は、労働者統制・労働者自主管理・合議制から、司令官などの単独責任制へ移行したということでもあるだろう。戦争の場合、指揮や命令が、首尾一貫しない可能性のある意思決定機能よりも、能力、経験のある一司令官に責任を負わせ、少しぐらい誤った作戦でも強引にゴリ押しした方が、うまくゆく場合がある。戦争はない方が一番なのだが。

これらのことは、ある意味では、下からの批判勢力である場合、理想だけを叫んでいればよいが、いざ管理、支配する側に立った場合、現実的、合理的に判断しなければならなくなるということを物語っている。

結局、クロンシュタット反乱は、十六日間の命脈の後、敗北としての終息を迎える。このクロンシュタットの反乱と前後して、生活苦からくる有名な大農民一揆がいくつか起こるが、われわれ全共闘の時代、その農民反乱は、ほとんど話題にならなかったが、クロンシュタット反乱は話題に上った。

一九五六年には、おそらく、フルシチョフの「スターリン批判」などに触発された、ハンガリー動乱があり、一九六八年、われわれの時代には、何といっても、チェコにおける「人間の顔をした社会主義」を目指す「プラハの春」があった。ハンガリーもチェコも、いずれも民主化を求めた市民運動にソ連軍が介入し挫折に終わった事件である。当時、全学連各派や左翼系の市民団体などがソ連大使館に抗議に押し掛けたものである。中には、ソ連大使館に突入を図ったセクトもあった。クロンシュタットの反乱は、いわば、それらの先駆であり、われわれは熱い思いで語り合ったものである。

実はわれわれの時代にも、反代々木系の派閥の中に、党や党派よりも、ソビエト＝評議会＝全共闘を大切にすべきだ。将来、革命になった場合、党・党派は消滅すべきだという考えのセクトの人々がいた。私の大学は、そのセクトが最大勢力で自治会も握っていた。私はそのセクトに属していなかったが、そのセクトのシンパだった。他党派に属していながら、別の党派のシンパというのは、私の友人にも何人かいた。そして、その自治会の党派の連中の何人かと友人のようになり、一緒に飯を食ったりした。彼らは、あまり党派性を出さず、一緒に居るのは居心地が良かった。ここら辺の事情は後で触れることにする。

ロシア農業の集団化

脱線のついでに、日本人として知っておいた方がよいエピソードを一つ。それまでロシア領であったポーランドにおいて独立闘争が行われていたが、その関連でシベリア流刑になっていたポーランド人がいた。ロシア革命の混乱でロシア国内は荒廃し、疫病がまん延し、餓死者が多数出たのは前に書いた。その時点でシベリアに多数のポーランド孤児が発生した。せめて子供だけでも救出してほしいとのポーランド救済委員会の要請を受け、日本一国だけが救済に動いた。たまたまシベリア出兵で、日本軍とそれに伴って日本赤十字社がシベリアにいたということもあるが、一九二〇年から一九二二年にかけて、第一次に三七五人、第二次に三九〇人、合計七六五人のシベリアをさまよっていた孤児を救済した。

日本軍のシベリア出兵は、ロシア革命に対する干渉であり、もし諸外国の干渉がなければ、ロシアの荒廃も少なくて済み、それによる犠牲も少なかったはずだ。日本軍のシベリア出兵は、そもそも誤りなのだ、という批判もあるだろう。私も同じ立場である。しかし、子供にとっては、革命も反革命も関係ないだろう。現実の歴史の中で起きた感動的なエピソードとして、トルコ難破船の救助や、前の大戦におけるユダヤ人救出と並んで、日本人が誇ってよいことではないだろうか。

彼らの伝染病に罹患して看護婦一名が殉職している。「日本は子供をとても大切にする国だと思いました」「日本は天国のような所でした」「死ぬ前にもう一度日本へいくことが生涯の夢でした」などの言葉を残しているが、彼らの合言葉は「日本への感謝の念を忘れるな」だった。

ここまで書いたそのとき、偶然にも『陽明丸と８００人の子供たち――日露米をつなぐ奇跡の救出作戦』（北室南苑編著）という本を見つけた。ロシア革命時、食糧難のペトログラードから、南ウラルに疎開した約八百人のロシア児童が内戦の激化のため、ペトログラードに帰えれず、しかもそのウラルも戦場になり、食糧難の中に孤立するという危機的状況に陥る。彼らを発見したＹＭＣＡから米国赤十字シベリア救護隊に連絡が行き救援が始まる。シベリア鉄道でウラジオストクに到着。そこから船で地球をぐるりと回ってペトログラードにいく計画を立てた。

　しかしながら、米国政府も、各国海運業者も、船を出すのを断ってきた。しかし、日本の海運会社の一社が快諾した。貨物船を客船に改造する突貫工事の費用は今の金額にして約数千万円。その費用を後に神戸市長になる船主の勝田銀次郎氏が私費で負担した。こうして日本人船長、茅原基治指揮の下に、約八百人の児童を乗せた陽明丸は、ウラジオストク、室蘭、サンフランシスコ、パナマ運河、ニューヨーク、ブレスト、そして機雷で危険がいっぱいのバルト海を通り、ペトログラード近くのコイビスト港へ着いた。先のポーランドのエピソードに比べ、この話は、あまり知られてないようだ。これらのエピソードのように、かつての日本人は、敵、味方関係なく、損得抜きで、人道を第一に考える人々がいた。

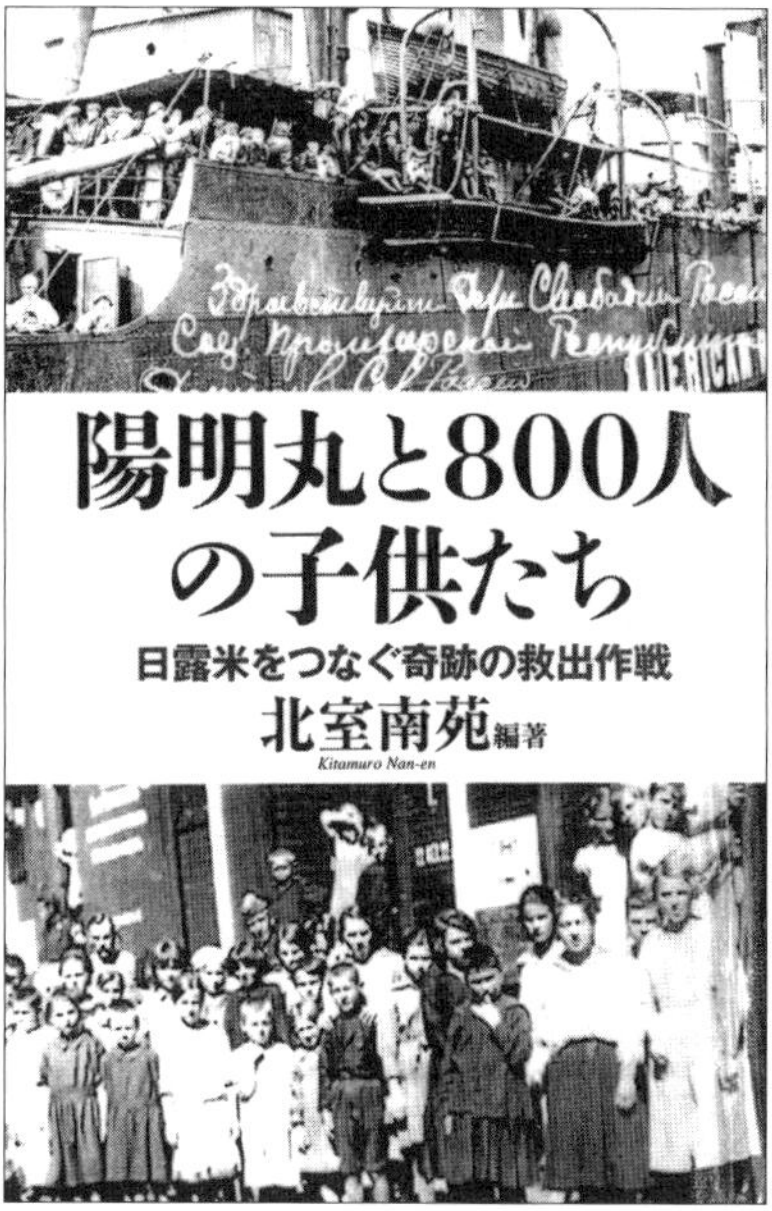

『陽明丸と 800 人の子供たち』の表紙

　ほぼ内戦の終了と同時期に、戦時共産主義から新経済政策《ネップ》へ移行する。ネップとは企業を独立採算制にし、中小企業は、国有にしていたのを、元の経営者に返し、農業は一定の税（現物税）を納めれば、あとは自由に売買してもよいとする、いわゆる商業の自由、市場経済を導入したのである。今、中国でやっている方式と考えると分かりやすい。この制度が採られたために内戦が終了したという説や、大農民一揆やクロンシュタット反乱があったために、ネップに移行したという説がある。しかし、クロンシュタット反乱の前に、革命政権中枢では、すでにネップ政策を採るのを内定していたらしく、内戦がほぼ終了したので、もう戦時共産主義政策は必要ないと考えたというのが、自然ではないだろうか。

この政策、一挙に行ったのでない。三月には、割当徴発から現物税へ、十一月、食料配給の終了というように、一九二一年の間、ほぼ一年かけて徐々に移行していった。この時期、ネップマンといわれた景気のよい成金が生まれたり、農業も工業も、商業も著しく復興していった。ロシアは一息ついた。問題はなぜ、この政策をずっと続けなかったかだ。

ここで『資本論（1）』から引用したい。

「それ故に、資本は流通からは発生しえない。そして同時に、流通から発生しえないというわけでもない。資本は同時に、流通の中で発生せざるをえないが、その中で発生すべきものでもない。」（向坂逸郎訳）

このなんと解釈していいのか分からない、マルクス的くどい、矛盾したような言い方は、どう理解したらよいのだろうか。われわれがいう、資本制生産様式成立以前にも資本はあった。歴史上目立つのが、流通により財を成した、ベネチア、ジェノバなどの商業資本である。大航海時代にも、商業資本で繁栄した都市が数多く存在する。もともと新たな価値というのは生産過程により創造されるというのは前に見た。そして、労働により新たに創造された価値が資本だというのも前に見た。しかるに、流通過程においても、その価値が蓄積され、それが、しばしば大資本になる。もちろん生産過程でも資本は蓄積されてゆく。

ただし注意しなければならないのは、『資本論』の中で、特段の説明がなく〝商品〟〝資本〟と書いてあるのは、資本制生産様式の成立以後の〝商品〟〝資本〟のことだということである。

中国でも日本でもそうなのだが、土地の所有関係は変化してゆく。例えば徳川時代の初めのころと最後のころでは、同じ土地でも所有者は違っているだろう。一番分かりやすいのは、飢饉のときである。食べ物がなく、死にそうになると、現金が欲しくて土地を手放す。死んでしまうと、元も子もない。よって今日の食事のため土地を売りに出す。自分は小作人になる。こうして、土地は豊かで力のある農家、商人に集中しはじめる。

ロシア革命は、地主階級、資本家階級を打倒した。しかるに、社会、経済の動きを自然に任せておくと、流通過程、生産過程で再度、私的資本が集中し始め、新たなる地主階級、資本家階級が出現する。すると、何のために革命したのか分からなくなるだろう。こうしてネップは廃止された。そして、もう二度と革命前に戻らないと確信したとき、つまり、もはや皇帝も貴族の復活もあり得ないぐらいの時間が流れた後で、初めて民主化、自由化、すなわち複数政党制による選挙が始まった。もう二度と後戻りできないようになるためには、約八十年かかった。

ロシア革命時、ロシアの農村には、ミールという三圃《さんぽ》制の農村共同体があり、ストルイピン改革時に改革された土地も、元の三圃制の共同体に戻され、農民は、古くからの共同体に立ち戻ったというのは前に書いた。そして、この農村共同体は、ヨーロッパの西側部分では、産業革命時、囲い込み運動によって崩壊したということも前に書いた。ロシアにおける農村共同体は、中世の社会構造であり、産業革命以後の近代産業社会には、適応できない社会組織であるというのが、分かるであろう。

つまり、都市に工業労働者が集中し始め、その労働者に食糧と、羊毛などの工業原料を多量に供給するためには、古い中世的な農村では、生産力が不足して、工業的都市と釣り合いが取れなくなるのである。フランスでは、これが大土地所有者による大規模農場と、小土地所有者のプチブル化した農民という農村風景への変化によって問題を解決した。

この農民が自分の土地を所有して、自立化する。これがわれわれが封建的と呼んでいる社会構造を破壊する大きなエネルギーになる。この農民が生産手段を自己所有して、プチ・ブルジョアジー化することが農業の最終的行き着き先ではない。この段階よりもっと先がある。

それは、マルクスが資本主義的農業と言っているものである。それはイメージとしては、アメリカでの大規模農業だと思えばよい。それは農地を大規模化し、トラクターなどの農業機械を利用し、従業員は給料で生活する。つまり、農業組織を会社化する。別の言い方をするなら組合組織化すると言い換えてもよい。それだけではない。諸科学の利用がある。土壌、肥料、種子などに関する農学、気象学、市場調査、採算などに関する経営学など、思いつくままに書いていくと、いくらでも出てきそうだ。『資本論』の中から、そこらへんの事情に触れている箇所を、ほんの一部、紹介しよう。

「細分地所有は、その性質上、労働の社会的生産諸力の発展、労働の社会的諸形態、諸資本の社会的集積、大規模の牧畜、科学の累進的応用、を排除する。」（『資本論（八）』）

かくして、新たな私的資本の集積を防ぎ、上からの囲い込み運動でもあり、中世的小規模農業から近代的大規模農業への変革ともいうべき、農業の集団化を強行した。

ここらへの事情を『ロシア近現代史』（藤本和貴夫著、松原広志編）の年表を中心として追ってみよう。

一九二七年十二月、ソ連共産党第十五回大会。

第一次五カ年計画決議。

一九二八年四月、土地私有禁止法成立。

　　十月一日、第一次五カ年計画実地。開始。
一九二九年六月、機械トラクター・ステーション（ＭＴＳ）設置。
　　十一月党中央委員会総会。全面的集団化採択。
　　十二月スターリン、クラークの階級としての絶滅宣言。
一九三〇年七月共同体の解体布告。
一九三一年八月ロシア辺境地における集団化の指令。
一九三二年十二月クラーク追放指令。

この機械トラクター・ステーション設置の歴史に関しては、アメリカ・ユダヤ人合同分配委員会（略称・ジョイント）の先駆的活躍があったとの研究がある（『ソ連農業集団化の原点』（高尾千津子著）。

ロシア革命動乱時の難民救済では、ノルウェーの北極探検家で、一九二二年ノーベル平和賞受賞した、フリチョフ・ナンセンが有名だが、アメリカのユダヤ人組織ジョイントも、ロシア革命混乱の中でのユダヤ人ポグロムを伝え聞き、農学者ジョセフ・ローゼンをロシア視察に派遣した。

荒廃と飢饉の中で「海の向こう側に同胞がいる。……次の春には、あなたたちの畑を鋼鉄の馬の一群がやってきて耕してくれる。」という感動的な言葉とともに、ジョイントは、アメリカからロシアにトラクターを送り、修理工場、燃料基地、トラクター集積所、運転手養成所などを兼ね備えた、トラクター・ステーションを各地につくり、このトラクターの集団運用が集団化の原点であるとの研究である。ちなみに、このジョイントとソビエト政府との援助協定が最初に結ばれたのは、一九二二年十二月である。

この年表を見れば分かるように、農業集団化と五カ年計画というのは、ほぼ同時期でセットになっている。これが何を意味するかといえば、農産物を外国に売って、その金で外国から工作機械を買って、急速に工業化を進めた時期と一致するということだ。よくこの事象を農業・農民を犠牲にして工業化を進めたと表現される。穀物調達によって、強引に農産物を農村から運び出す。戦時共産主義の再来だろう。

この集団化の理由は、

① 私的資本の集積を防ぐ＝プチブル化した農民をプロレタリアートにする。別の言い方をすると、集団化というのは階級闘争でもある。

② 農業の近代化としての大規模農業への変革。

③ 農業の生産力を上げて、農産物を工業化の原資とする。

これは成功したのだろうか？

ヨーロッパの宗教や思考を思い起こしてみると、予言や、哲学、理論、終末論、救いなどの言葉が浮かんでくる。予言者や偉大な学識者、聖職者、いわゆる精神的権威者による、こうすれば成功する、これで救われるの類だ。そして多数の民衆が宗教的帰依のように、それに従う姿だ。確かに、この集団化、紙の上の理論では偉大な計画のように見える。しかし、よく考えてみてみよう。ヨーロッパが近代化するためには、宗教改革のような習慣、文化、考え方の変化を伴っている。中世のような農村共同体という狭く古い世界に生きてきた人々が、いきなり近代的な社会構造に適応できるだろうか。トラクターの修理、運転にしても、各地に工業学校のような施設が必要だし、ガソリンを各地に配送する道路、運河、運送会社なども必要だろう。

現実にどんなことが起きたか。

各農戸で飼っていた、乳を採ったり、農耕に使用する家畜は、各農戸所有でなく、どうせ集団所有になるんだからと、殺して食ってしまった。農村における階級闘争である、クラーク（富農・中農）絶滅・追放運動が起こると、あまり家畜を所有していると、クラークと決め付けられ、資産没収・追放されるので、家畜を殺した。ロシアの家畜数は、ソ連崩壊の最後の最後まで、革命前の第一次世界大戦勃発前の頭数まで回復しなかったという統計がある。

ソルジェニーツィンによれば、革命時に、「土地は家族ごとの《口》数に従って平等に分配された。」（『収容所群島1』）はずである。クラークというのは改良、工夫し、意欲的である、いわば勤勉な農民であり、それを追放するというのは、農業に必要な優秀な人材を、わざわざ失うことに等しい。この時期、私的商人、私的小売店、市場は禁止され、ほぼ消滅した。自然な商品の流通は壊滅したのである。

ロシアは、長い間、支配階級と被支配階級とは別々の世界で生活していたようなものだったが、この時期、政府の官僚組織の手が、農村の隅々まで到達し始めた。

各農戸が、狭いながらも、割り当てられた土地で生存するならば、そこで生活を成り立たせるのは、自己責任だから、冬期間のために、どのくらい農産物を貯蔵して置いたらよいか、どの季節に何をしたらよいか、古くからの伝統と知恵でやりくりするであろう。また不足している物、余っている物は、市場で帳尻を合わせるであろう。しかるに需要と供給を反映しない、市場経済無視の、不能率この上ない官営売店しかないならば、それも、うまくいかないであろう。もし、農業経験のない官僚が、農民の古い積み重なった体験からくる農業習慣を無視し、理論を振りかざして農作業に介入してくるならば、現場は大混乱となるであろう。

集団化とは、総無責任体制になることでもある。もし私企業ならば、トラクターが故障したなら、農作業に支障が出るから、すぐ修理するであろう。社会全体に、もしそういう採算意識があるならば、トラクターの生産、修理システムを社会全体のこととして構築するであろう。しかるに、無責任体制であるならば、故障しても、部品がないなどの理由で、長時間放っておかれたりするであろう。『どん底』の作者マキシム・ゴーリキーは「ロシア農民は、個人主義で、社会的意識が欠除している」と言っているが、それは古い社会構造がもたらした意識でもある。ただし、私としては、ここでいう個人主義は、利己主義とした方が、誤解のないように、正確に伝わると思う。もしかしたらゴーリキーは、個人主義と利己主義の区別がつかなかったのかもしれない。なにしろ、ゴーリキーは西洋の人間ではないのだから。

それだけでない。ロシア人に強いといわれる祖国愛に燃えて、奮闘、努力し、その集団農場の生産力を上げても（実際、そういう人間は、工業部門でも農業部門でも、少なからずいた）その増加した生産物が、自分たちの生活の向上に直ちに結び付かず、国家に工業化の原資として根こそぎ持って行かれるなら、増産の意欲も萎えてくるだろう。よく、このころの事情を、「農民は農地の国有化のために、革命に参加したのではない」と表現される。

ロシアの大飢饉と計画経済

資料によって、一年ぐらいの誤差があるが、一九三二～三四年にロシアに大飢饉が発生する。一九三一～三三年と書いている本もある。これも資料によって大幅な誤差がある。この大飢饉、集団化による人災という点では各資料とも一致する。地域によって被害に濃淡があり、ひどかった地方は、ウクライナ、北カフカース、ボルガ流域、カザフスタンなどである。このカザフスタンの場合は、おそらく、遊牧民の文化を無視して定着農民にさせようとしたことも一因であろう。家畜が集団化されて一定の場所に留まると、つまり牧場化しようとすると、その場所の草を全部食べてしまい餌である草が不足し、自分の家畜でないので世話も行き届かず、動物はバタバタ死んだに違いない。よって食料不足により人間も死ぬ。

この約四十年後、毛沢東による一九五八～一九六二年の大躍進の時代、中国で同じような政策を行い、大失敗に終わる。この時代、経済で早急にイギリスに追い付き、追い越すという目標で鉄鋼の増産を図り、農村地帯でも工業地帯でも、あちこちに、小さい熔鉱炉「土法高炉」をつくり、本来の農工業などの仕事をそっちのけで、鉄屑、包丁、鍋などを、この熔鉱炉に投げ入れ、つきっきりで「鉄鋼」を生産した。これで「鉄鋼」を生産したことになるのだろうか。せっかくできている包丁や鍋を、元の鉄に戻しただけでないか。しかも、本来の仕事である農作業などをしないで。

同時に農業は、人民公社をつくり、集団化していく。食事は、各家庭でつくることを禁じられ、共同食堂で食べるようになる。働いても、働かなくても、国家が食べさせてくれる、という勘違いが生じ、農作業は不効率の極みとなる。このことは「大釜で飯を食う」と表現される。すでに、一九五五年十一月には、すべての民営の工業、商業の国有化がなされており、この期間、中国全体で三千万～八千万人の餓死者が出たとされる。これも本によって幅がある。

この後の文化大革命はよく知られているが、この大飢饉は知らない人が多い。主に農村の出来事と都市の出来事の違いではないか。『ワイルド・スワン』の著者ユン・チアンの遠縁や、周囲の人間の知り合いに当たる人も亡くなったそうである。飢餓は農村がひどかったが、都市部でも、じわりと影響が出た。

ソ連では、中国と比較して、都市部での影響は少なかったらしい。なぜか、それは農村を犠牲に工業化を図った政策だったからである。

ここで、ちょっとさかのぼって、歴史を整理してみよう。

一九五六年にフルシチョフによるスターリン批判がある。その後、中ソ論争がある。このことの意味は、毛沢東中国は、スターリン路線を採ったということだ。ソ連と中国は、人的交流があり、スターリンの農業集団化による災害を、中国もある程度知っていたに違いない。不思議なのは、それなのになぜ、中国はスターリンの集団化の政策を採ったかだ。この集団化、実は最初に言い出したのは、トロツキー派などの左派に属する人々だ。スターリンは最初反対していた。この集団化の過程で、夥しい犠牲が出始めると、トロツキーは、こんな乱暴で、強引に集団化しろとは言ってないと、言い訳しているのだが。おそらく、毛沢東は極左派に属するのだろう。

この失政に、毛沢東は自己批判し、政策の右旋回が始まる。中国共産党上層部は、毛沢東の命令、指示を無視し始める。この後、毛沢東の発動した、十年間の大乱、文化大革命で「資本主義の道を歩む、ひと握りの実権派」として紅衛兵に迫害され、悲惨な運命に陥ったのは、この大躍進政策に抵抗し、修正した人々である。中国人と接する上でやってはいけない鉄則の一つに、中国人に注意するとき、他の人々の目の前で注意してはいけないというのがある。他に人がいない一対一の場面で伝えなくてはならない。

中国人は面子にこだわる。政府の政策発表のとき、大勢の出席者の前で、劉少奇は、毛沢東を無視し、毛沢東の発言を遮り、自分の政策を発表した。このとき確か劉少奇は中国国家主席で、毛沢東は中国共産党主席である。毛沢東は、このことを忘れなかったに違いない。文化大革命の最大の標的となったのは、この劉少奇である。大躍進を批判した紅軍の元帥の一人、彭徳懐も、文化大革命の迫害の中で悲惨な生涯を終える。

日本と中国が国交正常化した後、中国側が五一パーセント、日本側が四九パーセントの出資で、中国にイトーヨーカドーを立ち上げた日本人の奮闘記を読んだことがある。その筆者が従業員の前で、「店が赤字を出しても、国家は補償してくれず、もしそんなことをしたら、国家そのものが赤字で倒産してしまうであろう。自分の食いぶちぐらいは、一人ひとりが自分で稼がなくてはならない。一人ひとりが採算意識を持たなくてはならない」（『巨龍に挑む』湯谷昇羊著）といったような意味の演説をした。

そしたら、そこに出席していた共産党の高官が、口々に「よく言ってくれた」と握手を求めてきたそうである。日本の本屋にいくと、経営者の立志伝や、従業員のやる気を引き出す方法などのビジネス書が、山と積まれている。文化大革命に必要だったのは、こうした経営的な意識改革だったのではないか。

中国の例を持ち出し、またまた脱線してしまったが、ソ連と中国、どちらが集団化の被害が多かったかは、人工比や米作と麦作の違いなどの条件の違いで、単純に比較できないが、それでも、ロシアの被害を少なくしたのは、住宅付属地の存在だろう。私はロシアに行ったことはないので、この住宅付属地がどのくらいの広さで、どんな感じなのかは、分からない。イメージとして家庭菜園を少し広くしたようなものか。果樹園、野菜畑もあり、牝牛一頭、羊十頭まで飼ってもよかった。

その時々の政府の方針により、広さの規則は広くされたり、狭くされたりした。家畜の頭数も同じようなものであろう。全ロシアの集団農場の生産物よりも、この付属地の全部の生産物の方が多かった時期もあった。いかに当時のロシア農民にとって、集団農場に比して農戸単位の個人農が文化的に適合していたかが、分かるであろう。この農民と工場労働者の文化的違いが、しばしばソビエト首脳の農民評価の論争の種になった。今でもロシアでは、ダーチャという田舎家庭菜園を持つ人が多くいるらしい。休みの日には、泊りがけでそこで過ごす。

ロシア革命政権のレーニンをはじめとする首脳部は、もし西欧先進国で革命が起き、それらの国と連帯できなければ、自分たちの政権は持ちこたえられないだろうと思っていた。特にドイツ革命に期待していた。この場合の革命とは、ソビエト型の革命である。レーニンは「もし西欧のブルジョアジーが攻め込んで来たら、われわれはウラル山脈の東側まで後退しなければ、ならないだろう」というような意味のことをいっている。彼らはロシアの革命が連鎖反応的に各国に伝染するのをひそかに期待していたらしい。しかし、そうはならなかった。彼らは、ただ一国で独立的な経済を運営していかなければならなかった。

実はドイツにおいて終戦から一九二九年の世界経済恐慌までに経済の順調な復興が続いた。これは、ロシアに比べてみればという意味である。戦勝国に対する賠償金を支払わなければならないベルサイユ講和条約がありながらである。これは、アメリカの資本がドイツに大量に入ってきたためである。

ロシア革命は、プロレタリア革命といわれる。しかし誤解してはならないことは、その革命によって魔法のように経済復興ができるわけではない。社会の基本構造が根本から変化したわけではない。賃労働と資本という基本構造は、そのままである。これを簡単に言い直すと、ソ連の砂利トラの運ちゃんも、アメリカの砂利トラの運ちゃんも、日本の砂利トラの運ちゃんも、中国の砂利トラの運ちゃんも、給料もらって生活していることには、変わりはない。貨幣と労働と賃金がある限り、そこには資本が必ず存在する。それは、ちょうど、目が青かったり、髪が金髪だったり、皮膚の色が違ったり、外見が違っても、心臓があり、骨があり、筋肉、神経、肺があるといった基本的な人体構造が同じのと似ている。

もともと先進工業国でなかったロシアには、膨大な資本があるわけでもなく、戦争と内戦によって産業は甚大な損害を受けていた。ロシアが戦争を継続するために、外国の資本がロシアの国債を引き受けたというのは前に書いたが、ロシア革命政権は、新政府には責任がないということで、その借金、つまり国債分の支払いを拒否した。しかも、ロシア国内にある外国資本の工場などは外国に返還しなかった。おそらく、外国のブルジョアジーは、レーニン指揮下のボリシェビキを強盗のように感じたに違いない。当時、世界銀行や世界開発銀行などが、あるわけでもない。あってもソ連には貸さなかったに違いない。そればかりか、西側先進国はロシアを経済封鎖し、あわよくば、何らかの形で、ロシア革命政権を打倒しようとしていた。ロシア＝ソ連は一国での自立を強いられた。

久しぶりに、先に紹介したアダム・スミスの『国富論 2』から引用したい。

「その社会の勤労全体は、その社会の資本が雇用しうる量を超えることはできない。ある特定の人が雇用しておくことのできる職人の数は、彼の資本にたいして一定の割合を保たざるをえないが、それと同様に、ある大きな社会の全成員が継続的に雇用することのできる職人の数は、その社会の全資本にたいして、一定の割合を保たざるをえず、けっしてその割合を超えることはできない。」（水田洋監訳、杉山忠平訳）

これがリカードウの『経済学および課税の原理（下）』ではこうなる。

「社会全体が営みうる全事業は、資本の分量、すなわち生産に使用される原料、機械、食料、船舶等の分量に依存する。」（羽鳥卓也、吉澤芳樹訳）

かくて、諸外国から大量に資本が流入したドイツに比べ、ソ連は一国のみでの資本の蓄積を強いられる。これはさまざまな人々がさまざまな言い方をしている「資本の根源的蓄積」や、「資本の本源的蓄積」、私の言い方によれば「資本の原初的蓄積」に相当するものだろう。この「資本の根源的蓄積過程」、私の知識の範囲内では、学問的には、厳密な定義はないようだ。いわゆる資本制生産様式の社会が成立するずっと前から、商業資本などがあり、資本の蓄積はさまざまな形でなされており、資本の根源的蓄積は、中世より前からあると考えることができるからだ。ここでは、いわゆる「近代産業資本＝近代的機械制大工業の資本」の蓄積と考えていく。

第一次世界大戦は、さまざまな意味で現代社会の出発点だと思うが、思想や考え方も自然科学や社会科学が発展してきて、現代にますます近づいた時期である。

ここでレーニンの『唯物論と経験批判論』（佐野文夫訳）から引用したい。

「各個人個人にあっての意識の発展と、人類全体の集合的知識の発展とは、認識されなかった『物自体』が認識された『吾々のための物』に転化しつつあること、盲目的な、認識されなかった必然、『必然自体』が認識された『吾々のための必然』に転化しつつあることを、一歩ごとに吾々に示している。……吾々の意志や意識から（マルクスが千回も繰り返して云ったように）独立して作用することの法則を、ひとたび知ってしまえば――吾々は自然の主人なのだ。」（中）

「かうして自然に対するその支配力を拡大してゆくだろう。」（下）

ここで言っているのは、主に自然科学のことだろうが、人間がいかに生活しているかを考える社会科学でも同じように考えられていただろう。それまでに何度も、そして、その時代以降も、各国で好況と不況が繰り返され、そのたびごとに、失業者が町に溢れ、社会不安が拡大したりした。そうした盲目的な社会経済の動きから、計画経済によって社会をコントロールできるはずだと考えたとしても、おかしくはない。「なにしろわれわれには、マルクス経済学がある」

こうして共産党と名前を変えたボリシェビキは、「計画経済」という名の下に社会全体を隅々までコントロールしようとした。いわゆる第一次五カ年計画が採択されたのは一九二八年で、ロシア革命直後ではなく、スターリン時代になってからで、現実的には少し遅いのだが、革命直後の混乱というのを考えれば不思議はないのかもしれない。

ソ連経済を特色づける事柄は、さまざまあるが、その一つに「鋏状差《きょうじょうさ》」というのがある。農産物に比較し、工業製品の価格が高いことを表わす言葉だが、これは主要には、自由な市場経済がなく、つまり競争がなく、工業製品が独占価格であることからくる、と私は考えている。別の言い方をすると、農業を犠牲にして工業資本の蓄積を図ったとも考えられる。

ドイツと条約が結ばれ、貿易ができるようになると、いまだ生産は回復しておらず、食料がぎりぎりなのにもかかわらず、農村を犠牲にして農産物を輸出し、外貨を獲得した。それは「飢餓輸出」とも呼ばれる。こうしてソ連は、工業化にまい進した。

赤軍の大粛清とソ連が生き残った要因

一九三九年の第十二回アカデミー賞で、作品賞、主演女優賞など計十箇を受賞し、戦争中、シンガポールで小津安二郎監督が見、毛沢東夫人江青も好きだった映画「風とともに去りぬ」を見た人も多いことと思う。奴隷解放のための南北戦争時の南部を舞台としているが、南部の大地主だった主人公一家は、敗戦のため奴隷を失い、経済的窮地に陥るが、女主人公は、それを立て直そうと奮闘する。工場を経営したりするのだが、安い労働力が必要のため刑務所内の受刑者を使用したりする。何しろ囚人は、賃金が必要ないので安あがりだ。

日本でも、明治維新後、北海道開拓のため、北海道に刑務所をつくり、受刑者を働かせた。それを国家規模で大掛りにやったのはソ連だろう。なにしろ自己資本がない。戦争、革命、内戦と続き、国土は荒廃している。外国からの援助は期待できない。それどころか、あわよくば、革命政権を倒そうと狙っている。

「どの人間を逮捕し、どの人間には手を触れないかの選択の深い根拠が機関にない場合が往々にしてあったし、機関の目ざすところはもっぱら目標数字の達成だったからである。数字の達成はきちんとした方針にそったものであるかもしれず、またまったく偶然的性格を帯びたものであるかもしれなかった。」（ソルジェニーツィン著『収容所群島 1』木村浩訳）

こうしてノルマ的に囚人をつくり出し強引に国家建設を推し進めた。

もし、その国もしくは、その地方を経済発展させようとするならば、その地域の歴史的、地理的、社会的条件によって制約を受けるだろう。例えば、西ヨーロッパ地域のように、共同体も解体し、大家族制から核家族に近くなり、宗教改革もあり、近代的自我の確立、個人主義的精神構造による個人の自由、自主、自立の精神により自発的に経済活動が行われるような地域は、国や行政は、あまり経済活動に干渉しない方が、発展速度が速くなったりするだろう。

それに対して、例えば権威によって精神的に押えつけられ、自主的な企業家精神が育っていない国、しかも、古い農業共同体生活の中で、反乱や革命のときには、団結力で、強い力を発揮するが、普段の平安な時期には、眠るように、古い伝統、習慣に沈殿し、中央で何が起こっても、われ関せず、別の世界で生きているように、決して動かない。こういう社会を近代化、経済発展させるには、上からの命令、指示によるしかないだろう。これまでにも、ロシアの近代化、改革は、常に上から行われてきたのを見てきた。ロシア革命後の国づくりも、こうして、政府の上からの強引力で行われた。

ロシア革命が世界初のプロレタリア革命であったが故に、先進諸国の抑圧下にあって、その植民地的重圧をはねのけ、独立した諸国にとって、ソ連はその反植民地イデオロギーとともに、権威ある国であった。それ故に、そのロシアの革命後の国づくりが、一つの絶対的理論、モデルのように考えられ、それらの独立後の後進諸国で、そのソ連の方法が採られた。

しかし、その方法は、あくまでも、ロシア革命という特殊な条件の中で成立したのである。というふうに考えなければいけないだろう。確かに、近代化のための一つの方法としては、有効性がないわけではない。しかし、別の民族性、地理的条件、歴史的背景を持つ国民には、必ずしも合ってるとは限らない。

私には、ロシアの場合、国際的諸条件によって、そうせざるを得ないように、強いられたとの思いが強い。そう、一国で富国強兵をしなければならない、それも急速に。そうしないと、その民族は、殺りくの血の海の中で、もがき苦しむだろう。そして、本当にそれはきた。ナチスの侵攻である。ロシアは、それによって十分苦しんだが、もし上からの計画経済がなければ、それの何倍も苦しまなければならなかっただろう。

第二次世界大戦のために多数の参戦国は国土の荒廃を強いられるが、中でもソ連の荒廃ぶりは、トップクラスだろう。第二次世界大戦で最大の死者を出したのはソ連である。この第二次世界大戦前後、ソ連は主に復興のために、ますます多くの安あがりの労働者を必要とした。ソルジェニーツィンは、第二次世界大戦が終わった時点で、獄中にいたが、これだけの大戦争に勝利したのだから、恩赦が大量にあるだろうという、うわさが、まことしやかに流れたという。「もう、どこそこでは、何人釈放された」という類のうわさである。しかし、冷静に考えてみれば、最も囚人労働が必要なときに、囚人を増やすことはあり得ても、大量に減らすことは、あり得ない。戦後のドイツ兵や日本兵のシベリア徒罪《ずざい》も、その流れの中で考えなくてはならない。

私たちが資本主義と呼ぶ社会は、機械を機械で作る社会だということは前に述べた。このことは、今では消費財生産と言っている消費手段の生産よりも、今では生産財生産と言っている生産手段の生産が、生産の大きな部分を占めるようになるということも前に述べた。これを具体的な映像イメージに表わすと次のようになるだろう。

かつてのソ連や中国の道路工事、堤防工事などのニュース・ドキュメントフィルムを見ると、シャベル、つるはしやもっこを持って人海戦術で作業を行っている。この段階では、まだ資本主義とはいわないだろう。これが、シャベルカー、ブルドーザー、大型トラックが映像の中に大きな部分を占めるようになると資本主義社会が成立したといえるようになるだろう。

確かポーランドの映画監督アンジェイ・ワイダの作品だったと思うが、決められた時間内に、手作業でレンガを大量に積む、労働英雄なる者が出た映画があった。この労働英雄なる社会現象も、まだ主に、あらゆる部門で機械化されていない時代のことである。

資本とは「蓄積された労働」だということは前に述べた。こうして戦争によって破壊された産業を主に人力によって再建に向かった。人力労働によって資本の蓄積を図った。

もっとも、スターリンの時代は、こうした囚人労働だけでなく、「反革命」「人民の敵」という名目による銃殺、処刑、ありとあらゆる拷問が行われ、カフカ、ザミャーチン、ジョージ・オーウェルの小説のような不条理の世界だった。例えば、戦争で捕虜になった兵隊は、戦後やっと祖国に帰ってきたと思ったら、外国を見てきた危険分子と見なされ投獄されたりした。少数民族は、油断ならないとして、民族もろともシベリアに追放されたりした。

話は第二次世界大戦の少し前のことであるが、有名なところでは、赤軍最高の頭脳といわれたトゥハチェフスキー元帥をはじめとする八人の将軍の銃殺による処刑を皮切りとする赤軍の大粛清がある。

「それから大量殺戮がやってきた。

元帥五人のうち三人、軍司令官一五人のうち一三人、軍団長八五人のうち六二人、師団長一九五人中一一〇人、旅団長四〇六人中二二〇人、大佐の四分の三が粛清された。

被逮捕者は大佐以上の高級将校全体の六五％、下級将校でも一〇％にのぼった――総計二万人。そして処刑された高級将校は一五〇〇人に及ぶ。
テロルは、軍における党の支柱たる政治委員にも波及した。一九三八年を迎えた時、三軍の政治委員は定員のわずか三分の一にすぎず、最低二万人の政治委員が殺された。党員だった軍人三〇万人のうち、ほぼ半数が一九三八年に命を落とした。」（『赤軍大粛清』ルドルフ・シュトレビンガー著、守屋純訳）

これは最初に、ドイツ側が仕掛けた謀略がきっかけだったという説がある。その謀略をスターリンが謀略と知っていて粛清に利用したという説もある。いずれにしても、革命と内戦期に頭角を現わし、経験と才能豊かな多数の軍人を失ったことは、第二次世界大戦において不意を食ったようにドイツ軍に侵攻され、ソ連が大打撃を受けた大きな理由の一つとされる。

ナチス・ドイツとの戦争で、もしスターリンによる強引で急速な工業化がなかったら、ソ連は敗北したであろう。ナチス・ドイツを破ったのは、スターリンの大きな功績だという評価がある。しかし戦争では、兵士、指揮官の経験値がものをいう。経験豊かな軍人を多数失ったということは、結果的にソ連に大損害を与えたということだろう。

第一次世界大戦後、ベルサイユ条約によってドイツは軍備を制限されていたが、ソ連国内に秘密に、兵器開発研究所、実験場を造ったり、ソ連に借款を与えたりしていた。それに独ソ不可侵条約がある。これらのことからスターリンは、ナチス・ドイツはソ連には侵攻してこないだろうと油断していたらしい。ナチス・ドイツの大軍が怒濤のように攻め込んできたとき、ソ連国内では穀物を満載した列車が、ドイツに向かって進行中の平和な風景だった。スターリンがナチス・ドイツの進攻を聞いても最初信じなかったと書いている本もある。

ナチス・ドイツは必ず侵攻してくるから絶対油断するなという警告を発していた有名人が二人いる。一人はソ連から追放されていて、外国にいたトロツキーであり、もう一人は、赤軍最高の頭脳といわれたトゥハチェフスキー元帥である。トロツキーがなぜ、そう言ったかというと、理由は彼のファシズム分析にある。

一九八四年アメリカで公開された映画「ワンス・アポン・ア・タイム・イン・アメリカ」を見た人も多いであろう。セルジオ・レオーネ監督でロバート・デ・ニーロ、ジェームズ・ウッズ、ジェニファー・コネリー出演で、エンニオ・モリコーネによる主題曲も大ヒットした。マフィアの物語なのだが、経営者に雇われて組合潰しをするマフィアに対抗して、組合に雇われたマフィアの物語である。経営者側のマフィアと抗争したりして、チンピラであるロバート・デ・ニーロが、何年もたって刑務所から出てくると、かつての相棒が、政界の実力者になっていたりと、人生の哀愁を感じさせるストーリーだ。その相手側である経営者側のマフィアが、なぜか政権を握ってしまったのがナチス・ドイツである。

どんな政党でも、そうなのだが、その政党の資金が、どこから出てくるかで、その政党が誰の利益を代表しているかが分かる。実は第一次世界大戦後、ドイツにおいて極右団体は多数あったのだが、次第にナチスが有力であることが分かり始め、一九二二年ごろからナチスに対する資本家の資金援助も大掛りになってくる。特に大製鉄業などの重工場からの資金が多かったらしい。一九二九年の世界大恐慌により、社会不安が増大すると、社会革命の恐怖からか、一九三二年ごろから、金融、重工業ブルジョアジー、ユンカー、大地主階級などが続々とナチス支持に回った。

彼らは用心棒としてナチスを雇ったと考えると分かりやすいかもしれない。ナチスが政権を握ると、ブルジョアジーのコントロールは、利かなくなってくるのだが。本来、マフィアが政権を握ることなどないのだが、大恐慌による社会混乱と共産党支配のソ連の存在が、彼ら資本家側の恐怖を煽ったに違いない。

では、ナチスの最大の敵は何なのか。それは有産階級の敵、ソ連共産党であろう。映画「ワンス・アポン・ア・タイム・イン・アメリカ」を思い出してほしい。主人公側のマフィアと抗争を繰り返すのは、資本家側、経営者側のマフィアである。ナチス体制はファシズムといわれるが、その民族主義と対極に位置するのが、国際主義である。第一次世界大戦前後において、第二インターナショナル内で、あくまでも反戦を貫いたレーニンたちは、国際主義者と呼ばれていた。

本にもなり、映画にもなった第二次世界大戦で有名なノルマンディー上陸作戦の連合国軍側の総兵力をご存知だろうか。約二十四万人である。ナチス・ドイツがソ連に侵攻したときの総兵力は、本によって数にバラツキがあるが、東ヨーロッパの同盟国軍合わせて約四百万である。本によっては七百万と書いてるのもある。少し大げさだと思うが。いずれにしても、ソ連を打倒するという、その決死の程が分かるであろう。

第二次世界大戦の主戦場は、ヨーロッパの東部戦線である。ドイツとソ連は死闘を演じた。最大の死者数を出した国はソ連である。ソ連の荒廃の凄まじさは、想像できるであろう。そして、国際金融資本からの援助なしでの再建の困難さも想像できるであろう。戦後、占領地から工場の機械、鉄道やその資材を、ソ連本国に持っていったのも、その流れで考えなくてはならない。第二次世界大戦の勝敗を決したのは、ドイツ対ロシア戦線だと私は思っている。

とまあ、だいたいがトロツキーの考えに私の考えを少し加えて書いたのだが、この「ナチスはソ連を倒すために、必ずソ連に戦争を仕掛ける」というのがトロツキーの予言である。

では、トゥハチェフスキー元帥の場合はどうか。彼はドイツに行って軍関係者と交流したり、他の西欧諸国へ行って各国政府首脳と会談したりしている。「ナチスは必ずソ連に攻め入る」というのは、いわば〝政治家〟としての判断であろう。トゥハチェフスキー家はもともと貴族の家である。スターリンはボナパルティズムを恐れたのかもしれない。ボナパルティズムとは、一七八九年のフランス大革命のとき、左右の争いや、テルミドール反動などがあり、そのたびごとに処刑や虐殺があり、血が流れ、最終的にはナポレオンの軍事クーデターによる軍部独裁でやっと落ち着いた社会状態のことをいう。

同じフランスの一八四八年の二月革命においては、最終的にナポレオンのおいのルイ・ボナパルトの独裁によって社会が落ち着く。スターリンは、もしかして本当に、反革命的な軍事クーデターを恐れていたのかもしれない。それが、実力者トゥハチェフスキー元帥など、軍関係者の粛清の理由かもしれない。あくまでも推測なのだが。

革命後のソ連が生き残った要因は、

①国土が広いこと。

②人口が多いこと。

③特に冬期における気候・自然条件が厳しいこと。

④資源が豊富なこと。

⑤スターリンによる強引な工業化があったこと。

などがあるが、⑤に関しては、今でもロシアではスターリンに一定の評価を与える人々がいるが、その理由になっている。当時、私が不思議に思っていたのは、スターリン時代における粛清・処刑・拷問をはじめとする、ありとあらゆる人権侵害をわれわれは学生時代に知っていたが、なぜ、この重大なことを学生運動の仲間は真剣に議論しなかったのかということだった。

党派は違うが、自治会の先輩が、自治会室で「ソ連は一国でやらなければ、ならなかった」と私に向かってポツリと言ったことが、今でも印象に残っている。

実は私はドストエフスキーが好きで、大学時代自然と好きな人間が友人になったりした。そして、彼の小説『悪霊』も常に友人らの意識の中にあった。この『悪霊』は、ロシアで実際にあった無神論革命思想党派の組織内でのリンチ殺人がモデルになっているが、スターリン時代の粛清も、その原形を広く拡大したものと考えてよかろう。学生運動とは全く関係ないドストエフスキー好きの友人何人かで、高校を出て国家公務員になった同級生の家に遊びに行ったことがある。彼の家には、ドストエフスキー全集が『作家の日記』も含めてドンと全巻置いてあった。それらの友人は、ドストエフスキーつながりである。

当時、ソ連においては、トルストイは読まれていたが、ドストエフスキーは反革命の書ということで禁書だったはずである。当時、ドストエフスキーを日本においても、そういう反革命と捉える人もいた。しかし、私にとっては、ドストエフスキーは大いなるヒューマニズムの書として、学生運動とはなんの矛盾もなかった。私の親しい人間も、そう捉える人間だらけで、むしろ、ドストエフスキーは進歩的な人間によく読まれていたように思う。私も含めて、私の身近な人間が、内ゲバ殺人に走らなかったのも、人格の核心に、ドストエフスキーがあったのも一つの要因であろう。

「もし神がいなければ、全てが許される。」（『カラマーゾフの兄弟』の中でイヴァンが言う）

そうした思想問題で、スターリン時代を捉えるだけでなく、政治問題としても、捉えるべきであろう。日本人の大部分が詳しい、詳しくないの別はあるが、ソ連における残虐な人権侵害を知っており、そのことだけでも共産主義に対する拒絶反応が強くあるだろう。もし革命を叫ぶなら、このことを、もっと強く意識し、対策を考えないと、自己の政治党派に対する幅広い支持が寄せられないだろう。

あの時代、勘違いしたとしか思えない党派もあった。自衛隊の駐屯地の前に立っていた歩哨を殺害した党派である（一九七一年八月二十一日、朝霞自衛官殺害事件）。自衛隊を敵視する気持ちも、分からないではないが、ロシア革命その他を見るまでもなく、自分らの主張を実現させるためには、軍隊を味方にするか、敵に回すかで勝敗が決する場合がある。

何とかして味方にすべきである。それができないなら、単なる第三者的傍観者にするのが、賢い方法であろう。それを、本来味方に取り込まなければいけない実力部隊の人々を、わざわざ敵に回しているだけでないか。しかも、スターリン時代の粛清を思い起こすような、他党派の者を殺すようなことをしたら、わざわざ幅広い支持を失うだけでないか。

あの時代、スターリン時代の粛清というテーマを深く問題視し、幅広く話し合っていたならば、学生運動末期の人間性喪失としか言えないような、他党派の人間を殺すような事態も避けられたかもしれない。

ソ連の成立、アメリカのニューディール政策、「社会ファシズム論」

ソ連による第一次五カ年計画採択、機械トラクター・ステーション（ＭＴＳ）設置、全面的集団化採択、トロツキー国外追放は一九二八～二九年の出来事である。

同じころ、西側では、一九二九年十月二十四日、ニューヨーク株式市場の大暴落「暗黒の木曜日」に始まる世界大恐慌が起こる。そして、資本主義の雄、アメリカによるニューディール政策が行われるのだが、世界史の動きを大局的に見るならば、ソ連の成立とアメリカのニューディールは、産業革命成立以後の歴史に重大な意味を持つ。なぜなら、それらは現在の社会を成立させた、無視できない出来事だからだ。

このニューディールついて、アダム・スミスの『国富論 4』から引用したい。

「下級諸身分、すなわち中流身分より下の人びとの消費全体は、どの国でも、中流身分および中流身分より上の人びとの消費よりも、量だけでなく、価値の上でも、はるかに大きいことに注意しなければならない。下級諸身分の支出全体は、上流諸身分の支出全体よりもはるかに大きい。……したがってそれら下級諸身分の人びとの支出は、彼らを個別にとってみれば、きわめて小さいけれども、その全体をまとめると、つねにその社会の支出総額のはるか最大の部分になる。」（水田洋監訳、杉山忠平訳）

アダム・スミスは産業革命以前の経済学者といわれ、彼の時代より長い年月がたっているので、この下級諸身分というのは、現代では、一般国民とでも言い換えて考えてみるのが妥当であろう。

このことを、産業革命以後の経済学者マルクスの前にも引用した、「単純再生産表式」で考えてみよう。（宇野弘蔵著、『経済原論』、詳しくは『資本論（五）』）

Ⅰ 6000 ＝ 4000c+1000v+1000m

Ⅱ 3000 ＝ 2000c+500v+500m

第Ⅰ部門は、今では生産財生産といっている生産手段の生産で、第Ⅱ部門は、今では消費財生産といっている消費手段の生産である。ちなみに、Cは不変資本部分、Vは可変資本部分、mは剰余価値部分を示す。

Vの可変資本部分というのは、労働者の賃金部分。すなわち人件費だと思えばよい。mの剰余価値部分は、新たに創造された価値部分だと思えばよい。この単純再生産表式では、全て資本家が消費する部分と仮に考えられている。

もし、Ⅱ部門で生産された三〇〇〇の消費資料が売れないならば、この等式が成立しない。問題は、Ⅱ部門で生産された三〇〇〇の消費資料の大部分を誰が買うかである。それは、一般庶民、一般労働者だろう。

資本制生産様式の成立というのは、蒸気機関、内燃機関、モーターなどが発明され、しかも、それらの動力機械も機械で多量に造られ、それらから生産される商品量が手工業の時代に比べて爆発的に増えるということであるというのは前に書いた。

インドに機械製大工業で造られたイギリス製の安い衣料品が大量に流れ込み、結果として土着の伝統製法で作るインドの衣料品製造業界が壊滅的打撃を受け、白骨街道が出現したというのも前に書いた。

この産業革命により、多量に生産されるようになった消費物質を、いかに売るか、いかに買わせるのか、それが、産業革命以来の大問題である。インドでの出来事も、その生産と消費の矛盾を、イギリスは、植民地に押し付けた現象である。

一九二九年より始まった世界大恐慌は、この最終消費物質の商品が、大量に売れる社会構造に、世界がまだなってなかったということが最大の原因である。

話が飛ぶが、百年戦争のとき、イギリス側に捕まったジャンヌ・ダルクが火あぶりの刑になったのは、ジャンヌ・ダルクは貧しい農民の娘だったからである。もし王族、貴族の娘だったならば、身代金が払われて、解放されていたに違いない。しかし、彼女の家族は貧しく、そんな大金はなく、またフランス側の王侯、貴族にも、彼女のために身代金を支払う者はいなかった。中世の戦争は身分の高い者を捕らえて身代金を受け取れば、もうけることもできるものなのである。下っ端は、すぐ殺される。先の大戦でも、確かジュネーブ条約による捕虜の将校を、一般兵士の捕虜より優遇しなければならないという決まりは、こうしたヨーロッパの伝統から来ているように思われる。なにしろ古いヨーロッパの戦争で指揮するのは貴族、騎士階級である。

フランス大革命で打倒の対象とされたのは、特権階級だ、というのを思い出していただきたい。フランスでは、大革命前、貴族が人口比で三パーセント未満なのにもかかわらず、富の九〇パーセントを所有していたといわれる。しかも貴族は、何らかの官職に就き、何も仕事しないのに、給料を貰っていた。彼らは、政府にはげタカのように集っていた。中世というのは極めて逆累進的社会なのである。

この中世的残像がある社会を改革し、今では、労働分配率と言っている、生産された富の一般労働者の取り分、分け前を多くしたのが、ニューディールである。そして一般労働者の購買力を高めた。この変化が、どれだけ激しかったかは、アメリカでよくニューディール以前、ニューディール以後といわれるのでも分かる。アメリカ独立が第一革命、南北戦争が第二革命、そしてこのニューディールを第三革命と言ってる人もいる。この革命といわれるぐらいの変化を選挙によって成し遂げたのも、いかにもアメリカらしいと私は思っている。

では実際、何をやったのか。詳しくは専門書に任せるとして、私の独断と偏見によって重要と思われる事柄をピックアップしよう。

○アメリカ史上初の社会保障法が成立。それによって年金、失業保険制度が成立。
○全国産業復興法（ＮＩＲＡ）による、労働時間の短縮、労働者への団体契約権の付与。
○公正労働基準法が制定され、最高労働時間、最低賃金を定める。
○ワーグナー法の成立によって、労働組合による団体交渉権の保障。これにより、ニューディールによる最大の社会の変化は、労働組合の大幅な強化増大だという人もいる。

○所得税の累進率、土地資産税の強化。

これらにより、アメリカ社会の総中産階級化が進む。戦後、われわれがテレビで見て憧れた、電話、冷蔵庫はもとより、一家に自動車が二台以上もある豊かなアメリカの一般家庭は、このニューディールによってつくられたことが分かるであろう。いわばわれわれのいう資本主義社会とは、労働者が働き手としてだけでなく、消費者としても力強く登場する社会でもある。

○民間資源保存団（CCC）や全国青年局（NYA）をつくり、職業訓練、アルバイト紹介、道路づくりなどの公共事業的仕事をしたり、奨学金を支給したりして青少年を助けた。このCCC、団体行動したりして、ソ連における共産青年団や、ファシズム国家による青年組織に似てなくもない。今のアメリカでは考えられない。時代というものだろう。

○金本位制を破棄し、地方にばらばらに存在していた銀行群を、大きくグループごとに統合、整理し、金融システムを強化。

○演劇、美術、作家などの芸術家も援助した。

この時代を代表する経済学者は、何といってもケインズであろう。しかし必ずしも、このころの政治は、ケインズ理論で行われたものではない。なぜならば、彼の代表作『雇用、利子および貨幣の一般理論』が出版されたのは一九三六年であり、ニューディールが開始されたのは一九三三年であるからである。それに政治家と学者では違う発想が働く、と私は考える。

しかしながら、この時代を理解するには、やはりケインズを軸に考えると分かりやすいので、ちょっとケインズを話題にしよう。

私の理解では、ケインズのいう「有効需要」とは、消費プラス投資である。このうち投資であるが、民間会社が商品の売れ行きがよくて増産のため、設備投資をすれば、製造機械、原料、燃料が売れるようになるだろう。民間会社の投資が恐慌によって弱い場合、公共機関が国債などを利用して、いわゆる公共投資を行わなければならない。ダムを造れば、コンクリート会社、鉄鋼会社の需要が増え、それらコンクリート会社、鉄鋼会社は、それぞれまた別の会社の需要を増やすであろう。

民間や公共による投資は、マルクスのいう第一部類の生産手段の生産、今でいうところの生産財生産部門の需要を増やすであろう。すると雇用が増えて「風が吹けばおけ屋がもうかる」式で、マルクスのいう第二部類の消費手段、ケインズのいう本来の消費が増えるであろう。ニューディールで最も有名な公共投資は、テネシー峡谷開発公社（ＴＶＡ）によるテネシー川にダムを建設し、道路をつくり、植林、農村地帯の電化などを行い、周辺を一変させた事業であろう。その恩恵は七つの州に及ぶ。

共産圏のように隅々まで人間を管理するのではなく、一人ひとりの生活を豊かに、便利にしたい、という創意工夫の自由を保ちながらも、古典派経済学のように、全てを市場に委ね、自由にしさえすれば、全てがうまくいくというのでもなく、その中間、政府の手である程度の経済管理をしていくという考え方がケインズの方法である。

火は人間になくてはならぬ便利なものだ、しかし、適度に管理しなくては危険である。しかも、経済規模が大きければ大きいほど、それが破綻した場合、手に負えなくなる。アメリカ合衆国の基本的な理念の一つは自由である。ニューディール政策は、その自由とぶつかりながら進んだ。

ここでポイントになる部分を引用したい。

「さらに私は、最も賢明な策は同時に二正面作戦を展開することだという考えに、躊躇なく同意する。……投資を促進すること、そして同時に消費を促進すること――現在の消費性向の下で増加した投資に見合う水準まで消費を促進するのはむろん、もっと高い水準になるまで、消費を促進することである。」（『雇用、利子および貨幣の一般理論（下）』（間宮陽介訳）

「それゆえ、消費性向と投資誘因とを相互調整するという仕事にともなう政府機能の拡大は、一九世紀の政治評論家や現代のアメリカの金融家の目には、個人主義への恐るべき侵害だと映るかもしれないが、私はむしろそれを擁護する。現在の経済体制が全面的に崩壊するのを回避するために実際にとりうる手段はそれしかないからであり、同時にそれは個人の創意工夫がうまく機能するための条件でもあるからだ。」(同掲)

ニューディール期における農業を見てみよう。これだけの大恐慌にもかかわらず餓死者はそれほど増えていない。例年と同じか、それに少し増えたぐらいでなかったか。なぜか? それは国民の所得は考えられないぐらい低下した。しかし、農産物も同じように急激に価格が暴落したためである。少ない貨幣で食料が買えた。

ニューディール期の写真で、業者が牛乳を大量に道に捨てるのを見たことがある人もいると思う。つまり農産物の生産が過剰で、価格が暴落し、農家の採算が取れなくなってしまったのだ。これに対して政府はどんな政策を取ったか。一言でいうと生産調整である。減反した農家には補助金を与えた。これによって農産物の価格は上昇し始め、農業部門も回復し始めた。この農産物の生産過剰という問題は、アメリカではこれ以後も現在まで慢性的な悩ましい社会問題になる。

この農業地帯に、この時代、社会主義運動が現われる。当時、アメリカでも地主、小作関係が続いている地域があったが、その小作農に土地を持たせ、独立させる運動もあった。

スタインベックの小説『怒りの葡萄』にでてくるような農業共同体も現われた。この共同体、サン・シモン、フーリエ、オーエンの昔からさまざまな形であり、有名なのは作家トルストイの属していた「土地は誰のものでもない」を宗旨としているキリスト教団の一派がカナダに移住し、造った実験農場である。トルストイも金銭を送り援助したが、結局は失敗した。この時代のアメリカの農業共同体も赤字で、趣旨に賛同した北部の有力者からの援助で、やっと存続していたらしい。

わが国では、ロシア革命の次の年の一九一八年に、日本最大のコピーライターである武者小路実篤らの「新しき村」が生まれている。これは私の勝手な想像だが、トルストイとロシア革命と、その当時まだ残っていたロシアの農業共同体《ミール》のイメージとが混然一体となって、日本にも何らかの理想郷を造ろうという運動であろう。ここも、やはり赤字で村外会員および、その周辺の人々による寄付で続けられた。

採算が取れるようになったのは、創立以来、実に四十年後のことだそうである。彼らの理想は、周囲の私有物以外は、みな共有で、六時間働いたら、後は絵画、詩、陶芸などの創作や、スポーツなどのための自由時間にすることだった。このためには、ある程度の生産力の高さが必要で、この村が黒字化したのは、行き着くまで何時間も道なき道を歩かなければ到着できないような最初の九州の村から、村の主力を大消費地に近い関東平野へ移したことが大きいだろう。黒字化の最大の利益源は鶏卵販売で、そのころには村内に、さまざまな農業機械があったという。

このことは、農業を考える場合、農業だけではなく、都市との流通、販売、工業と関連付けなければならないということだろう。「新しき村」に大口援助した人には、実業家もいたようだが、彼らに経営者としての視点からのアドバイスはなかったのだろうか。しかし、いまだ地主、小作人という身分関係が濃厚にあった時代、皆平等で人類愛に満ちた共同体を造ろうという意志は、暗闇を照らす希望の光であったのは、間違いない。

「新しき村」は、詩などの創作家を多数生んだが、有名なところでは、黒澤明監督の「生きる」に出た俳優の日守新一、脚本家の小国英雄がいる。彼が参加した「七人の侍」には、彼らの「新しき村」での経験が反映されているかもしれない。

魯迅の弟、周作人による中国支部もつくられた。毛沢東が周作人に「新しき村」のことを聞きにきたらしいが、毛沢東は、地主と小作人、経営者と労働者という生産関係を重視するが、生産力の高さをあまり問題にしない。かれは「新しき村」は赤字であるということを聞いたであろうか？ 聞いたとしたら、なぜ赤字なのか考えたであろうか？ 海外に「新しき村」をつくろうと、ブラジルに渡った人もいる。

アメリカや日本の例にあるように、農業共同体というのは、何らかの社会変動期におけるイデオロギー的刺激によって発生するものらしい。

とにもかくにも、アメリカは世界大恐慌をなんとかニューディールという選挙による社会変革という方法によって乗り越えた。しかし、ヨーロッパは必ずしも、全ての国が、そうはいかなかった。

アメリカと同じような政策をとったのは、フランスの統一戦線政府であるが、アメリカもフランスも一〇〇パーセント完全な形で成功したわけではない。恐慌が何度も揺り返しそうになり、復興は、前進と後退を繰り返しながら、ノロノロと進んだ。ただニューディールと同じような政策を行い大成功した例としては、北欧諸国がある。

これらの選挙によって政策を変えた国、平和に改革を成し遂げた国以外のヨーロッパ諸国では、全く違う道を歩んだ所もある。その違いを生んだのは、それぞれの文化、市民社会の成熟度、社会構造の違いであろう。

このことを説明するためには、一九一九年に立ち戻らなければならない。

第一次世界大戦末期、ドイツでは餓死者が出るほどの生活苦から、革命状態になり、革命による臨時政府によって、休戦条約が結ばれたというのは、既に述べた。その後一九一九年一月にベルリン警視総監罷免に抗議するデモが巨大になり、ベルリンがコミューン化した。これを臨時政府側、すなわち社会民主党がノスケに指揮させて弾圧し「血の数週間」が起き、そのとき、ローザ・ルクセンブルクとカール・リープクネヒトも虐殺されたことは前に書いた。くどいようだが、それを行ったのは、実質的に社会民主党である。このことが後の世界史に重大な意味を持ったと私は考えている。

その年一九一九年三月二日、第三インターナショナル、つまりコミンテルンがモスクワで結成される。第二インター加盟の各国の政党が、結局は戦争に賛成し、第二インターは消滅しないまでも、もはやその権威は著しく失墜した。反戦を貫き、その意志の下、革命を成功させたロシア共産党＝ソ連の威信は高まり、コミンテルンの加盟数は、第二インターを超える。

ここに、ヴェーバー派の社会科学者などのいうところのモスクワのバチカン化が起こる。バチカンはカトリックの総本山であり、その権威によって各国のカトリック教会組織を精神的に支配し、バチカンが定めた教義を各教会に指し示す。

モスクワはロシア革命の成立という、宗教的ともいえるその権威によって、コミンテルンを通して各国共産党に指示、命令を与える立場になる。カトリック・キリスト教史において、破門は信者にとって人生を変えるほどの精神的に大きな意味を持つが、同じように共産党史において、除名・転向は精神的に重大な意味を持つ。ヨーロッパはカトリック・新教の世界であるのに対し、ロシアは東方正教会である。

東西冷戦をカトリック・新教世界と東方正教会の対立として見ると、新たな視点が加わるかもしれない。この東のバチカンの権威を高めたもの、それは人類史上初の反戦勢力の政権獲得であろう。これに建前上は人間の平等という理念が加わる。

古くは百年戦争時におけるフランス側でのジャックリーの乱、イギリス側でのワット・タイラーの農民一揆など、戦争では民衆が常に苦しめられ、それに抗議するように反乱が起こる。しかし、反乱側の一時的勝利はあり得ても、反乱側が政権をある一定の長い期間、保ち続けたことは、世界史上、絶無であろう。

ソ連が崩壊した後、ロシア革命は、全て誤りだったという人が多い。私はそうは思わない。その後、ソ連の政権が変化したとしても、その革命が成立した時点では、反戦勢力が政権を握ったという点では、人類史上では、やはり画期的な出来事だった。

ソ連は成立時から経済的に苦しく、生き延びるだけでも必死だったというのは、前に書いた。こうして次第にコミンテルンはソ連が生き延びるための道具になってゆく。

ロシア革命勃発時、ボリシェビキ党内は決して独裁体制ではなかった。最終蜂起も多数決で決められたし、あのレーニンでさえ自分の意志を貫き通すために必死になって説得し、多数派工作したほどだった。全共闘すなわちソビエトだって、それ以上にそうである。雑多な人が出入りし、めいめい勝手なことを言い合い、沸き立つほどだったろう。それが次第にスターリンを頂点とする官僚制になり、官僚的告示、すなわち上部組織から一方的に命令が降りてくるようになる。トロツキーは、こんなのを「最後通牒主義」などと言っている。

レーニンが死亡したのは一九二四年なのだが、この年スターリンが「社会ファシズム論」を唱える。この「社会ファシズム論」この時点では、あまり注目を浴びなかったらしい。

一九二九年は、世界大恐慌発生の年である。このころからスターリンの個人崇拝が始まり、法王スターリンを頂点とする官僚の階層制が確立する。「社会ファシズム論」が復活し、コミンテルンを通じ、各国共産党に、この「社会ファシズム論」が戒律として浸透する。

この「社会ファシズム論」とは何か？

ファシズムと議会主義をとる社会民主主義とは双子であり、社会民主主義とはファシズムの軟らかい表われなのだという考え方である。今、こういう考え方をする人はいないであろう。レーニン主義的考え方をすれば、確かに議会主義的社会主義も、ブルジョア支配体制の支柱の一つではあろう。しかし、私はこういう思考が出てきた背景は、やはりあのドイツでの「血の数週間」の衝撃が大きいと思っている。

新聞、マスコミ、これらの機関は、財力のある者が、創設し握るであろう。貧しい者、力の弱い者は、広報手段をなかなか手にできないだろう。忠臣蔵も、物語、歌舞伎となり、伝達手段を得たからこそ、今に伝わったのであろう。同じような事件でも、伝達手段を得なかった事柄は、今では忘れられなかったことになるに違いない。労働組合、新聞、印刷所、図書館、集会所、普通選挙権、これらは長い労働運動の末、獲得されたものである。労働者側の政党も同じであろう。しかし、ファシズムは、これら社会民主主義者などが、長い苦闘の末、獲得したものを破壊しながら進む。ファシズムと社会民主主義は対立する、全く別物である。

コミンテルンを通じ「社会ファシズム論」をたたき込まれたドイツ共産党は、ドイツ社会民主党を敵視し、打倒する相手であり、決して共闘する相手ではないと考えていた。「ナチスをして政権を取らしめよ、その政権は行き詰まり、半ば自動的に共産党に政権が渡るであろう」などという、トンデモ理論家も現われた。

こうして、一九三三年、アメリカでニューディールが開始された年、ヒトラーのナチス政権が成立する。もし共産党と社会民主党の共闘が成立したならば、ヒトラー政権阻止の可能性が大いにあった。

次の年、一九三四年二月には、フランスで反ファシズムのデモ、そして反ファシズムの二十四時間ゼネストが起こる。

その次の年、一九三五年七月十四日、前に書いた社会党、急進社会党、共産党によるパリでの反ファシズム、大デモンストレーションが行われる。フランス全土では二百万人が参加したといわれる。共産党と議会主義的社会民主主義との共闘、すなわち、反ファシズム人民戦線が成立した。前にも書いたように、この運動は、何らかの理論に基づいて行われたのではない。ドイツでのファシズム政権の行いを見聞きし、危機を抱いた民衆の下からの突き上げで自然に発生したのである。

ついに、七月二十五日から八月二十日にかけてのモスクワでのコミンテルン第七回大会でのブルガリア共産党書記長でコミンテルン書記長でもあるゲオルギー・ディミトロフによる、いわゆる「ディミトロフ報告」が発表される。この通称「ディミトロフ報告」は、「社会ファシズム論」を止めて「反ファシズム統一戦線」へコミンテルンの路線を切り替えた歴史的転換点といわれる。

一九三六年二月、スペイン総選挙。人民戦線派の文句無しの大勝利。

同年六月、フランス総選挙の結果、第一次人民戦線内閣発足。共産党、閣外協力。

ここまでは順調だ。しかし、スペインで問題が起こる。

第七章　スペイン内戦・ベトナム戦争・全共闘運動

スペイン内戦と類似する全共闘運動

ここからスペイン内戦（一九三六〜一九三九年）を描くが、この本を書こうと思い立ったとき、このスペイン内戦は絶対書かなければと思っていた箇所である。全く同じではないが、われわれの全共闘時代と図式的には極めて似ていると私は勝手に思っている。全共闘時代の問題点、疑問点、課題の一部は、スペイン内戦と比較することによって、より鮮やかに浮かび上がってくる。あの時代を経験した私と同年代の方々は、思い出しながら読み進めていただけたら幸いである。

かつて、スペインは反宗教改革の主力であり、ヨーロッパ中央部で激しく戦われた宗教戦争に、反宗教改革軍を派遣し、その軍資金は、ほとんど植民地で採掘される銀で賄われた、と前に書いた。この反宗教改革の雄、このことが意味するものは何か。それはスペインでは中世の社会構造、意識構造が変化せずに残っているということだろう。スペインは大部分が農業国家だった。それにスペインの土地は痩せている。最先進地帯は今でもそうだが、カタロニア州である。ここにスペイン全体の中での大部分の工場と工業労働者が集中していた。

「この国をよくご覧になってくださいよ。教会ってものが、どんなことをしてきたか。スペインって国を、情けないほど幼稚な遅れた状態に釘づけにしたのは教会じゃないでしょうか？　それからスペインの女を、スペインの民衆をこんなにしたのも教会じゃないでしょうか。教会は、彼らに二つのことを教えましたよ。服従することと眠ることを……」（アンドレ・マルロー著『希望』小松清訳）

スペイン内戦時、政党、党派、組織、団体の種類が極めて多く、どの党派の立場で物事を見るかによって、同じ事柄でも評価は著しく違ってくる。情勢も目まぐるしく変化し、しかも、スペインは地方分権意識が強く、州によって特色があり、中央政府と地方によって、かなり情勢、色合いが違ってくる。今でも、この複雑怪奇なスペイン内戦を生涯の研究テーマにしている人もいる。またその研究書を日本語に訳するのを使命とする人もいる。私などは、アルファベットの頭文字で表現される党派が多過ぎ、しかも、これはイデオロギーが強い党派なのだなと理解したつもりでいても、別の本を読むと、その党派が違うイメージで出てきたりする。いまだによく理解できない党派、情勢がある。

しかし誤解を恐れず、ザックリ行こう。

きっかけは、一九三六年七月、北アフリカの植民地モロッコで、フランコ中佐が指揮する現地駐屯部隊が、中央の統一戦線政府に対して、反乱を起こしたことにある。不思議なのは、それに対して、当初中央政府は、何事もなかったかのように無反応だったことである。特に海軍は、政府寄りだったので、ジブラルタル海峡を押えれば、フランコ軍が、アフリカ側から渡って来るのを防ぐことができるのに、何もしなかった。

余計なことかもしれないが、フランコ軍をファシズムではなく、単に軍事クーデターだと考える人もいる。しかし、ここでは、フランコ軍側を通例に従ってファシストと呼ぶ。

モロッコのファシストからスペイン本土の各地の駐屯部隊に対し、反乱に加わるよう指令・檄《げき》が飛ぶ。しかし、それに加わらず政府側に止まった部隊もある。それらの部隊は、一つの軍事勢力として、独特の動きをする。これなども、この史実を複雑にしている一つの要素だ。

この反乱、中央政府から何の発表もなされなかったのにもかかわらず、一般市民に急速に知れ渡る。危機意識にとらわれた市民側は、中央政府・地方駐屯部隊に武器引き渡しを要求。しかし拒否される。市民側は武器庫を襲ったり、隠し持っていた武器を持ち出したりして、かくて自主的な反ファシズム市民軍が成立する。それぞれ大まかなイデオロギーごとにまとまり、各派による軍団が形成されていく。スペインの特色としてアナーキズムの勢力が強く、その一種ともいうべきアナルコ・サンディカリスムも強かった。このアナルコ・サンディカリスム、急進的組合主義とでも訳したらいいのか、労働組合による統治を目指す。これらアナキストは、頭文字ではCNTという党派をつくる。

このCNTと共闘し、注目したい党派は、後に『カタロニア讃歌』『動物農場』『一九八四年』を書くことになるジョージ・オーウェルが、イギリス独立労働党から派遣された形で参加したので自動的に属することになったPOUMがある。このPOUM、共産党でもない社会党でもない、雑多な左派勢力でつくった党派とでも言ったらよいのか。われわれの時代で言えば共産党の青年組織、民青からトロツキストと呼ばれるような党派だろう。ちなみに、真のトロツキスト、第四インター系の党派のビラが公然と現われたのは、一九三七年五月になってからである。

これら「市民軍」が宗教関係やファシスト側の貴族の土地を没収し始める。このことは、どこかで聞いたことがないだろうか？　そうフランス革命である。一部では、工場の労働者による自主管理が始まる。こうした農民、労働者の動きは、統一戦線政府成立以後、急に起こったわけではない。農民、労働者の反乱は以前からあり、そのたびごとに農民虐殺があったりした。

再度、マルローの『希望』から引用したい。

「農夫たちの教会にたいする非難は、教会がいつも貴族階級を支持してきたことに原因していた。……そして貧乏人にむかって教会が絶えず不正義の前に服従するように説いていることに根をおろしていた。しかも、この教会は現在では農民にたいする《神聖なる戦争》をやっきとなって宣伝している。ある者は僧侶たちの声が《人間の声じゃない》と言った。多くの者は、村落の柱であるべき僧侶たちの偽善や冷酷さ——僧侶としての位階に応じて偽善となったり冷酷さになったりするのだが——を糾弾《きゅうだん》するのだった。

しかも、一人の例外もなく、みんなの一致した非難は、ファシストによって占領された村々で、僧侶たちが《悪思想にそまった連中》、つまり反ファシズムの同志をファシストに密告したことにたいしてなげられていた。この密告が、それらの人々の銃殺におわるってことを、僧侶たちは十分承知していながら。それから、人々は皆、僧侶たちの裕福であることを非難した。」

これらとは別の組織としてPSUCがある。これは中央政府側組織とでも言おうか。社会党、共産党、合同市民軍とでもいえばピッタリかも知れない。

ドイツ、イタリアらファシスト国家よりフランコ側に武器が援助される。

人民戦線政府側にはソ連からの武器が到着。

この武器援助により、中央政府内における共産党、コミンテルンの発言権が強くなる。このころからアナーキーからコミュニズムへ権力の重力が移行する。具体的には、土地や工場の労働者管理に対する中央政府の方針が変化し始める。別の言い方をするならば、中央政府が右傾化する。ついにコミンテルン側の国際義勇軍、通称国際旅団がスペインへ到着。中央政府は市民軍を廃止し、中央政府直属の人民軍に編成しようとする。労働者組織、市民軍からの武器没収令が出る。この時点で、アナキストの党派CNTの幹部などが中央政府に参加していたが、下部の労働者、市民、農民側は、軍事組織の再編も武器の引き渡しも拒否。ついにＰＯＵＭなどの自主的市民軍が非合法化され、メンバーが中央政府により、逮捕、虐殺され始める。

これらのことは、州都などの都会で行われていた。それらの事件は前線に知らされなかった。これら自主的市民軍は、中央政府から武器なども補充されなかったから、貧弱な武器、弾薬、食料、物質で、寒さ、暑さ、空腹、ノミ、シラミに苦しめられながら、対ファシスト前線で英雄的に戦っていた。

前線に近ければ近いほど、病院は手が一杯になり、死ななくてもいい人も、どんどん死亡していった。彼らは後方で仲間が逮捕、処刑されているとは知らなかった。

今まで述べてきたように、マルローやオーウェルのような文化人も参加したが、ほかに有名なのでは『誰がために鐘は鳴る』を書くことになる、アーネスト・ヘミングウェイや、報道写真家のロバート・キャパもいる。私にはそうは思わないが、このスペイン内戦、後に「それは知識人の闘いであった」という人もいるくらい、多くのジャーナリスト、作家が参加した。もちろん作家でない日本人も含む一般市民有志も参加した。これらの人々が、ある党派、ある政治思想に凝り固まっていたとは考えにくい。そこには、小難しい弁証法などの理論はなかったであろう。漠然と「反ファシズム」との思いで参加したであろう。

象徴的な例を挙げると、ウルグアイの作家、ペトロ・ルアがいる。はじめ一兵卒で参加したであろうが、頭角を現わすようになったであろう。その地区の市民軍司令官になる。しかし、政府側に逮捕、処刑されてしまった。ジョージ・オーウェルも、たまたま成り行きでＰＯＵＭ軍に参加することになり、政府の弾圧をかいくぐり、間一髪でスペインから脱出した。「反ファシズム」の純粋な思いで参加した外国およびスペイン本国の無名、有名な人々が、闘うべき相手のファシズムではなく、本来なら一緒に闘うべき仲間とでも思っていた集団から虐殺されるという不条理が起きた。反ファシズム人民戦線が結成されたはずではないか。

結局スペイン内戦はファシズムの勝利に終わる。

この情勢を、分かりやすいように分類してみよう。

Ⓐ反ファシズム人民戦線の中央政府

社会主義者、共産主義者、共和主義者。

ファシスト反乱に加わらなかった軍事部隊。

ソ連からの軍需物資援助。

コミンテルンなど、外国からの国際義勇軍。

Ⓑ市民軍

CNT＝アナーキスト・サンジカリストなど。

POUM、その他各派。

外国およびスペイン国内の労働者、農民、市民などの自主的志願兵。

Ⓒフランコのファシスト反乱部隊。

地主、工場主などの資産家勢力。

僧侶などの宗教勢力。

貴族などの王党派。

ドイツ・イタリアからの武器援助。

有名なゲルニカ爆撃のように、ドイツは直接戦闘にも参加。

本来ならⒶとⒷは戦わず共同してⒸと闘うべきであろう。しかるにⒶはそうしなかった。Ⓑに対し、セクト主義むき出しの弾圧を仕掛けた。結果としてⒶⒷⒸの三つどもえの闘いになってしまい、漁夫の利を占めるように、最終的にⒸが勝利した。

見てきたように、Ⓐの反ファシズム統一戦線中央政府は、ソ連からの戦車などの軍需物資の援助、コミンテルン関連の援軍などによってスペイン共産党の発言力が強まり、Ⓑへの弾圧は、ソ連・コミンテルンからの指令を通じたスペイン共産党の意向と考えるのが自然だろう。

ソ連共産党と市民軍

ここからはなぜ、ソ連共産党は市民軍を敵視するような政策を採ったかの疑問の解明に移る。
① まず定説というか、私は学会での定説は知らない。もしかしたら定説はないのかもしれない。ここでは、一般にいわれている説ぐらいの意味である。
ここでソ連を取り巻く国際環境を見てみよう。

一九三三年、ドイツ・ヒトラー政権成立。ナチス党以外の政党壊滅。

アメリカ大統領ルーズベルトによるニューディール政策開始。

ソ連における第二次五カ年計画開始。

アメリカがソ連を承認する。米ソ貿易開始。

一九三四年、フランス反ファシズム・ゼネスト。

独ソ秘密軍事協力打ち切り。

ついにソ連、国際連盟に加入。

スターリンの右腕、キーロフ暗殺される。いまだ真相は謎。これを契機に、スターリンによる大粛清始まる。

一九三五年、遵義《じゅんぎ》での中国共産党の会議で毛沢東の指揮権確立。これによってコミンテルンの指揮から離脱。

仏ソ相互援助条約調印。

フランス人民戦線成る。

コミンテルン、ディミトロフ報告、これにより「社会ファシズム論」から「反ファシズム人民戦線」戦術へ転換。

チェコスロバキア・ソ連、相互援助条約。

一九三六年、スペイン、フランスでそれぞれ反ファシズム人民戦線が選挙で勝利。

歴史を大筋でつかむと、やっとソ連は国際社会から承認され、西側諸国とも貿易が開始され、着々と安定した地位を築きつつあるというのが、分かるであろう。

労働者、農民による自主管理と土地の分配と集産化、これは共産革命である。もしソ連の後押しによってスペインが共産化したら、フランス、イギリス、アメリカといった西側の国々とソ連の関係が悪化するに違いない。別の言い方をすると、スペインの有産階級から資産を奪うと、フランス、イギリス、アメリカなどの同じ資産家階級、支配階級を敵に回すに違いない。すると、ここまで着々と築き上げてきた良好な国際関係は、再度振り出しに戻り、貿易も中断し、国内建設に支障が出るに違いない。よって「反ファシズム統一戦線」とは、選挙で選ばれた政府を守るということだけに限定する。
②俗にいうプチ・ブルジョアジーの政府からの離反を恐れた。このプチ・ブルジョアジーとは生産手段を自ら所有している者、すなわち、小店主、ギルドの親方、小工場主などをいうが、ここではもっと幅広く、中間層とか、中産階級とかに考えた方がいいだろう。これらの人々は、守るべき資産、

地位を持っており、農民の土地奪取や労働者の工場管理は、私有財産否定の運動であり、その運動は中間層の地位をも脅かす。よって、その運動が続くと、中間層はファシズムの側へ移行する可能性が出てくる。

現にⒶがⒷに弾圧を加え始めると、中央政府に対する中間層の支持が増えたといわれる。ここでもまたⒶにとっての「反ファシズム統一戦線」とは、選挙で選ばれた統一戦線政府を守ることだった。

③これは①と②に関連するのだが、ロシア革命当初のリーダー、すなわち、レーニンやトロツキーなどの世界史的一流人物から、二線級の人物へ、ソ連、コミンテルンの首脳陣が変化してしまった。よって情勢判断、情勢分析力が劣化した。つまり単なる判断の誤りである。

「社会ファシズム論」によってドイツ共産党はドイツ社会民主党を敵視し、共同してナチスと戦わず、結局はドイツにヒトラーのナチス政権を成立させてしまったことは、既に述べた。

ナチス政権は乾坤一擲《けんこんいってき》の決意でソ連に侵攻し、その結果、第二次世界大戦参戦国中、ソ連は最大の被害を受けた。スペインも結局は、ファシズム側になってしまった。

中国共産党も最初はソ連帰りの中国人党員やコミンテルンから派遣されたロシア人幹部らによって、ソ連共産党の威信を背景に、指図されていたが、その指揮の誤りから何度も大損害を受け、ついに中国古典に造詣が深い毛沢東の指揮下に入り、《中国王朝の交替＝農民反乱による易姓革命》から学んだ方法により内戦に勝ち中国を統一した。当時の中国人の最大の願いは、戦乱のない平和な中国であり、すなわち中国統一である。この後の毛沢東の威信は、ここから来る。

このように、コミンテルンの方針は結果としてソ連に害を与える方向に向かわせたり、他国の共産党に大損害を与えたりした。

ここで何度読んでも、違和感を感ずる、共産主義インターナショナル（コミンテルン）第七回の諸決議から引用したい。

「プロレタリアートの階級闘争の利益とプロレタリア革命の成功は、各国に労働者階級の単一の大衆的政党が存在することを必須の条件とするとみとめて、大会は、社会民主党またはその個々の組織と共産党との合同をもとめる労働者の熱望がますますつよまっている事実に立脚して、この合同の事業のイニシアティヴをとる任務を、各共産党に提起する。……

それと同時に、『左翼』社会民主主義のデマゴーグが、社会民主党系労働者のあいだの幻滅を利用して、共産主義運動に反対する方向をもち、こうして労働者階級の分裂をふかめるような新しい社会主義政党や新しい『インタナショナル』を設立しようと企てるときには、断固としてこれに反対する必要がある。」（『反ファシズム統一戦線』ディミトロフ著、坂井信義、村田陽一訳）

ここら辺を読むと、これは本当に「反ファシズム統一戦線」を論じた箇所なのかと思ってしまう。統一戦線とは、同じ目的、ここではファシズムが、国家を支配するのを阻止するためファシズム勢力と闘う、という目的のために共闘できる勢力と一緒に協力し合うということだろう。しかし、ここで書かれているのは、真実、正しい方法は一つしかなく、違う方法、考え方をとる政党は認めないということだ。これはおそらく、ロシア国内の現実、すなわち、スターリンを神のようにあがめる個人崇拝の文化・精神がコミンテルンの方針に反映されたものだろう。実はこれは、西洋文明の深層、もっと広く考えれば、一神教世界の深層にあるものだと私は思っている。

第二次世界大戦後、各国にさまざまな映画運動が起こったが、私の知識では、その最初の運動はイタリアのネオレアリズモである。その中の一本に、一九四六年のロベルト・ロッセリーニ監督による「戦火のかなた」がある。戦争末期に、イタリア南部に連合軍が上陸し、次第に北上していくときに起こるエピソードをまとめたオムニバス映画なのだが、その中の一つのエピソードに、三人のアメリカ軍従軍神父が、カトリックの宗教施設に、一夜の宿を請うというストーリーがある。はじめ大歓迎するが、そのうち、三人の内の一人がユダヤ教で、もう一人がプロテスタントであることが分かる。アメリカ人は何の問題もなく三人とも親しくしているが、そのイタリアの宗教施設は、天地がひっくり返るような大動揺に陥ってしまう。

アメリカとヨーロッパの、特にカトリックの総本山があるイタリアとの文化の違いがよく出ているエピソードだった。ただし、これでアメリカが一神教的呪縛から解放されていると考えるとしたら大きな間違いだろう。アメリカ文化の低層にはキリスト教原理主義が流れているし、なによりも民主主義を守り広めるという一神教が存在する。

クリスマスの時期、有線の放送を聞いていたら、日本人の若い男性の歌手がクリスマスのことを「一年で一番大切な日」などと歌っていた。ふと、この男性歌手は、クリスチャンなのかなと思った。むしろそうでない可能性の方が大きいだろう。この時期、テレビでも道いく人に、アナウンサーが「クリスマスはどうお過ごしですか」と聞いたりする。

その通行人は、おそらくクリスチャンでないのにもかかわらず、その質問に、何の違和感もなく答えている。コンビニなどの小売店では、クリスマスケーキの販売合戦が始まる。街には、クリスマスツリーが華やいでいる。もしこの時期、何にも知らない外国人の旅行客が日本に来たら、日本はキリスト教の国だと感じるに違いない。

これはなにも、日本の特異性を表わしたかったために強調しているわけではない。われわれにとって見ることができない仏教伝来の時期の日本の姿が、これによって推察できると思うからだ。しかも日本固有の宗教である神道の祭司である天皇自ら先に立って仏教を広めている。仏教は多神教であるヒンズー教の土壌から生まれた。今でもインドでは仏を多数ある神の一つとでも思っているらしい。

神道も多神教なので親和力があるといえるだろう。なにしろ日本ではヒンズー教の神様も祭ってあるくらいだから。

先ほどのアナウンサーの質問でも、イスラム教の「ラマダンはどうお過ごしですか？」ではなくて、キリスト教の「クリスマスはどうお過ごしですか？」がみそである。よく意味が分からなくても、自分たちより優れた文明と認識した遠い地域から到達した宗教を何か尊いと感じ、積極的に取り入れようとする姿だ。真理や救いは、常にはるか見たこともないかなたにある。しかも、常人が理解できないほど難解であればあるほどありがたい。

かつて、私の生活圏に、その宗派のお祭りには山伏の姿で信者が出てくる、神仏習合みたいな新興宗教のビルがあった。そのビルの前に、クリスマスの時期に、どう見てもクリスマスツリーとしか見えない電飾付きの装飾品が置かれる。ある日、知り合いになった信者の人に「クリスマスの時期に、あそこにクリスマスツリーらしき物が出てるが、どう考えても不思議でならない」と言ったら「あんまり堅苦しく考えないんです」という答えだった。この緩やかさは日本的だ。

これが軍国主義の狂気に陥ってしまったのは、明治維新後の神道を純化して国家神道にするための廃仏毀釈《きしゃく》以来だろう。日本が植民地にならず、欧米に伍していくためには、天皇を中心として、国民が一丸となる必要があった。そのための神道の純化だろう。

以上、スペイン内戦時のソ連およびコミンテルン首脳陣の文化的、思考様式の背景の解明のための説明が長過ぎ、しかも寄り道し過ぎだったが、思想家でいえば、イギリスの経験論のジョン・ロックのような考え方の対極に、彼らはあったということだろう。

よって③とは心に余裕がなく、大局的視野に立つことができないリーダーによって引き起こされた誤り。

④ソ連共産党首脳と、コミンテルン首脳と、スペイン中央政府首脳には、階層としての利害の一致があり、階層意識が似ていて、互いに同じ階層としての立場を守り助け合った。

スターリン時代、官僚制が確立し、その上層部は、特権階級として収入、権力を欲しいままにする。ロシアには市民社会が成立せず、皇帝支配の時代にも位階制があり、皇帝専制という、伝統・文化が社会の深層に強い岩盤としてあり、それがロシア革命によっても崩れなかった。その文化的岩盤が、スターリン時代をもたらしたものだと私は思っている。

そして選挙で選ばれたスペイン中央政府の首脳陣は、悪い言い方をするなら労働貴族とでもいえる階層である。スペインの社会を見ると、西ヨーロッパの国々よりも、どちらかというと革命前のロシアに似ている。あくまでも比較なのだが。そういう土壌から生まれた政府首脳陣。このロシアとスペインの支配層に上った高級官僚が、自分たちを危険に追い込む可能性のある異分子を排除した。

以上が考えた結果なのだが、ここでフランスの場合と比較すると、より鮮明になってくる点がある。つまりフランスではなぜ内戦にならなかったか？である。

①産業革命の影響により、緩やかな囲い込み運動が起こり、農業労働者が都市に移動し始める＝中世的農業共同体が解体し、個人主義の権利意識が強化される。最終的にはフランス革命によって、ほぼ農民への農地の分割、農地改革が完了していた。

②フランスの反ファシズム統一戦線政府へ共産党は参加せず、閣外協力で臨んだ。こうなったのは①とも関連しているが、当時のフランスの文化的背景が影響しているだろう。スペインが内戦になったのは、宗教改革がなかった。つまり産業的立ち後れのため、中世的社会構造、意識構造が色濃く残っていた、ということだろう。

全共闘運動とベトナム戦争

次に全共闘運動の描写に移りたい。当時、全国の大学、高校に紛争が勃発、拡大し、各大学、高校ごとに、授業料値上げ、使途不明金の発覚など、それぞれ別々に紛争原因は違っていた。しかし、その根底には、その時代の最大の問題としてベトナム戦争があり、それは、あの時代を色濃く特色づける戦争だと言っていい。したがってまずベトナム戦争を取り上げたい。

ベトナムへは、中国の代々の王朝が支配しようとして進出し、史上何度もベトナムが独立を守ろうとして戦ったことは前にも書いた。そして一八〇〇年代後半ともなるとヨーロッパ諸国も進出し始め、ついにフランスの植民地になる。

日露戦争で東洋の日本に注目し、日本留学を目指す、ドンズン（東族）運動が始まったというのも前に書いた。その他にも、さまざまな独立運動家が現われ処刑されたりしたが、なんといっても最大の勢力を得たのは、民衆を基盤として運動を進めた、ホ・チ・ミンだろう。

彼らがなぜ共産側として闘ったのか、その歴史的背景を簡潔に表現している文章があるので引用したい。

「一九二〇年一二月二六日、フランスのトゥールで開催されたフランス社会党一八回大会でインドシナ代表として発言したことにある。……

この大会でフランス社会党は分裂し、左派は共産党を創設し、コミンテルンに参加したが、グエン・アイ・クォックも植民地問題を追及するとの意見を支持した共産党に参加することになる。かれはヴェトナム人ではじめてフランス共産党員となった。この理由について、のちのホ・チ・ミンはこう言っている。

『わたしが何よりも知りたかったのは、どのインターナショナルが植民地諸国人民の肩をもつかということであった。ある集会で数名の同志が答えた。それは第三インターナショナルだと。『リュマニテ』に掲載されたレーニンの『民族と植民地問題についてのテーゼ』を読めといって貸してくれた。何度も読んだ。何という感動、興奮、私はよろこびの涙を流した。これこそわれわれの解放の道だ。私をレーニンや第三インターナショナルへの信頼に導いたのは、はじめは愛国心であって共産主義ではなかった。一歩一歩、闘争を通じて、私はしだいに社会主義と共産主義だけが抑圧された民族と世界中の働く人々を隷属から解放できるのだと理解するようになった。もし植民地主義を非難しないで抑圧されている人たちを擁護しないというのなら、あなた方がやろうとしている革命とはいったい何かということにつきる。』」（『物語ヴェトナムの歴史』小倉貞男著）

なお、ここでいうグエン・アイ・クォックはホ・チ・ミンの仮名である。ホ・チ・ミンも本名ではない。

この「民族と植民地問題についてのテーゼ」を少しだけ引用したい。

「従属民族や、権利の不平等な民族のあいだの（たとえば、アイルランドでの、アメリカの黒人のあいだでの、等々）革命運動や植民地の革命運動に、すべての共産党が直接の援助を与える必要がある。」（『世界史史料（10）「20世紀の世界 1」』歴史学研究会編）

雨が降る。その雨は、小さな川に流れ、それらが大河に集まり、最後には海に注ぐ。それを阻止しようとして、何千人、何万人の人間が、河に入りスクラムを組んでも、水は何らかの流れで、最後にはやっぱり海に至るであろう。それは人力で変えようとしても変えられない、大いなる自然の理である。十九世紀は、帝国主義と植民地の時代だった。二十世紀は、民族独立と民主主義拡散の世紀である。これは人類史の大きな流れであり、奔流である。そのエネルギーの向かう方向は変えられるものではない。

そのうちの、民族独立をはっきりイデオロギーとして打ち出したのは、レーニンらである。ベトナムも、フランスに支配されてから、日本の助けを希望していたときもあった。しかし、それは失望に終わった。だから、ソ連などがはっきり、帝国主義反対、民族独立を唱えたとき、植民地国、地域の人々が、そこに希望を見いだしたのも当然である。西欧の国々が、それらの国々をわざわざ共産側に追いやったとも言えなくもない。

アメリカ合衆国が参戦したベトナム戦争は、これが戦争にならずに済む大いなるチャンスは二回あったと私は考えている。

第一回目は、第二次世界大戦で、ベトナムに駐留していたフランス軍を追いやった日本軍が、連合国軍に降伏し、ベトナム独立同盟《ベトミン》が独立宣言したときである。その後、フランスが歴史の大局を理解してベトナムに帰ってこなければ、戦争にはならなかった。しかし、フランスは植民地を失うのが惜しくてベトナムへ帰ってきた。このフランスの卑しい根性が、泥沼のようなベトナム戦争を招いた。

第二回目は、有名なディエンビエンフーの戦いで、フランス軍が降伏し、ジュネーブでインドシナ休戦協定を調印したときである。その協定の内容のポイントは二つあった。

① 北緯十七度線でベトナムを南北に分割し、北にベトミンなどいわゆる共産勢力が集結し、南へは、いわゆるフランス、米国側のベトナム内の自由主義陣営の勢力が集結する。

② 一九五六年までに総選挙を実施し、南北統一政府を樹立する。しかし米国と南ベトナムは、調印に参加しなかった。したがって総選挙は行われなかった。もし総選挙が行われていたらホ・チ・ミンが国家主席に選ばれていたのは確実だったといわれている。そして戦争も行われなかったであろう。

結局フランスが撤退した後をアメリカが引き継ぐのだが、その発表された理由は、ベトナムが共産化したら東南アジア全体がドミノが倒れるように共産化してしまう、といういかにも、もっともらしい「ドミノ理論」による。これは、すさまじいアメリカの反共ヒステリーからくる。

ベトミンのメンバーは北へ結集した。しかし、全て北へ移ったわけではなかった。家族を南に残してきた者もいるし、そのままひそかに、その地域に残った者もいた。アメリカの支援によってカトリック教徒のゴ・ディン・ジェム政権が南ベトナムにつくられるのだが、この政権は、これらのベトミン関連の人々や仏教徒などを、逮捕、拷問、虐殺し始めた。南に残った人々は、祖国の独立のために闘った仲間が虐殺されるのを、ただ黙って耐えなければならず、北の司令部の「武装蜂起禁止、政治闘争のみをやれ」という命令に、フラストレーションがたまり、北に武装闘争の許可を何度も求めた。ついに武力解放決定の「第一五号決議」が決議された。

ここらへんの事情は、カンボジアにおけるポルポト派による虐殺を見かねて、ベトナム軍がポルポト派打倒を目標に、カンボジアに救援に駆けつけたパターンと似ていると思うのは私だけだろうか。

一九七〇年度の米国アカデミー賞の作品賞、監督賞などの主要七部門を受賞した「パットン大戦車軍団」を見た人もいるだろう。第二次世界大戦で活躍した、アメリカのパットン将軍を描いた映画なのだが、その中でパットン将軍が演説で「これからは世界をイギリスとアメリカが統治する」と言って、その中にソ連が入っていないので国際問題になるというエピソードがある。たしか、英単語でルールという語が使用されていたと思う。字幕で何と訳されていたかは正確には覚えていないが、「支配する」「統治する」でも少し強い感じがする。コントロールするぐらいのニュアンスではないか。

こんな発想をしていたのは、世界史の中では中国人とローマ人が思い浮かぶ。彼らは、いずれも自分たちの文明の及ぶ範囲がすなわち世界で、その外は野蛮人が住む未開地であった。彼らの征服とは、すなわち蛮族を文明化することに他ならない。こんな考え方をする大国が、世界を分割し、勢力圏を競っていたのが冷戦時代というものだろう。

バルカン半島のように雑多な民族が複雑に混在しているのは紛争が起こりやすい。そして本来なら一つの国家を造っているはずの民族が、大国の力で二つに分割された国家に分かれているのも紛争が起こりやすいだろう。まさに「分かれたる家は立つこと能わず」（リンカーン）だろう。ドイツ、朝鮮半島、ベトナムである。これらの地域は冷戦の構図の中で生み出された世界史的悲劇の舞台だった。

ベトナム戦争は、そうした大国の思惑、特にアメリカの「われわれの力は強大で、弱小民族は、われわれが自由に統治できる」との思い上がりを跳ね返す戦いだった。その後の中東でのアメリカの振る舞いは、ベトナム戦争から何の教訓も学んでないように感ずるのだが。

私の記憶によれば、ベトナムに投下されたアメリカ軍の爆弾の量は、第二次世界大戦に使用された全ての爆弾の量を上回る、という統計がある。特にB52による爆撃は、何キロも離れた場所まで振動が伝わってくるほどで、北ベトナム側にとっても想像以上の破壊力だったらしい。ここに引用した本を書いた小倉貞男氏も戦後、北ベトナムに行ったら、知っていた都市や村で跡形もなく消滅していたところもあったそうである。

あの当時、アメリカ軍が使用した重要な爆弾の一つにナパーム弾がある。ナパーム弾は、確か中心温度が二〇〇〇度を超す。本によっては八〇〇〜一三〇〇度と書いてある本もある。ベトナム戦争は新兵器の実験場といわれ、戦争の途中、ナパーム弾の改良型、スーパー・ナパーム弾も登場したので本によって、こういう違いが出てくるのだろう。しかも、油状の液体が人体に付着すると取れず、そのまま燃えるそうである。この二〇〇〇度という温度、原爆にすると爆心地からどのくらいの距離の温度に相当するのだろうか。これは小さな原子爆弾が多数ベトナムに投下されているのと同じことである。「爆弾テロよりも、反撃できない空襲の方がもっと卑怯だ」（『この時代に想う／テロへの眼差し』

スーザン・ソンタグ著、木幡和枝訳)

広島の原爆死没者慰霊碑には、「安らかに眠ってください。過ちは繰返しませぬから」と書いてある。この記念碑に書いてあることはうそか、それともただ美辞麗句を並べてあるだけなのか。今、ベトナムで、同じような出来事が、起きているではないか。もともと学生運動が全国に拡大し、燃え広がったのは、一九六七年十月八日に、国会で安定多数を占めていた自由民主党の総裁で首相であった佐藤栄作が、ベトナムのアメリカ軍を激励に訪れるのを、羽田空港で阻止しようとして全学連が起こした羽田闘争がきっかけである。

全学連は、このとき初めて武装した。武装といっても、まだヘルメットを被っている人間は少数で、プラカードを持っている人が、それを振り回すぐらいのものだったのだが。このとき京都大の学生山崎博昭君が死亡した。この羽田闘争に私は参加していないのだが、この闘争は、われわれの同年代に計り知れない衝撃を与えた。私などは、「やったな!これだ!」と思った。

その時代、われわれの親の年代の人々は、ベトナム反戦運動に批判的で、私に怒鳴り散らす人もいた。戦争には必ず、スローガンや理由付けがある。それが「大東亜共栄圏」であったり、「ドミノ理論」であったりする。それらを単純に信じて批判するわれわれの親の世代の人々。なかには警察官の親と学生の息子が、ベトナム戦争のことで言い争いになり、どちらかが死亡するという悲劇も起きた。

私の高校の文化祭で、誰か有名な評論家を呼ぼうということになり、何人かの候補から一人を選ぶアンケートを取った。随分立派な内容の文章を書く、その候補の何人かは、日本が開戦したと知ったとき「すっきりした」などと戦争を肯定した人がいたことを後で知った。

われわれの若い時期の風潮では、先の戦争では、好戦的な軍部と軍国主義者に、一般国民が戦争に引きずり込まれたのであり、一般国民は、どちらかというと、被害者であるという論調が強かった。

しかし、私のあの当時の体験からすると、その判断は誤りであろう。やはり、一般国民も強さ弱さのトーンはあると思うが、なんらかの形で戦争を支持していたと思う。そう考えないと、ベトナム戦争当時の世間一般の風潮とわれわれの断絶は説明できないだろう。

軍国主義世代との対決

戦国時代の末期、その終わりを告げる戦闘の一つに関ヶ原の戦いがある。東軍と西軍とを合わせて二十万人以上の戦いであろう。その最後の最後、大坂城における戦いのピークでは、両軍合わせて三十万人を越える。

徳川時代の末期、明治維新のときの戦い、鳥羽伏見の戦いでは、新政府軍は約四千人。幕府側は、約一万五千人で、両軍合計しても、二万人にもならない。薩摩軍の主力は、たったの五百人と書いてある本もある。長州側では四境戦争という長州征伐では、長州側では町人などでつくったにわか軍隊、奇兵隊など諸隊を含めても、総兵力、約四千人である。幕府側は、おそらく、その数倍であろう。これで長州側は、幕府側を圧倒した。この戦国末期と明治維新の時代の、この戦闘における問題にならないぐらいの兵員数の違いは、どこからくるのだろうか。

それは、徳川期における地方知行制《じかたちぎょうせい》の廃止にある。例えば、徳川時代、二十万石の藩があったとする。その二十万石は、正確には、そこの殿様の収入ではない。そこの家来の誰某助が一千石、誰某門が百石というふうに、それぞれの土地を知行地として領有している。これを地方知行制という。だから藩としての収入は、その家臣の知行地を差し引いた分、例えば十万石が藩としての収入になる。もともと戦国時代というのは、それぞれの農場経営者としての武士が、自分たちの土地を守るために、大きくまとまって結び付き、武装自衛した時代である。

一番分かりやすい例としては、上杉謙信の例がある。この地域の武士団が、頭もよいし戦いもうまい上杉謙信を中心として団結していこうと結集したのが、上杉謙信領である。だから戦《いくさ》ともなると家臣は、何石につき馬何頭、兵隊何人と決まった数を引き連れて参加しなければならない。その場合、普段農作業をしているような家来を、連れて行ったりする。

しかし、徳川時代になると、各藩とも、財政赤字に苦しむようになる。そこで各藩は、藩政改革に取り組むようになる。そのときの大きな藩政改革の一つが、地方知行制の廃止である。家臣が所有していた知行地を取り上げ、藩直属の知行地にした。藩全体の土地から生産される農産物などは藩全部の収入にしたのである。そして武士は給金制にしたのである。この時点で、武士は鎌倉以来の一所懸命の武士、すなわち、農場経営者として命を懸けて土地を守る本来の武士から、単なる官僚サラリーマンになってしまった。

もし、明治維新期、武士が本来の地主的武士のままだったならば、世界の革命に比べて無血革命に近い明治維新は、もっと血を血で洗うような、血みどろの死闘になっていたに違いない。

別の言い方をするならば、明治維新というのは江戸期において少しずつ準備されていたということだろう。これを含むさまざまな藩政改革に成功した藩としては、長州藩がある。それによって生み出された余裕のある藩財政が、明治維新の軍資金になった。

どんな時代にも革新派と保守派がいるもので、この藩政改革に抵抗する連中もいた。この保革の闘い、あまり大っぴらになると「藩おとり潰し」になるので隠微になる。よってこの時期、各藩に「……騒動」という派閥闘争が起こる。

しかも徳川期、士農工商の身分制度が固定し始め、兵農分離が進み、戦争は農民には、あずかり知らぬ、武士の専売特許になる。半農半兵の身分の人々は消滅した。こうして明治維新は純粋に武士だけの少人数の戦闘になった。奇兵隊や新撰組の例外はあるが。

だから明治期になって、徴兵制が敷かれると、徴兵制に反対する一揆がおこる。農民にとって、徴兵制は、労働地代としての賦役《ふえき》が増えたと感じたのかもしれない。徳川期、さまざまな要求の下に一揆が起こるが、末期になるにしたがって、この賦役に反対しての一揆が増える。大名行列に、長い槍を持って「下に下に」と歩く人もいるが、この人なども徳川初期には賦役で動員された人である。

これが徳川末期になると、賃金で雇われた人夫の仕事になる。徳川期は表面だけ見ると、あまり変化が感じられないが、実は三百年の間、変化しているのが分かるであろう。くどいようだが、こうした変化が明治維新を準備した。

明治初期、政府が徴兵制を根付かせるのには、工夫が必要だった。天皇制だって、そうに違いない。将軍は知っているが、天皇とはそもそも何なのか知らない庶民はいっぱいいたに違いない。演出、教育、憲法、これらによって習慣化されていったに違いない。

大政奉還は一八六七年。戦争のための国家総動員法は一九三八年である。その間、約七十一年。軍国主義のマインドコントロールは成功した。先の大戦では、あれだけの兵数が徴兵され、前線においても、銃後においても、立派な人間というのは、戦争に積極的に協力する人間という価値観が成立する。日本人は「おとなしい羊たち」になった。(ロベール・ギラン著『日本人と戦争』、ルース・ベネディクト著『菊と刀』など参照)

日本がポツダム宣言を受諾して第二次世界大戦を終えたのは一九四五年。われわれのベトナム戦争反対の学生運動のピークは一九六八年、その間、約二十三年しかたってない。

戦前の封建的社会構造の上に立つ、天皇を中心とした絶対主義的軍国主義社会における意識構造。

それは、権威を必要以上に恐れ奉り、自分より偉い者、目上の者にはぺこぺこして、自分より貧しい者、劣っていると思われる者、身分の低い者には威張り散らす。その劣っていると思われる者というのは、他の民族だったりする。それらの民族は、人間という本質の部分では、自分たちとそれほど違わない同じような人間であるという発想ができない。つまり国際的な発想ができない。

そして、戦争に反対する者は、赤とか、共産主義者と言って、あたかも火付強盗に対するように忌み嫌う。こういう人間が、全てではなかったが、社会的地位、階級によっても濃淡の違いがあるにせよ、われわれの親の世代には多かった。むろん、決して多数派ではなかったが、同年代にもいた。これはベネディクトのいうように、日本人の秩序と階層意識から来るものだろう。

太平洋戦争が始まると、アメリカ合衆国に住んでいる日系人が、敵性外国人として収容所に入れられた。何を勘違いしたのか、南米大陸に住む日系人も、わざわざ収容所に入るためにアメリカ合衆国に行ったというエピソードを、確か三十歳代のころ知った。「偉い江戸の将軍様のお決めになったことだから、皆従わなければいけない」と思ったんだろうな、となんとなく納得したのを覚えている。二十歳代の知り合い数人に、その話をしてみると、皆「分かる、分かる」とうなずいた。日本人なら、なんとなく分かる。

これなどは個人主義の強いフランス人には理解できないだろう。夏目漱石の昔から、個人主義的傾向が強いイギリス人も同様だろう。自我の確立や個人主義の強さというものも、農村共同体の解体の時期と関係ありそうだ。解体が古い時期に行われるほど、個人主義が広がりをみせる。

明治維新後、外国に行った夏目漱石ら知識人が、日本と西洋との文化葛藤に悩んだように、ロシアにおいては、何百年も、その西洋との文化の乖離《かいり》に苦しんだ。われわれはヨーロッパなのか、それともスラブなのかという問いは、その根本原因が社会構造にあるというのが、これまで書いてきたとおり、私の結論である。その基本構造である三圃制農業による村落共同体に当たるのが、中国では宗族であろう。

この宗族とは祖先崇拝的な、男系による氏族血縁共同体である。先祖の霊が祭られている。彼らは何世代にもわたって、一族が一定の限られた地域にまとまって住む。この宗族は、地域差はあるだろうが、人口を外に出さない。人口が増え、村落外に面積的余裕がない場合、一人当たりの耕地面積は低下するであろう。その場合、宗族同士の争いが発生するであろう。その争いに敗れて、他の地方へ集団で移動して住みついたのが、客家《ハッカ》であろう。これほど強い団結力を持つこの宗族、日本の伝統にはない。

その発生原因を考えてみる。

①中国では長子相続制が成立しなかった。

パール・バックの中国を舞台とした小説『大地』の中で、主人公の家に長男と次男の家族が一つの家に同居しているが、これは長子相続制が成立していないからである。

日本では、長男が相続し、次男、三男は新田開発による分家という形で別の土地で独立したり、都市に出て商工業を営む。つまり、共同体からの分離、すなわち人口を外に吐き出す。しかるに、長子相続制が成立しなかった中国では、共同体からの分離という動きは働かず、ある一定の地域に固まって住む。よって人間関係が嫁と姑どころではなく極めて複雑怪奇になる。中国人を理解するには、彼らはこのもつれにもつれた人間関係の中で成長したということを知らなくてはならないだろう。

②大陸であり、人口が多く、広く、皇帝はあまりにも遠い。

陸伝いに騎馬民族など他民族の侵入の恐れが常にあり、こういう大陸では、ヨーロッパと同じように、城のように壁に囲まれた場所に住む。彼らは自分自身で団結して守らなければならない。彼らはしたがって、内と外という概念が強い。身内と感じた内部の人間同士では融通し合い、助け合うが、外の人間には無関心だったり、極端な場合、敵とさえ思われてしまう。

グルメの漫画で、中国人の青年が、自分の店を持とうとして、出資してもらうために、一族の長に料理の腕前を披露するというストーリーがあった。このように宗族というのは、銀行業務、社会保障、一族の繁栄など、国家や行政が行うことを、まるでミニ国家みたいに遂行する。中でも、頭のよい子供には、英才教育を施し、科挙を受験させる。

武士階級のない中国では、科挙に合格した者が進士となって政権を担う。「読書階級」が官僚になるわけだが、こうした中央政権から派遣された高級官僚は、住民数万人、数十万人に対して一人ぐらいである。よって地元の読書階級の者を役人として取り立てる。しかし、中央政府から派遣された官僚の給料は安い。それだけでは生活できないほどだ。しかしながら、賄賂で彼らは肥え太る。最初から賄賂を前提としているのだ。

一八三九年のアヘン戦争の折、実質的な中国側の総司令官ともいうべき林則徐《りんそくじょ》が北京から広州へいく途中の町々、村々へ、一切の接待その他無用の通達を出した。これは、こういう高級官僚が任地に赴く場合、その移動の途中だけでも賄賂でちょっとした一財産をつくれるということを意味する。まれに見る清潔な人物だった林則徐は、それを止めよ！と言ったのだ。

もし宗族の一人か二人でも、高級官僚になったなら、法治ではなく人治の国では特に、宗族内部で融通し合って、宗族全体の繁栄に寄与するだろう。だから、宗族内の一人の陰謀、犯罪、謀反が発覚した場合、その罪、宗族全体に及んだりする。中国における賄賂は、私も身内の一員にしてください、という意味合いがあるのかもしれない。

現在の中国の官僚の腐敗は、共産党政権だからではなく、古代からの生活習慣だというのが分かるであろう。こういう生活文化として定着しているものを根絶するのは極めて難しい。日本人に、正月に初詣するなぐらいのことかもしれない。

少し変則的だが、日本の戦前の軍国主義というものを考えるとき、日本全体が天皇家を本家とする一つの大きな宗族になったと考察するのも、一案かもしれない。

言いたいことはこうである。たとえ革命があろうとも、憲法が変わろうとも、人間の伝統、考え方には核のように、なかなか変わらない芯のようなところがあり、われわれの時代の全共闘運動というのは、軍国主義教育を受けた世代と、戦後の民主的教育を受けた世代との文化闘争的要素が多大にあったということである。

前にも少し触れたが、革命とは、習慣、考え方、価値観の変化、すなわち文化革命的要素を伴う。いくら憲法が民主主義の憲法であっても、その社会の住民の意識、価値観、習慣に封建的要素が色濃く残っているとしたら、その社会は、民主主義的になったとはいえないだろう。そこに住む人々の意識、習慣が民主主義になって初めて民主主義になったといえるだろう。

極端だが、分かりやすい例を上げよう。

「第一二五条、勤労者の利益に適合し、かつ社会主義制度を堅固にする目的で、ソ同盟の市民に法律によりつぎのことがらが保障される。

(イ) 言論の自由
(ロ) 出版の自由
(ハ) 集会および大衆集会の自由
(ニ) 街頭行進および示威運動の自由

市民のこれらの権利は、勤労者およびその団体に対して、印刷、用紙、公共建造物、街路、通信手段およびその他これらの権利を行使するために必要な物質的条件を提供することによって保障される。」（『人権宣言集』高木八尺、末延三次、宮沢俊義編、山之内一郎訳）

これは一九三六年のソビエト社会主義共和国同盟憲法、通称スターリン憲法である。当時、ソ連は、この憲法のことを、世界で最も民主的な憲法と言っていた。しかし、この憲法は紙に印刷された字のみで、現実のソ連社会は、こうなっていなかったことは、誰でも知っている。このことの意味はこうだ。いくら民主的な憲法を持とうが、国民一人ひとりの考え方、文化、習慣が民主的でない場合、その国は民主的でないということだ。国民一人ひとりの考え方、権利意識が民主的になって、初めてその国は民主的であるといえるということだ。

それは日本にもいえる。日本は第二次世界大戦後、民主的憲法を持った。だから民主的な国になったわけではない。国民一人ひとりの思考様式が民主的になって、初めて民主的になったといえるのだ。

われわれの時代でも、親の世代は「戦前と戦後とは全然違うのに、まるで今の日本社会を戦前の社会のようにいっている」というい方で反戦運動を批判する人が結構いた。確かに、戦後の社会の変化は、古い世代にとっては、大きな変化だと感じたのかもしれない。しかし、われわれの世代にとっては、戦前の考え方、習慣が色濃く残っているとんでも社会だった。

私はよく「本質的には、変わってない」と言い返したものだ。その意味は「いくら憲法が変わっても、人間の生活習慣、伝統的な思考が変化しなければ、変化したことにならない」というものだが、よく伝わらなかったようだ。文化の進歩は、古い世代と新しい世代との摩擦によって変化していく。むろん、それは必ずしも進歩ではなく、頽廃だったり、単なる変化だと主張する人もいるだろう。しかし、われわれの時代は軍国主義世代から民主世代への確かな進歩だった。

ベトナム戦争と『ラッセル法廷』

ベトナム反戦運動は日本だけでなく、全世界でも、われわれの世代を中心として、大きなうねりとなった。

アメリカにおいて大きな転機になったのは、ナパーム弾の製造会社であるダウ・ケミカルがウィスコンシン大学において就職説明会を行ったことにある。学内での就職説明会に抗議し、何名かが座り込みを行った。それに対し、大学側は警官隊を導入、警棒で何人も血を流し、学生側は投石で対抗、学内は騒然となった。その後、そうした動きとは無関係と感じていた他の学生も、全学ストの流れが強まるにつれ、反戦側につくか、戦争遂行側につくか、態度決定を迫られたという。

こうした軍需産業は各州にあり、中には、かなりの労働者を雇用している州もある。手元に具体的な統計はないが、銃器産業から政党への献金によって、アメリカでは、なかなか銃規制が進まないように、アメリカの巨大産業である軍需産業から大量の政治資金が政界に流入しているのだろう。軍需産業にとっては、戦争を行えば行うほど、戦争が長引けば長引くほど、もうかるだろう。支払いは、政府というお堅い所だ。

しかも軍需産業は、マスコミュニケーションや映画などのエンターテインメント会社とも資本のつながりが、あるかもしれない。そこでは、正義のために戦う英雄というのが宣伝され、それを信じる純朴な人々と、戦場になる貧しい人々の犠牲の上に、死の商人は肥え太る。

先の大戦において、日本人も空襲や地上戦を経験したが、今ベトナムの人々が、かつての自分達と同じ悲惨な状態にいるというふうに、ベトナム人の立場に立って考えることができない日本人がいっぱいいた。

同じことを何度でもいう。あの「安らかに眠ってください。過ちは繰返しませぬから」というのはうそか。それとも言葉だけのスローガンなのか。今、同じことが起きているのに、なぜ反対しないのか。確かに、ナパーム弾と原爆を一緒にするのは無理だという意見もあるだろう。それなら、先の大戦では、ナパーム弾と同じ焼夷弾が、東京大空襲で大量に投下され、その結果約十万人が死亡した。その体験から何を学んだのか。

もしかしたら、われわれより上の年代の人々にとっては、ベトナム戦争は、朝鮮戦争のイメージがあったのかも知れない。しかし、朝鮮戦争は国連決議に基づく戦争であり、その戦争における米軍は国連軍である。しかし、ベトナム戦争は、国連決議に基づかない戦争であり、ジュネーブ協定という国際的約束事を無視した戦争である。アメリカの行っていることは、国際法からみると違法である。しかるに、アメリカ大統領が戦犯の罪に問われたという話は聞いたことがない。

何の物理的強制力もないのだが、当時、アメリカの戦争犯罪を裁く民間の法廷が開廷された。イギリスの哲学者バートランド・ラッセルの提唱による戦争犯罪国際法廷である。通称「ラッセル法廷」。

第一回は、一九六七年五月二日〜十日。

第二回は、一九六七年十月二十日〜十一月五日。

場所はいずれも、スウェーデンのストックホルムである。

こんな催しを成功させる鍵は、いくつかあるのだが、その一つに、高名で権威あるメンバーを参加させるというのがあるだろう。それはラッセルの呼び掛けに応えた、ジャン＝ポール・サルトルやシモーヌ・ド・ボーヴォワールらの参加によって一挙にかなえられた。裁判の途中、世界に報道されるや、ナチにより拷問された経験のある作家などが駆け付け、飛び入りで証言台に立ったりした。

ここで、バートランド・ラッセルの「人類の良心に」という文章から引用したい。

「われわれは、一九六六年に戦争犯罪法廷を提案したとき、いまの情勢がニュールンベルグ裁判をもとめたときの状況に類似している、と主張した。われわれはいま、二十五年前にユダヤ人がガス室で絶滅させられた当時に世界が感じたのと同じような気持でいる。われわれは、ベトナムでおかされている犯罪に抗議して発言するのをおさえることができない――いやむしろ、叫ばざるをえないのである。」（ラッセル、サルトルほか『ラッセル法廷』ベトナムにおける戦争犯罪調査日本委員会編）

もう一つの成功の鍵は、どのような権威ある普遍的な国際法で裁くか、というのがあるだろう。さまざまな国際法が引用されたようだが、主要なものを挙げると、

○ハーグ条約、これは一九〇七年。第二ハーグ平和会議で改正されたハーグ陸戦条約のことだろう。

○パリ条約、一九二八年の通称、ケロッグ＝ブリアン条約による武力行使の禁止。

○国連憲章、国連憲章は国際法と同じである。

○その他、国連総会で採決された数々の条約。

中でも、一九四六年十二月十一日に国連総会にて満場一致で決議された「ニュルンベルク裁判所条例によって認められた国際法の諸原則」通称「ニュルンベルク憲章」である。

ニュルンベルクは第二次世界大戦後、ナチス・ドイツの戦争犯罪を裁く法廷が開かれた場所で、その裁判は「ニュルンベルク国際軍事裁判」といわれる。ちなみに判決が出たのが一九四六年十月一日である。

これらの国際法は文句なしに普遍的意味を持つであろう。

日本からも日本委員会が参加し、ベトナムへ現地調査団を派遣した。国際法廷に参加したメンバーの中で、日本側が強調したのは、アメリカがベトナムの独立、自由、領土保全、主権などの民族の基

本権を侵害しているということだそうである。（前掲書）

ラッセル法廷には西洋人メンバーが多く、無意識的に西洋の価値観で物事を見てしまうが、日本はアジアからの視点で見るので強調する点が違ってくる。この民族の独立を強調するのは、アジア各地が西洋に屈伏し、早く近代化し、富国強兵の道に進まなければ、日本も同じように植民地になってしまうという、明治維新時の危機感からくる精神でもある。当時、アメリカに協力していた日本政府は、そのアジアの精神を忘れ、自主的に考えるのではなく、アメリカの言いなりになる奴隷根性の政府だった。

この『ラッセル法廷』で戦争犯罪として取り上げた事項のうち、ほんの一部、数例を挙げたい。

①前に挙げたナパーム弾は当然だが、当時パイナップル爆弾、ボール爆弾と呼ばれていた、CBU爆弾がある。これはパイナップル型や、ボール型した爆弾が、空中、もしくは地上、または何かの物体に接触した場合、爆発し、小さな鋼球、数十～数百個を速いスピードで放出する散弾型爆弾である。この爆弾は、硬い人工建造物・岩・土のう、つまり軍事施設などは破壊できず、もっぱら人間殺傷兵器である。この爆弾が近くに軍事施設がない場所、のどかな田園や人口密集地に大量に投下された。女性・老人・子供を含む多数の民間人が犠牲になった。これはナチスが行った大量虐殺犯罪と同罪である。

②ゲリラ部隊の基地となっているジャングルを丸裸にするため、アメリカ軍は枯葉剤を大量に散布した。その中には猛毒のダイオキシンが含まれており、その枯葉剤を浴びた妊婦が奇形児を産んだことは、今では周知のこととなっている。アメリカ兵ですら、この枯葉剤に触れてがんになった者もいる。この枯葉剤、これは化学兵器に相当し、化学兵器、毒物を使用することは国際法違反の戦争犯罪である。

③そして、戦略村。ゲリラを形容するとき、海の中を泳ぐ魚に例えられる。海は民衆であり、ゲリラ兵は魚である。民衆とゲリラを切り離すために、鉄条網で囲まれた戦略村をつくり、今まで生活していた地帯から農民をその鉄条網の中に移し、その中で生活させた。このことは、第二次世界大戦中のユダヤ人や政治犯をアウシュビッツなどの強制収容所に入れたことと似ていないか。この強制移住、これも戦争犯罪である。

④ナチス・ドイツがオランダに侵攻したとき、オランダの経済生活を破滅させるために堤防を破壊した。それを行ったナチスの高官は、戦争犯罪者として戦後死刑となった。アメリカもベトナムの食料悪化を狙い、堤防を決壊させようと、意図的に何度も堤防を爆撃した。これも、戦争犯罪である。

⑤学校、療養所、寺、教会も爆撃した。特に病院は、執拗に狙ったように爆撃されたという証言、調査団の報告があった。特に北ベトナムの小中学校は、穴を掘って地下へ避難したというのは、当時、知らない者がいないぐらいだった。これら民間施設を爆撃するのは、国際法違反の戦争犯罪である。

⑥国境を越えて他国の領内で、アメリカ軍と南ベトナム軍が戦闘行為を行ったという、当時のカンボジアのシアヌーク政府側の証言があった。これは一国の主権、領土保全に対する国際法違反である。

⑦一九五四年のインドシナ休戦協定、通称「ジュネーブ協定」違反。このことは、ちょっと説明が要る。

一九四一年、フランスの植民地からの独立を目指すホ・チ・ミンらは、ベトナム独立同盟（通称ベトミン）を創立。

一九四五年八月十五日、日本軍が連合軍に無条件降伏し、ベトナムの歴史が大きく動く。

八月十七日、日本によって擁立されていたバオダイ帝が元首のベトナム政府の首相、チャン・キョン・キム内閣によるハノイ集会が、いつの間にかベトミンの旗で埋まり、ベトミンの集会になってしまった。

八月十九日にはハノイに幹部が到着し始め、ベトミンの大集会が開かれ、その後二十万人のデモ行進に移る。

八月二十四日には、フエに居たバオダイ帝がベトミンの要請に応じる形で退位する。

九月二日、ホ・チ・ミンが書いた有名なベトナム民主共和国独立宣言が発表される。

この後、フランス軍が戻って来て、ベトミンとの武力衝突が始まり、一九四九年には、フランスにより、バオダイ帝元首によるベトナム国が造られる。

フランスは国家予算、つまり軍資金が豊かでなく、ベトミンの攻勢を共産主義の侵略と宣伝し、アメリカからの資金援助の引き出しに成功する。もしこの援助がなかったら、フランスはもっと早く撤退していた。

一九五四年五月七日、ディエンビエンフーの基地にこもっていたフランス軍が包囲され、全滅の危機に陥り降伏。

七月二十日（七月二十一日の説あり）、ジュネーブで休戦協定調印となる。会議に参加したのは、米、英、仏、ソ連、中国（共産側）、ベトナム民主共和国、バオダイ帝のベトナム、ラオス、カンボジアである。しかし、アメリカとバオダイベトナムは調印しなかった。

このときカナダ・インド・ポーランドの三カ国よりなる国際監視委員会が創られる。

この時点で、ベトミン側は北へ、フランス側は南へ集結し、一九五六年には全国統一総選挙する予定を決定していたと前に書いた。

北と南へ、それぞれ集結したのは、あくまでも、当面の戦闘を避けるための暫定的処置であり、北ベトナムという国や南ベトナムという国ができたわけではない。そこにあるのは、あくまでも、ベトナムという一つの統一された国である。だから後に、アメリカ政府が、北ベトナムの人々が、家族に会いにいくために、南へ移動するだけでも、共産主義の侵略と騒ぎ立てるのは、理屈に合わない、手前勝手な言い分である。

そして南にゴ・ディン・ジエム政権というかいらい政府をつくり、その政府と軍事同盟を結び、軍事基地をつくり、兵器を増強する、これらも皆、休戦協定違反である。

確かに、アメリカもバオダイ（ベトナム）も協定に調印しなかった。

ならば、国連憲章第二条を読んでほしい。全ての加盟国は国際紛争を武力でなく、平和的手段によって解決しなければならないと、うたっている。もし、アメリカがジュネーブ協定を守っていたならば、戦争にならなかった。そして、総選挙が行われたなら、ホ・チ・ミン側が間違いなく勝利するだろうというのが、アメリカも含む、全当事者の確信だった。

再度『ラッセル法廷』より引用したい。

「以上の歴史的事実を概観しただけでも、南北ベトナム全体にわたる統一国としての資格と実力をそなえているのはベトナム民主共和国であり、その政府が唯一の正統政府であって、それ以外には存在しないことが証明されている。」（日本委員会）

かくて、アメリカと、その呼び掛けで参戦した、オーストラリア、ニュージーランド、韓国に有罪の判決が出て、ラッセル法廷は終了した。爆撃のための基地を提供していたタイと、後方基地の役目を果たしていた日本への共犯としての審理は、次回に回されたが、諸事情で二回で終わってしまったので、結局は審査されなかった。

私にいわせると、もともと、ベトナム領土内に、アメリカ軍がいること、それがそもそもベトナム民主共和国の主権、独立、統一、領土保全への侵害である。

この「ラッセル法廷」は、なんの強制力もない民間の国際法廷である。無駄な試みだったのだろうか。そんなことはないと私は思う。アメリカや世界の世論に少しは影響を与えたと確信している。それが、ファシズムや軍国主義国家の時代との違いだろう。人類は、それだけの進歩はしているはずだ。

実は、あの当時、頭の中では考えていたが、周囲の人間には決していわない事柄があった。

その中の一つに、南北ベトナムどちらが勝ってもよい。ベトナムは南北が統一さえしたら戦争は終わる。長い目で見たら結局は同じことになるのだ。とにかく戦争が早く終わったら復興も進み、次第に豊かになるだろう。とにかく平和が大切だ。朝鮮半島を見よ。本来同じ一つの国家を作るはずの民族が、二つに分かれているのは悲劇の原因だ、と頭の隅で少し考えていた。

しかし、と続く。現実を見ると、一九六〇年、南ベトナム解放民族戦線が結成されるのだが、そのメンバーが、南ベトナム政府軍の隅々まで浸透し、政府軍の作戦は解放戦線側に筒抜けだった。それに、アメリカ側が戦略村をつくらざるを得ないということは、解放戦線側は幅広い民衆に支持されているということだろう。それに正義や正統性は北側にある。それだからこそ北側は最後まで諦めないだろう。

では自分は何をしたらよいのだろうか。アメリカを撤退させること。そしたら、全く民衆の支持がない、南ベトナム政府は自動的に倒れるだろう。そうしたら戦争は終わる。そんなことを漠然と考えていた。その考えは、自分の行動の基準となっていた。この「長い目で見たら結局は同じことになるのだ」というのは、たとえ共産側が勝っても、条件が整えさえすれば、民主化するという意味もある。この条件とは何か？ と考えていけば、ある国がなぜ民主化できないかの答えも出てくるだろう。

ベトナム解放区・農業問題・フィリピンの武装ゲリラ

当時、解放戦線側が支配する解放区という地区があり、それが、かなり広い面積を持ち、特に夜間においては、南ベトナム政権側がコントロールできるのは、都市と道路の点と線のみであるといわれていた。この解放区、単に解放戦線側の支配する地区という意味ではない。地主を追放した地区という意味でもある。この農地改革、ベトミン時代に既に行われている。その後、カトリックのゴ・ディン・ジエム政権が再度、土地の所有権の整理を行おうとして、小作人と地主の双方に大混乱をもたらした、という歴史的経過があり、決して単純ではない。

ここでは、解放区というのは、地主が追放された地区、南政府軍支配地区というのは、地主と小作人が存在している地区と単純に考えると分かりやすい。

同時期、日本国内では、成田空港建設関連で、土地収用に反対する三里塚農民の運動があり、それに反代々木系の学生運動諸派が応援共闘し、警察と反対派の双方に死者を出すほどの激しい闘争が繰り広げられていた。三里塚農民というのは、もともと開拓農民である。そしてこの本では、農場経営者としての日本史の中の武士を何度か取り上げてきた。

この、ベトナムにおける解放区と、三里塚闘争と、日本史における一所懸命の武士、この三つは全く無関係に見えるだろうが、実は深く意味内容において関連している。むしろ、人類の大部分が農耕民族だったことからくる、共通の習俗といってもよいだろう。

もし、小さな町工場が、これさえあれば、食いはぐれがない、世界に一つしかないような最新式の機械を何年もかけて開発したとしよう。しかし、都市開発で引っ越さなければならなくなった。この町工場は、この機械を一緒に持って行けばよい。

農業の場合はどうか。農業というのは、土地そのものに改良を加える。引っ越そうと思っても、その土地は持って行けない。分かりやすい例としては、フランスのワイン産業があるだろう。ワインの良しあしはブドウの出来によって大きく左右される。そのブドウの良しあしは、土壌、風、日光、水はけ、温度、湿度、雨などによって決まる。すぐ隣同士の畑でも、片方は一本、数万円のワインを生産できるが、もう一方は、一本、数百円のワインしか生産できなかったりする。

このことを、少し歴史軸を交えて考えてゆくと、フランスはキリスト教の国であり、キリスト教の儀式に使用されるワインは必需品である。だからどんな村でも、かつてはワインを作っていたであろう。そのワインの生産が名産地に集中するようになったのは、おそらく商品流通が盛んになってからであろう。かつては運輸に便利な川のほとりの生産地などが有利だったに違いない。すなわち立地も重要な要素になってくる。そして、その土地で生産を上げれば、上げるだけ自分の生活が豊かになるから頑張るであろう。

この農業と土地の経済的意味は『資本論（八）』の、「差額地代」で展開されている。リカードウの『経済学および課税の原理（下）』にも、同じような理論が展開されている。興味のある方は、そちらを参照願いたい。

つまり、農業の場合、土地そのものが重要な生産手段で、その持っている土地によって、農民の社会的地位、立場、生活習慣、伝統、生きがいが決定される。土地に資本を加え、その改良された土地は、持って引っ越しはできない、というのがみそである。

アメリカ軍が、ここに住んでいると危険だといって、老農夫を南政府支配地域に移住させたことがあった。しばらくして、元の場所へいくと、元の住民が戻って住んでいたりした。このように、おそらく何代にもわたって、そこに住み続けている農民の土地への愛着を理解せず、農民を土地から切り離す。アメリカは、こうしたやってはいけないことを、やってしまったのだ。

あの時代、ニュース映画、報道写真には、田園の中を、たわわに実った稲を押し倒しながら、アメリカ軍、南政府軍の戦車、軍用車両が進んでいるのが写っていた。これでは、インドシナ半島の農民の心を捉えることはできないだろう。それだからこそ、ますます武力に頼らざるを得なくなるのだ。

一九五五年公開のジェームス・ディーン主演、ジョン・スタインベック原作、レナード・ローゼマンの有名な音楽、母親役のジョー・ヴァン・フリートがアカデミー助演女優賞を受賞した「エデンの東」を見た人もいるだろう。

原作は読んでないのだが、舞台はカリフォルニアである。映画で主人公の父は、たしかレタスを汽車で東部へ送ろうとして、冷蔵のための氷が解けてしまい大損害を被る。主人公は父のために、その損失を埋め合わせようと、ひそかに農業に詳しく親しい人に学びながら、父と離婚し商売をやっている母に資金を借りて作物を育てる。そして、その年、大もうけする。この映画を見たとき、こんなにうまい話があるはずがない、これは、あくまでも物語の世界の中のことだと思っていた。この当時、日本の農家は、まだかなり貧しかった。大凶作などがなくなってきたのも、やっとこのころだったと思う。

それから何年もたって、石川好著『ストロベリー・ロード』を読んで、それは現実の話だということが分かった。この『ストロベリー・ロード』は物語ではない。カリフォルニアで農業をやっている兄を頼ってアメリカへ行き、そこで体験したことを書いたノンフィクションである。高校生活をしながら、日系人に交じって農作業を手伝ってる様子などを書いている。自分の土地を所有している人もいるが、一年契約で土地を借りて農業をやる人も、たくさんいる。その借り賃がとっても安い。これはイギリス史に出てくるヨーマンに少し似ているかもしれない。

その日系人の口から「農業はばくちのようなものだからね」というセリフが出る。その年の作物のでき、作った作物の市場動向、値段などによって大もうけしたり、大損したりする。自分の土地であろうと、借り手であろうと、そこには、封建的身分関係が全くない。一人ひとりが自分の責任でやる、意識の上で自立している自営農民である。

一九三一年、第四回アカデミー賞の作品賞など三部門を受賞した映画「シマロン」を見たことがあるだろうか。原作は映画「ショウ・ボート」「ジャイアンツ」の作者でもあるエドナ・ファーバー女史である。この映画の最初の方で「よういどん」で馬や幌馬車で一斉に走りだし、早く着いた者が、そこの土地を自分のものにできる。実はこれ史実である。

舞台は、スタインベックの小説『怒りの葡萄』の主人公一家がカルフォルニアに向かう出発地でもあるオクラホマである。もともと、ここはインディアンの指定保留地区で白人が入れなかった。この周辺が白人の開拓者で満杯になり、無断でインディアン地区に入る者が絶えず、ついに連邦政府は、インディアンから一部の土地を買い、開拓者に譲ることになった。一八八九年四月二十二日、その開放の日、早い者勝ち競争が行われた。その日一日で、後に州都になるオクラホマ・シテイができたといわれる。

それ以来、オクラホマ州のニックネームは「抜けがけの州」である。この史実は、英語ではランドラッシュといい、なんと映画監督のジョン・ヒューストンの祖父が実際に参加したそうである。この祖父、生涯放浪して歩いて「シマロン」の主人公に似ている。このタイプ、前に引用したエリクソンの『幼児期と社会』にアメリカ人男性の典型的な一タイプとして載っている。

そして「ドーズ法」よって、インディアンの個人名義による土地所有が進み、残りの土地にも白人が自由に進出できるようになり、他の州で、ずっと後まで残っていたインディアン保留地区は、このオクラホマ州では早くから無になった。映画でも、白人とインディアンが交じり合って生活している様子がよく描かれていた。

この狩猟民族や採取民族の部族やロシアの農村のように共同体単位でなく、一人の人格、個人が土地を所有するというのは、近代化、つまり個人の権利意識の成立にとって重要な意味を持つだろう。南北戦争の最中の一八六二年には二十一歳以上の家長に、一六〇エーカーの土地を無料で与える自営農地法ができている。

こうしてできた町や村は、すぐに保安官や町長を選挙で選び、自治で運営したであろう。民主主義というのは、町会や市会、州、各司法組織、各興業組織、スポーツ組織、学術文化組織、各組合、経営者組織などなどの自治組織の結集であり、その各自治組織が他の組織をチェックすることで成立している。

ヨーロッパにおいては、いわゆる町や市の自治の成立のためには、宗教戦争も含む、血の戦いによって、やっと勝ち取られたという歴史は、既に見てきた。

アメリカの歴史を見ると、中央政府は弱ければ弱いほどよいと考える勢力と、ある程度強くなければならないと考える勢力のバランスの上に立っている。

このように、歴史が浅く、われわれがいう封建時代というものがなく、土地が広く、早くから自治を行ってきたアメリカにとって、アジアやヨーロッパの農業を主体とし、土地の所有関係の争いが激しく、そうした農業と土地の関係の上に道徳や支配構造、文化、伝統が成立している、アジア、ヨーロッパの歴史的社会は理解できなかったのかもしれない。

今は下火になったが、フィリピンにおいて武装革命勢力の存在が問題になっていたときがあった。フィリピンは十四家族といわれる有力一族が、国の大部分の土地を所有している極めて変則的な国だが、それがこうした武装ゲリラの問題を生み出すのだろう。第二次世界大戦後、日本において農地改革をして多数の自営農民を生み出したアメリカが、なぜ植民地だったフィリピンに土地改革をしなかったのだろうと不思議に思っていた。

もしフィリピンがアメリカの植民地だった時代に土地改革をして農民が全部、自営農民になっていたならば、このような武装ゲリラ問題に悩まされることもなかったろう。

そんなことを頭の隅に残しながら、アメリカ史の類を読んでいると、フト思い付いた。第二次世界大戦後のアメリカのＧＨＱ（連合国軍最高司令官総司令部）による日本の財閥解体、農地改革などの諸改革は、極めて偶然がもたらした特殊な事案だったのだと。アメリカ人といっても、保守的な人もいれば、進歩的な人もいる。政治勢力もさまざまだ。当時のアメリカの政権は民主党政権で、これはニューディールを行った勢力だ。

戦後のＧＨＱには、その民主党内の左派勢力というべき人々が多数存在した。ＧＨＱ内部にも「愛すべきファシスト」などというニックネームが付けられた人もいたぐらいだから、そういった改革に反対の勢力もいた。現に改革側の人には、アメリカに帰ってから、反対勢力に暗に赤のレッテルを張られ、不運に見舞われた人もいる。

ロシア革命における貴族の打倒や、日本における財閥解体、農地改革も、私有財産の否定、個人の権利の侵害という、保守派にとっては到底容認できない事柄に触れるのだ。日本の戦後の改革は、ニューディールと世界大戦というとてつもないエネルギーの燃焼から生まれた奇跡ではないかと、私は勝手に思っている。

地上は通常の乗り合いバスで日本から東南アジア、インドを通り、ヨーロッパまでいくバックパッカーの本を読んだことがある。この本だったと思うが、東南アジアの国で食堂に入り、そこで女性が読んでいる雑誌をふと見ると、そこには日本の男性の青春スターの写真が載っていた、というエピソードがある。今ではこれは、韓流スターになっているだろうが、その東南アジアの国のスターを、自分は知っているかというと、一人も知らない。今では、昔ほどではないだろうが、日本人はアメリカの歌手、映画スターを実によく知っている。

しかし、アメリカ人が日本のスターをよく知っているかを聞いたら、それほどでもないだろう。同じ関係が、東南・南アジアと日本との関係にもいえるだろう。彼らが日本のスターを知っているほどには、日本人は彼らのスターを知らない。これは「下からは上がよく見えるが、上からは下はよく見えない」と表現すると分かりやすい。

当時、アメリカ側のベトナム戦争の責任者の一人で神童といわれた、マクナマラ国防長官は後で「ベトナム戦争は誤りだった。ベトナムの歴史や国民性をもっと知るべきだった」と語っている。彼らにとってベトナム戦争とは、インディアンと闘いながら西部開拓した延長だったのかもしれない。

おそらく彼らには、これだけの巨大な経済力、軍事力があればいまだ農業国の貧しい小国は、自分の思い通りになると思っていたのであろう。人民の心をつかみ、広範な人民の支持によって展開される人民戦争をアメリカは理解することができなかった。

ベトナムの前に、中国においても、蔣介石の国民党を支援し、中国共産党の人民戦争に敗れるという失敗を犯している。国民党への莫大な援助金は蔣介石ら幹部の懐へ多量に流れ込んだといわれる。そして、その教訓は、アメリカが中東で行っていることを見ていると、いまだもって生かされていない。

第八章　国家の文化的背景の考察

イギリス、ロシア、ドイツ、日本

ここでもう一度、比較のために西側諸国、特にイギリスに戻りたい。

とどのつまりは、われわれが中世とか封建時代とかいっている社会において、農民の生み出す経済的余剰の大部分を飲み食い、ぜいたく品に消費してしまう社会と、その余剰を新田開発や治水、かんがいなど、改良のために使用する社会を比較すると、前者は停滞的な社会になり、後者は進歩的な社会になるだろう。そして、その前者は保守的、権威的なイデオロギーの支配する社会であり、後者は進歩的改革的なイデオロギーの支配する社会だろう。それによって政治的統治形態も違ってくるだろう。

ヨーロッパの西側部分、特に今のイギリスにおいて、農村地帯にマニファクチャーが現われ、それが次第に近代的工場になっていった。もしその農村地帯で世界各地であったように、強い搾取があり、つまり農民が貧困にあえいでいるような社会であったなら、そういう現象は生じないであろう。なぜならば、その農村地帯にある程度、経済的余裕がなければ、仕事場を整え、道具を用意し、材料を買うことができないからだ。つまり初期資本が必要だ。そして利益を蓄積し、次第に機械を使用していくためにも、地代の安さが必要だろう。今では信用によって、金融機関から金を借りることができる。当時、そういうシステムはまだできていない。

これは今書いている時代より年代的にはだいぶ前の産業革命が、始まるちょっと前のことである。確かモンテスキューだったと思うが、フランス人の彼が、イギリスに行って夕方馬車に乗っていると、五、六人の農民らしい人々と出会った。「これからいずこへ行くのか」と尋ねると「領主の屋敷に行って食事をごちそうになる」との返事だった。そのことをフランスの友人に手紙で知らせた。「私は今、別の世界に居る」と。

フランスでは領主と農民が一緒に食事をすることなど考えられないことだったのだ。フランスでは身分制はカースト化していた。聖書でも誰と誰が一緒に食事をしたなどと書かれているが、この一緒に食事をするというのは、社会学的に見ると、ちょっと重要なことらしい。地代の安さや、こうした身分的なフランクさは、どこから来たのだろうか。

経済史の本などによると、二つの理由があるようだ。一つは黒死病《ペスト》の流行による人口減で、農民が少なかったこと。あまり過酷にするとよそへ移っていって働き手がいなくなるということだ。しかしペストの流行は全ヨーロッパの出来事であり、イギリスのみではない。理由としては弱いと思う。

二つ目は一三八一年のワット・タイラーの乱のような農民一揆による下からの突き上げ論だ。この説を強調するのは旧ソ連などの左派系の学者に多いように思われる。しかし同じころ、フランス側ではジャックリーの乱などがあり、農民一揆はイギリスのみではない。これだけでは弱いと思う。

今、年表を見ながら考えてるのだが、一二一五年にはマグナ・カルタ（大憲章）が現われる。このマグナ・カルタとは、王が諸侯や騎士、都市の代表の意見を聞かず、勝手に新しい税や、軍役、増税をしてはならぬという取り決めで、それ以後の歴史においても、「権利章典」など似たような法ができ、王が何度も、それらを守るよう誓いを立てられる。

一二二五年には、後の議会の原型である諸侯大会議が開かれる。ただ、そのころのヨーロッパでは、各国に同じような議会、諮問機関がつくられているそうだ。そこで議会、諸侯の力がなぜイギリスでは強くなったのかを考えなくてはならないだろう。

『物語イギリスの歴史』（君塚直隆著）などによれば、当時のイギリスには大陸側にも領地があり防衛のために海を渡って遠征しなければならず、フランス側より不利で、王領からの上がりだけでは軍資金が足りず、戦争のたびごとに各地の領主から徴収しなければならなかった。結局その負担は農民が負うことになる。それに比べフランス側では、戦場はすぐ近くにあり、しかも王領経営がうまく、王は自前の収入だけで軍資金が賄えたとある。

しかもフランスの場合、王の代替わりが長期間スムーズだったのに対して、イギリスでは何とか朝とかが頻繁に変わるように、王位継承がスムーズにいかず、そのたびごとに議会のような組織が内乱などの大きな混乱にならぬように、大きな役目を果たしてきた。

イギリスではこのように領主、諸侯などによる「議会側」が強く、それが農民からの強力な搾取への歯止めになったと考えられる。

日本の封建制と比べるのも面白いかもしれない。日本では「忠臣蔵」のように、一人の主君、一つの家に仕えるのが、社会的合意事項として認識されている。しかもそこには、主君に全人格を捧げるのが美徳との普遍的な徳目がある。

しかるにヨーロッパの騎士は、領主などの、その上の社会層に対しての主従関係は契約であり、Aという領主と契約しながら同時にBという領主と二重の契約を結んだりしている。もしAとBに戦争が起った場合、この騎士は、どちらを優先するかは、何らかの法則がありそうだ。

こんな社会から生じるパーソナリティーも、現代に受け継がれているようで、日本とヨーロッパの会社のカラーやサラリーマンの人生観にも、その違いが生じているように思われる。この違いも「下からの力の強さ」と解説している本もある。こんな歴史が、イギリス人のパーソナリティーを形成していったのであろう。

これらのことが総合的に農民への苛斂誅求《かれんちゅうきゅう》が少なくなった理由であろう。

私としては、それ以外にも、イギリスの地主側にある一種の余裕を考えてみたい。それは他の諸国に比べての社会全体の豊かさであり、別の言い方をすると、収入源が農業以外からも出てきたということである。

ここで人頭税徴収などに抵抗して農民が起こした、ワット・タイラーの乱における農民側の要求に注目したい。一つは「自由契約労働」である。これは農奴ではなく、今の賃金労働に近づいている。そしてもう一つは「生産物売買の自由」である。自分で作った物は、自分で自由に売ることができるということである。一九一七年のロシア革命まで生きていたクロポトキンによる『ある革命家の思い出』の中に、領地の中で自給自足で生活している中世的な人々が出てきたが、イギリスでは一三八一年ごろにおいて、すでにその自給自足が崩れているのがわかるだろう。そう商業である。しかし、商業が必ずしも、その地域を近代化するわけではない。

つまり封建的社会構造を掘り崩すわけではない。商業は大昔からある。中世のイタリア諸都市の遠隔地商業などである。大航海時代に入るとポルトガル、スペインが突出した。しかし、それらの国は産業革命に乗り遅れ、後にオランダや、それよりもまだ後進国だったイギリスに遅れを取るようになる。要するに、遠隔地商業ではなく、大塚久雄のいう「局地的市場圏」が自給自足的経済を崩していく。このことを考えるには、イギリスの地理的条件も考慮に入れた方がよいだろう。

イギリスも日本と同じように、陸地の一番奥の場所でも、大陸諸国と比べて海に近く、鉄道が現われる前の最大の輸送力、海運に便利だった。これなども比較的に流通を活発にさせた理由の一つでもあろう。

一三七六年には、ジョン・ウィクリフの宗教改革が始まる。英国国教会が成立するのはもっと後になるが、宗教改革とは、権威主義的カトリックから解放され、一人ひとりが独立について考えていく一歩になる。これがそれぞれが工夫しながら独立して商売していく、すなわち企業家精神の形成になるであろう。人類の歴史において知的アリストクラシー＝知的貴族制がある。宗教的知的アリストクラシーから、専門家的知的アリストクラシーへの変化も、一つの近代化である。

最初にマニュファクチャーを始めた人々はどのような人々だったのだろうか。それまでの生産方式、問屋制度から移行した人もいたろうが、それは少ないらしい。都市のギルド規制を嫌い、農村地帯に移ってきた職人が事業を始めた例もあるだろうが、それも少ないらしい。素人考えで、勝手に想像しているのだが、やっぱり現地で農業をやっていて、工夫に富んで、次第に実力を蓄えてきたも者が始めた例が多いであろう。そして最初の元手は、まだ近代的な金融機関などはない時代だから、親戚、家族、友人、近所の者から、かき集めた例が多いであろう。

われわれのいう投資とは、ケインズによれば、工作機械や工場を用意し、原材料や燃料を買い、労働者を募集することをいう。つまり資本とは、物質的資産や蓄積された貨幣のことをいう。

しかしながら、経済史の本を読んでいると「本源的蓄積」「原始的蓄積」を農民層の分解＝囲い込み運動による土地（生産手段）からの分離、一部農民の企業家への上昇、後にいうブルジョアジーとプロレタリアートへの分解と解説している場合もある。これらのことから、資本という場合、一つは物質的資本＝実物資産と、もう一つは社会制度的資本＝精神的資本と、二つの顔を持つと思った方がよい。今言っている資本は、どちらの面を言っているのか頭で捉える必要があるだろう。今ここで言っている資本とは〝元手〟とか、特に富の蓄積機能としての貨幣の塊のことである。

参考までに、本源的蓄積をマルクスがどう言っているか紹介したい。

「本源的蓄積は、生産者と生産手段との歴史的分離過程に他ならない。……資本主義社会の経済的構造は、封建社会の経済的構造から出て来た。後者の解体が、前者の諸要素を解き放ったのである。……かくして、生産者を賃金労働者に転化する歴史的運動は、一面では農奴的隷属と同職組合強制からの彼らの解放として現われる。……農業生産者からの、農民からの土地収奪は、全過程の基礎をなす。」（『資本論（三）』。もっと詳しく知りたい方は、この（三）の「いわゆる本源的蓄積」をお読みください。

今まで言ってきたイギリスのことは、ほぼ十三世紀から十四世紀のことである。しかるに、イギリスに産業革命が始まるのは一七六〇年代、十八世紀後半から十九世紀前半のことである。その間を長い「本源的蓄積過程」と捉えることもできる。その間に世界に起った重要な出来事は、二つある。一つは大航海時代＝重商主義の時代であり、もう一つは宗教改革である。大航海時代＝重商主義の時代とは、ヨーロッパにおける物質的資本の蓄積であり、宗教改革とは精神的資本の形成の一環として考えられる。

アジアの海を眺め回すと、最初に進出してきたのはポルトガルであり、しかも武装してきた。あくまでも比較的にという意味であるが、それまでのアジアの海は平和だった。遅れてオランダなどが進出してくるが、オランダがアジアに足場を固めるのは、武力でポルトガルと戦いながらである。スペインが中南米で強力な武器と病原菌で現地の文明を滅ぼした。しかも今のメキシコとボリビアに銀山を発見し、奴隷労働による略奪、強盗、同然のように銀を奪った。

そして、その銀でヨーロッパ人は、アジアの物産を買った。その中南米の銀のヨーロッパへの通り道であるカリブ海に、エリザベス一世時代のイギリス系の海賊が出現し、その輸送船を襲ったという。そして、この時代で忘れてならないのは、奴隷そのものの貿易であろう。これも、元手に比べて利益は莫大に多いであろう。遅れてアジアに進出してきたイギリスが、中国から物産を買い、自分の方から売る商品がないのでインドでアヘンを生産し、中国にアヘンを売った。このように西側諸国は、奴隷労働、泥棒強奪、奴隷貿易、アヘン輸出によって、本源的蓄積を推進してきたのである。

イギリスが先進国であるオランダに打ち勝ったのも、イギリスとその植民地に商品輸送する場合は、イギリス船を使用すべしなどを定めた航海法を発布し、オランダの海運業に打撃を与え、保護関税で自国商品を守り、その結果、起こった戦争に勝利してつかんだ成果である。イギリスにはこの後、アダム・スミスが現われ、自由貿易を唱えるようになるが、それは経済強国になったからである、大人と幼稚園児が走る競争をすると、必ず大人が勝つであろう。大人の側としては、ハンデを付けない、自由競争の方が有利である。アダム・スミスも時代の人である。

この時期における、社会制度的資本＝精神的資本に目を向けると、史上最初の株式会社になる東インド会社が現われる。中世においては、特にイタリアの中世都市で商業技術が発達していた。それが次第に、改良されながら、オランダ、イギリスに伝わってきて、そうした株式会社を生み出したのである。そして、そうした商業技術伝道に与えた、戦争、宗教迫害の影響にも注目しなければならない。

カトリックに異端とされ迫害された新教徒やユダヤ人など、オランダとその周辺とのスペイン、フランス戦争など、これら、商工業技術の得意な新教徒、ユダヤ人などが、迫害、追放、戦災から逃れ、平安で信仰の自由な地へ移り、そのたびごとに、商工業技術を、その地へ伝道した。極端な迫害の例を挙げると、スペインは植民地のメキシコやリマにまで一五六九年に異端審問所を設立した。こうして、信仰の自由のない地域では、精神的資本の蓄積が妨げられる。

ちなみに、一六〇九年にアムステルダム銀行が、一六九四年にイングランド銀行が設立されている。新教徒やユダヤ人にイスラム教徒を加えて考えてみるのもよいかもしれない。思考をイスラム地域の側から見ると現代へ続く問題も見えてきそうだ。

近代化に成功した国と、そうでない国の違いを別の面から考えてみたい。イギリスでは農村地帯にマニュファクチャーが現われ、それが機械制大工業になっていったというのは既に見た。ではなぜ、大航海時代にトップクラスの商業国だったスペイン・ポルトガルが工業化に成功しなかったかである。われわれは別の角度から資本というものを考えてみたい。これまで資本は物資的資本＝実物資産と社会制度的資本＝精神的資本に分けて考えると便利であるとしてきたが、資本を別の基準で分けて考えてみるのである。

マニュファクチャーの資本は産業資本である。自ら商品を製造する資本である。しかるに、その前の時代である重商主義の時代の資本を前期資本という。それは寄生性が強い。私にいわせれば略奪資本とでもいえるようなものだ。代表的なのが高利貸し資本だ。困っている人に高利で金を貸し付け、借金地獄にして搾り取る。自分では何も製造しないで、他人が製造したものを横取りして大もうけする。

日本の歴史にも飢饉で餓死者が出ているのにもかかわらず、わざと米を市場に出さず、米が大幅に値上がりするのを待って、やっと販売するというのもあった。ヨーロッパの歴史にも、利益の前には、人間が死んでも平然としているのである。

大航海時代のヨーロッパ勢力を見てみると、武力を用いて弱い者から搾り取っているのが分かるであろう。それに対して産業資本が弱々ながら現われ、それが強大化して、前期資本を次第に駆逐していって、世界を覆ったのが現代である。

しかし、産業資本に凶暴性がないかといえばそうでもない。資源の獲得、大量生産された商品を売るための地球上の地域の囲い込み、経済的利権を狙っての戦争などである。第一次世界大戦後にできた国際組織は、それらの反省から生まれた。

いずれにしても、大航海時代前期の覇者スペイン・ポルトガルは、商業による富の蓄積を、産業資本の育成に生かすのに失敗した。このように資本を前期資本と産業資本に分けて考えると、分かりやすいだろう。

宇野弘蔵著『経済原論』の「単純再生産表式」を思い出してもらいたい。

Ⅰ生産手段……4000c ＋ 1000v+1000m=6000

Ⅱ消費手段……2000c+500v+500m=3000

Cは不変資本部分、Vは可変資本部分、mは剰余価値部分であるが、この表式で考える場合の注意点としては、次の事項が必要になるだろう。

①金融資本を捨象している。

②世界がすべて資本制生産様式に覆われているという前提で考えられている。南北戦争前のアメリカや、植民地問題のように非資本主義国や地域との関連は捨象されている。

③資本家と労働者以外の人々、公務員、兵士、聖職者、芸術家、芸人など、社会の中で大きな消費を担う人々が捨象されている。

要するに単純再生産表式は、われわれがいっている資本主義社会とは、こう考えると分かりやすいですよ、という意味だろう。

歴史から学ぶこと

これまで読んできて、日本の明治維新とロシア革命には、似ているところがあるのが、お分かりだろうか。日本とロシアには大航海時代＝重商主義の時代がなかった。よってヨーロッパ諸国のように長い「本源的蓄積過程」を持たなかった。徳川政権下、大名に比べ商人階級は着々と力を付けてきてはいた。しかし、海軍と商船が一緒になったようなパワーを世界に派遣するまでには至らなかった。なぜ重商主義時代がなかったのか。日本の場合は鎖国という政治的理由だろう。日本とヨーロッパの中世には、商行為を卑しいとする考えがどこかにあった。日本の身分制度では、士農工商と商人が最下位である。

ロシアの場合は、地理的理由だろう。陸地が広く、海に至る距離が長い、冬には港が凍る。周囲に工業化を成し遂げた国民国家が現われ、弱小国を支配し始めると、危機感により急速に近代化に突っ走る。本源的蓄積がないから日本もロシアもともに、近代化の原資をどうしても農民からの強烈な搾取に求めざるをえない。海洋国家が弱小民族にした強奪行為を自国の農民にせざるを得ない。

急速に近代化するためには、急速に工業化しなければならないが、そのためには、国家によって強引に資本の蓄積を図らなくてはならない。でもまだ日本は海に囲まれて流通と国防の有利があるが、ロシアにはそれがなかった。

しかもロシアには、社会制度的資本＝精神的資本の形成もなかった。農民層の分解どころか、農奴制の基盤となる三圃《さんぽ》制による農村共同体がまだ残っていた。しかも、一人ひとりが独立して考え、改良、工夫してゆく企業家精神も形成されていなかった。ロシア正教による皇帝への厚い信仰と迷信に覆われていた。イギリスにおける社会変革は、下からの動きによって自然に起こるが、ロシアにおける変革は、常に上から力ずくで起こさないといけなかった。

トロツキーがシベリアに流刑になったとき、現地を拠点に幅広く商売をやっている人の下で使用人として働いたが、その経営者は文盲だったそうである。既に一四九四年にはイタリアで複式簿記の入門書、ルカ・パチョーリ著の『算術、幾何、比及び比例全書』（略して「スムマ」）が印刷されているということを前にも書いた。この本は現代まで続く会計の基礎となった。

この「スムマ」は、単なる実用書ではなく「商人の心得」なる精神的教えも説かれている。なにしろ、イタリアにはキリスト教世界からの献金が集まってくる。法王庁はそのあり余る金を運用していた。物質的資本はたっぷりある。おそらくそのころシベリアでは帳簿など付けてなかったであろう。もしかしてトロツキーは、その帳簿を付けるために雇われたのかもしれない。しかし、その経営者は、帳簿をチェックできないだろう。帳簿がないということは、税金はどうしていたのか？　どういう方法で商売していたのか謎だが、興味深いことではある。

しかもロシアは、皇帝、貴族など土地所有者の力と、前期資本の力が、政治的にも、イデオロギー的、文化的にも強く、彼らから私有財産否定のイデオロギーで資産を奪い、産業資本の蓄積を図らなければならなかった。物質的資本と社会制度的資本の本源的蓄積がない社会を工業化するには国家が上から強引にやるしかないだろう。

ロシアとイギリスを比較してきたが、その中間としてドイツがある。ドイツの西側部分、今のオランダなどの低地諸国に近い地域における農村の変化は、先進地並みの社会構造の変化をみせるが、東側では、東ヨーロッパ的農村構造を保持しているように見える。故に、ドイツ社会は、ハンザ同盟のころからの巨大金融資本と、産業資本と封建的領主権力が「結婚」したといわれるほどの奇妙な同盟的結び付きを見せる。ここで奇妙なというのは、産業資本の発展は封建勢力と闘い、旧勢力を切り崩しながら進行するからである。

ドイツは地理的にイギリスとロシアの中間に位置するように、社会構造もちょうど中間にあるように思われる。社会制度的資本＝精神的資本もおそらく中間的であろう。こうした社会情勢が、ファシズムを生み出した要因であろう。

イギリスで早くから奴隷貿易が禁止されたというのは、すでに書いた。この禁止運動を最初に立ち上げたのは、福音主義者やクエーカーなどの宗教を奉じる人々だった。社会改良運動は、最初大抵は、知的、宗教的運動として立ち現われる。宗教改革も最初、教義に対する解釈の変更や知的闘争として始まった。深い迷信や、厚い信仰に覆われ、知的アリストクラシーによる権威主義的社会の変革を志向するには、その組織も知的理論武装をしなければならないだろう。

そして、その理論が純化し、難解になり、その解釈をめぐり分派ができ、その本家と分派との、もしくは分派同士の暴力的争いになり、本来の目的から外れ、自らのセクトを巨大化するのを自己目的化したりする。

イギリスの清教徒革命において、クロムウェルの宗教信条で団結した軍団が強かったように、強力な皇帝信仰に守られた社会を変革するには、強い信念で団結した教団のような組織でないと潰されてしまうだろう。レーニンらの党も嵐のような試練を生き延び、ついに政権に就いたが、それはロシアという特殊な環境の中で成長した党だったからである。私の周りにも「共産主義は一種の宗教だ」という人がいるが、それはマルクスの生きていた時代、ロシアという国の歴史的、地理的条件を考慮に入れて、なぜそうなったかを考えなくてはならないだろう。

この支配統治機構が、伝統的なイデオロギーに守られて、強く、分厚ければ、分厚いほど、それを変革しようとする団体は、宗教的といえるほどの強い理論武装を伴う精神的団結力が必要だろう。そしてそれは宗教戦争のような様相を呈する。「共産主義は一種の宗教だと思う」というのも、こういう実情から生まれたのだろう。

織田信長対一向一揆、徳川時代のキリシタン弾圧、戦前の軍国主義対日本共産党、これらの闘争の歴史が同じようなパターンを見せるのも、こうした理由である。

われわれの時代も軍国主義時代の教育文化の中で精神生活していた人々が、まだ大多数だった。そうした文化的背景がわれわれの真の敵だったのかもしれない。

私の友人にこういう人たちがいる。よくスポーツの国際試合で「ニッポン・チャチャチャ」などと叫んで応援しているのは嫌いだ、というのだ。これはおそらく軍国主義時代の愛国の行き過ぎに対する過剰な反動であろう。甲子園での高校野球の試合で、自分の県の代表に応援するのは嫌いだという人は、まずいないであろう。われわれの年代には、こうした過剰反応があり、われわれの全共闘時代にも、そうした戦前に対する反動があったことは確かだ。

しかし、スポーツの国際試合で自分の国を応援するのは健全で自然なことであり、何にも非難に値しないと私は考える。私は健全な保守というのは、そういう人間の自然な感情に無理なく、ゆっくり座っている精神バランスのことをいうと思う。それを表現するために一部からの非難を覚悟で、ポーランド孤児を助けたなどと、今はやりの日本はすごい、素晴らしいの類の文章も書いた。自分の国を誇らしいと感じることは自然な感情だからだ。

日露戦争でもそうであろう。左翼的公式理論によれば、日露戦争は帝国主義国家間の覇権争いで、戦争そのものが間違いだ、ということになるだろう。私もそれは正しいとは思う。よくテレビを見ている小さな子供が「この人悪い人、それとも善い人」と聞くことがある。しかし現実の社会は、それほど単純ではないことをわれわれは知っている。もし歴史上の出来事を善い、悪いで済ましてしまうなら、話はそこで終わってしまう。

ベトナム戦争の時代、アメリカは、そんな「善い人・悪い人」の考え方しかできないでいたように思われる。もしかすると今でもそうかもしれない。日露戦争でも、その意味や影響を多方面から歴史的に考察する、それが歴史から学ぶということだろう。

新宿闘争があった同じ一九六八年には、チェコスロバキアにおいて「プラハの春」といわれる「人間の顔をした社会主義」を目指す民主化運動が行われたが、それはソ連支配からの脱却という意味も持っていた。ベトナム戦争も、アメリカやソ連などの大国の都合で決定された世界の国境線に対して、小国からの異議申し立てという意味もあり、東欧の民主化運動と意味内容において深く結び付いていた。

今でも中東におけるアメリカ軍の振る舞いを見ていると、ベトナム戦争から何も学んでないのではないかと思う。アメリカは世界一の大量破壊兵器の持ち主であるにもかかわらず、そんな武器を持ってない国に対し、大量破壊兵器を持っているといって、国連決議もなく戦争を仕掛け、結果として、女性、子供、老人などの民間人を多量に殺害した。そんな国のトップが戦争犯罪にも問われない。これを不条理といわず、何を不条理というのか。やってることは、ナチスと同じではないか。

ここで考えてほしい。いまだ農業が主要産業で、専制的な政治構造を持っていたとしたら、そして、その地域の精神、文化なりが、前近代的だとしたらどうなるのだろう。そして、それを急いで改革し、近代化しなければ他民族の奴隷になってしまうとしたら、急速に産業構造を変化されるに伴い、それまでの社会構造からくる保守的精神文化と闘わなければならないだろう。

要するに封建時代には、その精神文化があるように、現代社会にはその精神文化がある。産業構造を変化させるということは、精神構造を変化させるということでもあるのだ。下から自然に社会構造が変化する社会であれば、それほど無理せず支配形式などを変化させることができるが、その変化を上から力任せに急速に行わなければならない場合、摩擦、軋《きし》みが生じるであろう。そのゆがみが、あのスターリン時代の専制を生み出した理由の一つであると考える。

ここで、私なりの近代市民社会の定義を考えてみたい。

①人間関係に身分意識がない。
②職業選択の自由がある。
③移動の自由がある。
＊それが高度になると、
④識字率が高まり権威主義的思考様式から解放されて、一人ひとりが独立して考えることができる。
⑤その地域の因習、おきてから解放され、自分で生活スタイルを選べる。
⑥生活共同体と大家族制が解体、もしくは、緩やかになり、核家族に近くなり、個人主義が強まる。
⑦政治的な意味も含め、権利意識が強くなる。

民主主義とは、ある条件が整って初めて成立する。戦争で無理やりそれを押し付けることはできない。

民族独立運動を行っている有力勢力が一党独裁をイデオロギーとしているからといって、その民族独立運動が誤りだとするのは、間違いだろう。イギリスの選挙制度が現在のようになるまでには、何百年もかかっている。しかし最初、選挙制度を始めたころ、それが完璧でないからといって、選挙制度そのものまで反対するのは誤りであろう。まず出発しなければ、いつまでたっても始まらない。ベトナム戦争の場合でいえば、まず独立と平和を達成すること、それが始まりであろう。

あの当時のはやり言葉で、正確なフレーズは忘れてしまったが「遠くを見る」という意味の言葉があった。吉本隆明の詩「涙が涸れる」（『吉本隆明詩集』）の一節に「とほくまでゆくんだ　ぼくらの好きな人々よ」というのがあり、それからきているのかもしれないが、その意味するところは「物事を近視眼的に見ないで、長い歴史的尺度で見よ」というようなことだろう。これにはもう一つの説があり、それは白土三平の『忍者武芸帳　影丸伝』の主人公影丸が最後に八つ裂きに処刑されるときの言葉、「われらは遠くから来た。そして遠くまでいくのだ……」からきたという説である。

私のいう「なるように成る」と「長い目で見たら結局は同じことになるのだ」というのは無責任のように聞こえようが「それがよいと思ったら、いずれそうなる」「そういう条件が整えば、木の実が熟すように自然とそうなる」。別の言い方をすれば「市場経済がよいと皆が感じたら、そういう政策を取るようになる」「民主主義の条件が整ってくれば、民主主義的になる」ぐらいの意味であり、物事や社会は、大きな自然の摂理のように動き変化していく、といった意味である。

ロシア革命は、遅れた社会構造と精神構造を土台として起こった社会変革であるからして、その世界史的意義は、極めて時代遅れの政治体制を伴っていた。しかるに強い国が、弱い国なりに民族を屈服させる帝国主義の時代に、戦争反対と植民地主義反対、民族独立という先鋭なるイデオロギーを伴っていた。アジア、アフリカの民族独立闘争に与えたソ連の激励と援助は、そうした奴隷のような民族にとっては正に希望であったろう。

第二次世界大戦後のソ連による東ヨーロッパの実質的な支配は、二つの世界大戦において最大の被害を受けたのはロシアであるという被害者意識からくる防衛本能を抜きには語れないだろう。ロシア人はロシア革命後の苦闘をよく耐え抜いたと思う。ある精神分析学者が言ったように、正に「貧しいながらも精神的なロシア」だ。

私が言いたいのはこうだ。

Ａ国なりＡ陣営側は、何もかも全てが素晴らしくて、それは何か人間の英知では知り得ないような理論なり宗教で運営されていて、その反対側のＢ国なりＢ陣営に属している側は、悪魔の勢力であり、何もかもが悪であり、それに感化されるとゾンビにやられたように感染し、彼らは敵であるから絶滅しなくてはならない、などと考えるのは間違いだということだ。そうなるのは、そうなった背景があり、本当はどの方向に向かって進んでいるのか、知る必要があるということだ。

「中国人、本当はこう考えている」類の本だったと思うが、中国の若者に話を聞いた結果「本心では中国の若者はアメリカが好きなんだ」と書いてるのを読んだことがある。これを読んで、分かる分かると納得がいった。中国は日本以上に封建的因習が強い国で、そうした因習から最も解放されている国の一つがアメリカであろう。

中国の若者も、そうしたアメリカ文化に憧れているのだ。あの当時活動していた知り合いで、アメリカに渡りずっと住んでいる人間がいる。同じような知り合いでアメリカに旅行に行った人間に、上の年代の人が、何でアメリカに旅行に行ったんだと不思議そうに聞いたりした。われわれはあくまでも、アメリカのベトナム戦争政策に反対したのであり、別にアメリカは悪の権化だから打倒しなくてはならないなどと考えて運動したわけではない、というふうに年配の人は考えることができないのだ。私もアメリカの音楽や映画は好きだ。

こういうＡ側は絶対正しく、Ｂの側を倒さなくてはならない。逆にＢ側はＡを敵視する。これに似た出来事は、世界史的視点から見ると、宗教戦争であろう。日本史において似たような例を探すと、織田信長の一向一揆に対する根切りがあるが、そんなに多くはない。それを国家規模に拡大したのが、軍国主義時代というものだろう。そしてわれわれの若い時代、その軍国主義時代の考え方をする人々が、まだ国民の大多数を占めていたということだろう。その影響をわれわれも受けていた。

内ゲバもそれの一つだろう。気体を閉じ込めて、圧力をかければかけるほど、反発係数が高まり破裂するように、あの時代の爆弾闘争、連合赤軍事件、ハイジャックも、その流れの中で考えなくてはならないだろう。われわれ日本人としては、そういう一神教的世界観に巻き込まれない方がよい。今現在もある世界の一部地域における宗派争いのような真似は避けるべきだ。あの時代、明治維新期の薩長同盟のように、反代々木系各派だけでも大きくまとまることができたらと思う。

保守というのは社会の伝統、習慣にゆったり乗っている、と前に書いた。社会を変革する運動は最初、知的運動として登場する。そのとき、今の現実をどう分析するか、そしてどういう方法で変革するか、最終目標をどういう形にするかなどで、変革する側にさまざまな考え方が出るであろう。そして、その考え方の違いでさまざまなグループができるであろう。だから、比較的に保守の側では、大きくまとまりやすく、変革の側では小さな勢力に分裂しやすい。そして、その考え方が、難解な理論になってくると、ますます大きくまとまりにくくなってくるだろう。

変革する側は昔からある人類の知恵を大切にすべきだったのだ。たとえば「小異を捨てて大同につく」とか「味方をより多く、敵をより少なく」（ベトミン）とか、私の言葉では「敵を見誤るな」とか、そういう簡単で素朴な言葉には人類の知恵が詰まっている。

過ぎ去ったことは、変えることはできない。できることは、それから学び、これからに生かすことだ。

エピローグ

あれから何十年もたった。その間、同じ時代を共有した何人かと偶然出会うこともあった。無事に大学を卒業し、外資系の会社に入り高給を取っている者、公務員になり出世した者、自営業で成功した者、こんな連中が結構多い。私みたいに大学は卒業しなかった者など人生さまざまである。でも大概は、相手の素性を知ると、商売上でも融通をきかせてくれたりした。党派は違っても、その底に何か同志的なものが感じられた。無論、そうでない人も、その正反対の人もいる。

あの時代、全共闘運動、特に党派に加わるということは、人生の出世を逸《うしな》うことを覚悟するということでもあった。無論、党派によってその強弱はあり、大部分無事に卒業して社会人になるというのを、何か難解な理論で正当化しているとしか感じられない党派もあった。しかしあの時代、あの運動に参加した人々は、卑しくはなかった。損得を考えると、あんなばかはできないだろう。人間の行為の動機には、崇高な理由も卑俗な原因もある。よく、俺はおまえより人生の裏側を知っているみたいな物知り顔で「おまえらは利用されているのだ」という人もいた。戦争に行って戦死したり、身障者になった人などが、よほど利用されていると思うのだが。そして社会の上層にいる人間はぬくぬく太っている。

いわば、首狩り族の上の年代の人たちに、そんなのはもう時代遅れで、止めろと言っているのに対して、その首狩りをもっとやれと応援、激励に行った人に、後にノーベル平和賞が与えられた。これほど不条理なことはない。

そして、ああこいつ後遺症があるなと感じられる人間にも出会った。私も自覚している症状が幾つかある。その一つを紹介すると、いわゆる日本的な普通のあいさつができない。いわゆる決まりきった動作が、ナチスの行進や、軍国主義時代の集団的行動に思えてくるのだ。そのくせ相手があいさつしないと内心では怒っていたりする。それでも年をとるに従ってよくはなってきているが。ここで失礼をおわびしたい。

一九七三年製作のフランス映画「暗黒街のふたり」は、アラン・ドロンとジャン・ギャバン共演で、ジャン・ギャバンは刑務所を出てきた前科者アラン・ドロンの保護司の役である。やっと職も決まって新しい人生を行おうとするごとに、アラン・ドロンに目を付けている刑事が職場まで来たりする。結果としてその刑事は人生を妨害することになり、そのあまりのしつこさに、アラン・ドロンはその刑事を殺害してしまう。アラン・ドロンは最後に死刑になるのだが、この映画を見たとき、さすがよくつくってくれたと思った。この映画の効果だろうか、フランスでは前科者に対する警察の行為を制限する新法ができたと知った。

いわゆるかつての活動家の家に、決まって本人の留守中に、毎日のように警察官が来て、それに耐えられなくなった妻が離婚するということが、日本で現実にあった。日本共産党に属していて、警察からマークされた経験談を面白、おかしく話してくれた人がいた。非暴力の反戦市民団体にもスパイを潜り込ませたりして弾圧した。このスパイという行為、下品というか卑しいというか見下げる行為である。

アメリカのベトナム戦争を支持するのも日本国市民だが、ベトナム戦争反対運動側も日本国市民だ。警察は特定勢力の手先になるべきではない。その行為は結果として、全体主義国家の秘密警察と同じになってしまう。ナチス政権下のユダヤ人の大量虐殺が有名だが、絶滅収容所で大量に殺害を始めたのは、対ソ連戦が始まってからである。最初に強制収容所に入れられたのはむしろ、共産主義者や社会主義者などのいわゆる反戦主義者である。これらの人々を監視対象にするということは、日本警察の体質が、ファシズム的であるということである。

前に軍隊内が民主的であるか、監獄的であるかは、実社会の反映であると書いたが、警察などの司法もそうであろう。特に無防備で拘束される監獄内は、密室でもあり、そこは真空地帯であるからだ。見晴らしのよい外の世界は、民主化が進みやすいが、そういう見えない世界は、民主化が遅れるだろう。

特に女性に対する取り調べには、問題が起きやすいだろう。警察は偉そうにわいせつ行為を取り締まっているが、なんのことはない、女性の取り調べのときに、警察そのものがわいせつ行為をしているのを、権利意識の強い女性が声を出し、それをアムネスティ・インターナショナルが応援するという出来事があった。これなども、国民の権利意識の高まり、それに同調する国民世論が強くなければ、逆に押しつぶされてしまうだろう。

現に、その何年も前に、日系アメリカ人の女性が警察を告発したときには、孤立無援になったようで、尻すぼみになってしまった。たとえ司法機関であっても犯罪は犯罪である。そのせいか日本では、国際的な人権擁護団体、アムネスティ・インターナショナルや、ヒューマン・ライツ・ウォッチなども、警察の監視対象となっているようだ。これでは先進国といえないだろう。「人の振り見てわが振り直せ」という言葉があるが、これではどこかの一党独裁国家ではないか。これらの人権団体は日本の警察の人権侵害も、国際機関に報告している。司馬遼太郎が「軍隊は国民を守らない、軍隊は軍隊を守る」と言ったが、これでは「警察は国民を守らない、警察は警察を守る」だろう。

われわれの時代は「おいこら警官」と言って、いまだ警察は威張り散らしていた。私にも警察官が家に説教しに来たりした。それに比べればずいぶん民主的にはなった。権力ある者は、自分を批判する者を弾圧するのではなく、批判されないようにする。これが民主的といえる。

ドイツでは、ナチス時代に、テロ、拷問、処刑を行った秘密国家警察《ゲシュタポ》のメンバーの多数が、戦後、警察に横すべり就職したように、日本でも戦前の警察官が戦後そのまま引き続き同じ人間が警察官になった。こうして、戦前の警察の体質を戦後も強く残し続けた。いくら憲法や法律が変わっても、人間の習慣、文化、頭の中が変わらない限り、民主化したとはいえない。

資本というのは利潤を追加して、自己増殖してゆく法則を持つ。いわゆる拡大再生産というやつだ。社長などの経営陣は、それの人格化したものだ。つまり経営者がAという人間でも、Bという人間でも、目的は利潤を出し、資本を増大してゆくことには変わりはない。それ故、極端な場合、戦争が続いた方が会社がもうかるからいいとか、公害は垂れ流しにしても構わないとか、途上国で劣悪な労働環境で働かせたり、低賃金の児童労働者を使用したりするようになる。これなども今では、企業の社会的責任などといい是正されつつある。

いつまでたっても常に新しい問題は発生し、完璧といえる社会はないのだろうけれども、あの全共闘の時代は、社会風習がいまだ戦前の時代の影を強く引きずり、新旧の年代の人たちとの摩擦が他の時代より強かったということだろう。

最後には、悲惨な内ゲバ殺人や、連合赤軍内におけるリンチ殺人などで、全共闘運動の終息を迎えた。この間、運動の総括が行われていないと何年もいわれてきた。私は東大や京大のOB連中が、その総括をやるだろうと思っていた。私みたいな頭の程度の人間がやるべきことではないと。しかし、なかなかそのような本が出ない。あのころ、頭の中にあった本音、心の中にあっても口には出さなかったことなど徐々に残しておくべきだと思い始めた。

「敵のような味方と、味方のような敵と」（吉本隆明）闘わなくてよい者同士が闘ったり、本来同じ方向に情熱が流れているのに、敵だと見誤ったり、死者を出すほどの大いなる誤解が充満していた。ここ数年、あの時代を回想する本が、何冊か出始めた。全部は読んでいないが、やはり私の着想とはどこか違う。死ぬまでには、何としても後世のために残したいと思うに至った。

前にも書いたが、私は学界の人間ではない。その能力もない。日本語の古文書も、ろくに読めないのに、外国語の文献などまず無理だ。だから、日本語の研究書や本を参考にした。たくさんの日本人研究者の成果を利用した。ここに感謝したい。とんでもない勘違い、誤りがあるかもしれない。時間がかかるかもしれないが、指摘されたら修正の参考にしたい。

もしあの時代、日本も日米安保条約に基づいて、ベトナム戦争に参戦していたら、そう考えると、今でもゾッとする。いつまでも平和な日本を！

今、ウクライナで戦争が起こっている。当時のベトナムが現在のウクライナ。アメリカが現在のロシア。そのように当てはめてみると現在の情勢も理解しやすいだろう。民族独立と民主主義の拡散、これは止めようにも止められない、巨大な世界史の奔流である。

何年か前、アメリカでこんな論調が出ているというのを、日本の新聞で読んだ。「アメリカはベトナム戦争では負けてなかった。反戦運動が激しくなったので、撤退に追い込まれたのだ」という主張である。実はこれは危険な論理である。ナチスが「ドイツが第一次世界大戦で負けたのは、反戦勢力が軍隊の後ろから、打撃を加えたからだ」という、いわゆる「背後からの一突き」論で、反戦勢力の弾圧の理由にした。この「背後からの一突き」論が出てくるとき、危険な兆候として警戒すべし。

歴史から学ぶ。これも、本書の一つの大きなテーマでもある。


この本は、かなりの年齢になってから書いたので、若い時のような集中力、気力が続かず、彩流社の方々には、いろいろな意味でお世話になりました。特に社長の河野和憲様には、私が若ければできたであろう、全体の構成、章ごとの表題、出典の探索など、大いに助けていただきました。

ここでお礼を申し上げます。

後に続く世代に、この本が少しでも役に立つことを願っています。そして戦争の根絶を願って。

著者

二〇二三年三月

NTT 出版　2002 年
『日本人と戦争』ロベール・ギラン著、根本長兵衛・天野恒雄訳、朝日文庫　1990 年
『菊と刀』ルース・ベネディクト著、長谷川松浩訳、社会思想社　1993 年
『人権宣言集』高木八尺、末延三次、宮沢俊義編、山之内一郎訳、岩波文庫　1957 年
『大地』パール・バック著、大久保康雄訳、平凡社　1959 年
『ラッセル法廷』ベトナムにおける戦争犯罪調査日本委員会編、人文書院（人文選書）1967 年
『資本論（八）』マルクス著、エンゲルス編、向坂逸郎訳、岩波文庫　1969 年
『経済学および課税の原理（下）』リカードウ著 、羽鳥卓也 、吉澤芳樹訳、岩波文庫　1987 年
『ストロベリー・ロード（上下）』石川好著、早川書房　1988 年
『怒りの葡萄』（『スタインベック全集 6 』）ジョン・スタインベック著、中山喜代市訳、大阪教育図書　1997 年

第八章

『物語イギリスの歴史（上）』君塚直隆著、中公新書　2015 年
『ある革命家の思い出（上下）』ピョートル・クロポトキン著、高杉一郎訳、平凡社ライブラリー　2011 年
『資本論（三）』マルクス著／エンゲルス編、向坂逸郎訳、岩波文庫　1969 年
『経済原論』宇野弘蔵著、岩波全書　2016 年
『算術、幾何、比及び比例全書』ルカ·パチョーリ著（『帳簿の世界』ジェイコブ・ソール 著、村井 章子訳) 文春文庫　2018 年
「涙が涸れる」（『吉本隆明著作集 1 「定本詩集」)、思潮社　1968 年
『忍者武芸帳 影丸伝』白土三平著、小学館文庫　1976 年
その他、新聞、ネットなど多数

『赤軍大粛清』ルドルフ・シュトレビンガー著、守屋純訳、学研M文庫　2001 年
『悪霊』『作家の日記』『カラマーゾフの兄弟』(『ドストエフスキー全集』)　小沼文彦訳　筑摩書房　1962 年 -1991 年
『国富論 4 』アダム・スミス、水田洋監訳、杉山忠平訳、岩波文庫　2001 年
『経済原論』宇野弘蔵著、岩波全書　2016 年
『資本論（五)』マルクス著／エンゲルス編、向坂逸郎訳、岩波文庫　1969 年
『雇用、利子および貨幣の一般理論（上下)』ケインズ著、間宮陽介訳、岩波文庫　2008 年
『怒りの葡萄』(『スタインベック全集 6 』) ジョン・スタインベック著、中山喜代市訳、大阪教育図書　1997 年

第七章

『希望』（河出世界文学大系 85）アンドレ・マルロー著、小松清訳、河出書房新社　1980 年
『カタロニア讃歌』ジョージ・オーウェル著、鈴木隆・山内明訳、現代思潮社　2008 年
『動物農場』ジョージ・オーウェル著、高畠文夫訳、角川文庫　1972 年
『一九八四年』ジョージ・オーウェル著、新庄哲夫訳、ハヤカワ文庫 NV　1972 年
『誰がために鐘は鳴る』アーネスト・ヘミングウェイ著、大久保康雄訳、河出書房　1965 年
『反ファシズム統一戦線』ディミトロフ著、坂井信義、村田陽一訳、国民文庫　1967 年
『物語ヴェトナムの歴史』小倉貞男著、中公新書　1997 年
『世界史史料（10)「20 世紀の世界 I」』歴史学研究会編、岩波書店　2006 年
『この時代に想う／テロへの眼差し』スーザン・ソンタグ著、木幡和枝訳、

『第二期トロツキー選集⒀「戦時共産主義期の経済―ロシア全土の荒廃と農民の労働任務」』辻義昌訳、現代思潮新社　2008年
『やはり奇妙な中国の常識』岡田英弘著、ワック文庫　2003年
『トロツキー選集⑿「テロリズムと共産主義」根岸隆夫訳、現代思潮新社　2008年
『収容所群島 2』（付録）ソルジェニツィン、木村浩訳、新潮社文庫　1975年
『クロンシュタット 1921』ポール・アヴリッチ著、菅原崇光訳、現代思潮新社　1977年
『陽明丸と800人の子供たち』北室南苑編著、並木書房　2017年
『資本論（一）』マルクス著、エンゲルス編、向坂逸郎訳、岩波文庫　1997年
『資本論（八）』マルクス著、エンゲルス編、向坂逸郎訳、岩波文庫　1997年
『ロシア近現代史』藤本和貴夫、松原広志著、ミネルヴァ書房　1999年
『ソ連農業集団化の原点』高尾千津子著、彩流社　2006年
『収容所群島 1』ソルジェニツィン、木村浩訳、新潮社文庫　1975年
『どん底』マキシム・ゴーリキー著、中村白葉訳　1936年
『ワイルド・スワン〈中〉』ユン・チアン著、土屋京子、講談社文庫　1998年
『巨龍に挑む―中国の流通を変えたイトーヨーカ堂のサムライたち』湯谷昇羊著、ダイヤモンド社　2010年
『国富論 2』アダム・スミス、水田洋監訳、杉山忠平訳、岩波文庫　2000年
『経済学および課税の原理（下）』リカードウ著、羽鳥卓也、吉澤芳樹訳、岩波文庫　1987年
『唯物論と経験批判論（中）（下）』レーニン著、佐野文夫訳、岩波文庫　1968年
『収容所群島 1』ソルジェニーツィン著、木村浩訳、新潮社文庫　1975年

『第一次世界大戦』木村靖二著、ちくま新書　2014年
『ロシア革命史（一）』トロツキー著、山西英一訳、角川文庫　1972年
『中国10億人の日本映画熱愛史』劉文兵著、集英社新書　2006年
『大塚久雄著作集7「共同体の基礎理論」』岩波書店　1985年
『世界史史料⑽「20世紀の世界1」』歴史学研究会編、岩波書店　2006年
『チボー家の人々』ロジュ・マルタン・デュガール著、山内義雄訳、白水社　1950-1952年
『第一次世界大戦の歴史大図鑑』H・P・ウィルモット著、等松春夫監修、山崎正浩訳、創元社　2014年
『八月の砲声』バーバラ・W・タックマン著、山室まりや訳、ちくま学芸文庫　2004年
『第一次世界大戦と社会主義者たち』西川正雄訳、岩波書店　2013年
『帝国主義論』レーニン著、宇高基輔訳、岩波文庫　1986年
『国家と革命』レーニン著、大崎平八郎訳、角川文庫　1966年
『ロシア革命史（二）』トロツキー著、山西英一訳、角川文庫　1972年

第六章

『カブラの冬』藤原辰史著、人文書院　2011年
『歴史と階級意識』（『ルカーチ著作集9』）城塚登、吉田光訳、白水社　1968年
『フランス農村史の基本性格』マルク・ブロック著、飯沼二郎・河野健二・坂本慶一・服部春産・吉田清一訳、創文社刊　1959年
『アンナ・カレニーナ（中）』トルストイ著、木村浩訳、新潮文庫　1998年
『幼児期と社会2』E・H・エリクソン、仁科弥生訳、みすず書房　1980年
『ゴルバチョフ回想録（上下）』ミハイル・ゴルバチョフ 著、工藤精一郎、鈴木康雄訳、新潮社　1996年
『静かなるドン』（『世界文学全集34』）ミハイル・ショーロホフ著、原卓也訳、新潮社　1962年
『八月の砲声を聞いた日本人』奈良岡聰智著、千倉書房　2013年

第四章

『アメリカの民主政治（中）』アレクシス・ド・トクヴィル著、井伊玄太郎訳、講談社学術文庫　1987 年
『中世ヨーロッパの農村の生活』ジョゼフ・ギース／フランシス・ギース著、青島淑子訳、講談社学術文庫　2008 年
『ある革命家の思い出（上）』クロポトキン著、高杉一郎訳、平凡社ライブラリー　2011 年
『何をなすべきか（上下）』チェルヌイシェーフスキイ著、金子幸彦訳、岩波文庫　1978 年
『歴史書簡』ピヨートル・ラヴローフ著、松井茂雄訳、「スラブ研究」1957 － 1961 年
『ロシアにおける資本主義の発展（上中下）』レーニン著、山本敏訳、岩波文庫　1978 年－ 1981 年
『蒼ざめた馬』ロープシン（ボリス・サビンコフ）、工藤正弘訳、晶文選書　1967 年
『ソヴィエト農業―1917-1991』Ｚ・Ａ・メドヴェーヂェフ、佐々木洋訳、北海道大学出版会　1995 年
『ロシアにおける資本主義の発展（上）』レーニン著、山本敏訳、岩波文庫　1978 年
『ロシアにおける資本主義の発展（下）』レーニン著、山本敏訳、岩波文庫　1981 年
『ロシア革命史（四）』トロツキー著、山西英一訳、角川文庫　1972 年
『フランス農村史の基本性格』マルク・ブロック著、飯沼二郎・河野健二・坂本慶一・服部春彦・吉田清一訳・創文社刊　1959 年
『大塚久雄著作集 7「共同体の基礎理論」』岩波書店　1985 年
『近代ロシア農村の社会経済史』崔在東著、日本経済評論社　2007 年

第五章

『第一次世界大戦―忘れられた戦争』山上正太郎著、講談社学術文庫　2010 年

『インディアスの破壊についての簡潔な報告』ラス・カサス著、染田秀藤訳、岩波文庫　1976 年
『海洋自由論』フーゴー・グロティウス著、本田裕志訳（『海洋自由論／海洋閉鎖論 1』）京都大学出版会　2021 年
『戦争と平和の法』フーゴー・グロティウス著、一又正雄訳、酒井書店　1989 年

第三章

『経済原論』宇野弘蔵著、岩波全書　2016 年
『資本論（五）』マルクス著／エンゲルス編、向坂逸郎訳、岩波文庫　1969 年
『資本論（二）』マルクス著／エンゲルス編、向坂逸郎訳、岩波文庫　1969 年
『欧州経済史』大塚久雄著、岩波現代文庫　2001 年
『金融資本論（上下）』ヒルフォデング、岡部次郎訳、岩波文庫　1982 年
『帝国主義論』レーニン著、宇高基輔訳、岩波文庫　1956 年
『第三身分とは何か』シィエス著、稲本洋之助・伊藤洋一・川出良枝・松本英実訳、岩波文庫　1950 年
『資本論（八）』マルクス著、エンゲルス編、向坂逸郎訳、岩波文庫　1969 年
『国富論 2 』アダム・スミス著、水田洋監訳・杉山忠平訳、岩波文庫　2000 年
『フランス二月革命の日々』アレクシス・ド・トクヴィル著、喜安朗訳、岩波文庫　1988 年
『ロシア革命史（五）』トロツキー著（ソビエトの勝利）、山西英一訳、角川文庫　1973 年
『アメリカのデモクラシー（上下）』アレクシス・ド・トクヴィル著、松本礼二訳、岩波文庫　2008 年
『フランス人民戦線』海原峻著、中公新書　1967 年

『海の都の物語・ヴェネツィア共和国の一千年（上下）』塩野七生著、中公文庫　1989 年
『国富論 4 』アダム・スミス著、水田洋監訳・杉山忠平訳、岩波文庫　2001 年
『中世ヨーロッパの都市の生活』ジョゼフ・ギース／フランシス・ギース著、青島淑子訳、講談社学術文庫　2006 年
『中世ヨーロッパの農村の生活』ジョゼフ・ギース／フランシス・ギース著、青島淑子訳、講談社学術文庫　2008 年
『中世ヨーロッパの城の生活』ジョゼフ・ギース／フランシス・ギース著、栗原泉訳、講談社学術文庫　2005 年
『中世ヨーロッパの家族』ジョゼフ・ギース／フランシス・ギース著、三川基好訳、講談社学術文庫　2013 年
『中世ヨーロッパの騎士』ジョゼフ・ギース／フランシス・ギース著、椎野淳訳、講談社学術文庫　2017 年
『ロミオとジュリエット』中野好夫訳、新潮社　1951 年
『街道をゆく〈30〉愛蘭土紀行 1 』司馬遼太郎、朝日文芸文庫　1993 年
『ヨーロッパ封建都市』鯖田豊之著、講談社学術文庫　1994 年
『国富論 2 』アダム・スミス著、水田洋監訳・杉山忠平訳、岩波文庫　2000 年
『プロテスタンティズムの倫理と資本主義の精神（下）』マックス・ヴェーバー著（梶山力訳、有斐閣、1938 年）・大塚久雄訳、岩波文庫　1989 年
『ドイツ農民戦争』エンゲルス、大内力訳、岩波文庫　1950 年
『チェーザレ・ボルジアあるいは優雅なる冷酷』（「塩野七生ルネサンス著作集 3」）塩野七生著、新潮社　2001 年
『ドイツ・イデオロギー』マルクス／エンゲルス著、真下信一訳、国民文庫　1965 年
『国富論 1 』アダム・スミス著、水田洋監訳・杉山忠平訳、岩波文庫　2000 年
『インカの反乱』ティトゥ・クシ・ユパンギ著、染田秀藤訳、岩波文庫　1987 年

Ⅱ

文献一覧

第一章

『物語ベトナムの歴史』小倉貞男著、中公新書　1997 年

『突破者（上下）』宮崎学著、幻冬舎アウトロー文庫　1998 年

『安田講堂 1968-1969』島泰三著、中公新書　2005 年

『ドキュメント ヴェトナム戦争全史』小倉貞男著、岩波文庫　1992 年

『エレサレムのアイヒマン』ハンナ・アーレント著、大久保和郎訳、みすず書房　1969 年

『ラッセル法廷』ベトナムにおける戦争犯罪調査日本委員会編、人文書院（人文選書） 1967 年

『戦争と平和 5 』トルストイ著、米川正夫訳、岩波文庫　1956 年

大塚久雄の「ヨーマンの成立説」『平凡社世界大百科事典 7 』（「近代社会の項」） 1955 年

『算術､幾何､比及び比例全書』ルカ･パチョーリ著（『帳簿の世界史』ジェイコブ・ソール 著、村井 章子訳）文春文庫　2018 年

『イギリスにおける労働者階級の状態（上下)』エンゲルス著､一条和生･杉山忠平訳、岩波文庫　1990 年

第二章

『フランス農村史の基本性格』マルク･ブロック著、飯沼二郎･河野健二･坂本慶一・服部春産・吉田清一訳、創文社　1959 年

『レ・ミゼラブル』ヴィクトル・ユゴー著、豊島与志雄訳、岩波文庫 1937 年

『オリヴァー・トゥイスト』チャールズ・ディケンズ著、小池滋訳、講談社　1971 年

『国富論 2 』アダム・スミス著、水田洋監訳・杉山忠平訳、岩波文庫 2000 年

『ロシア革命史（全六巻)』トロツキー著、山西英一訳、角川文庫　1968 年－ 1969 年

【著者】
柴田潤一
…しばた・じゅんいち…
1948年4月17日秋田市生まれ。県立秋田高校卒業。中央大学文学部中退（中核派）。大学除籍後、郷里に戻って居酒屋経営、コンビニ店長等を務める。無類の映画好きが嵩じて自主的な映画上映会を開催。

Sairyusha

世界史《せかいし》から見《み》た新宿騒乱事件《しんじゅくそうらんじけん》
全共闘とロシア革命

二〇二三年四月二十日　初版第一刷

著者——柴田潤一
発行者——河野和憲
発行所——株式会社 彩流社
〒101-0051
東京都千代田区神田神保町3-10大行ビル6階
電話：03-3234-5931
ファックス：03-3234-5932
E-mail：sairyusha@sairyusha.co.jp
印刷——明和印刷（株）
製本——（株）村上製本所
装丁——中山銀士＋杉山健慈

ISBN978-4-7791-2880-6 C0021
http://www.sairyusha.co.jp